ΝΙΚΟΣ ΑΛΙΑΓΑΣ

ΓΕΝΝΗΘΗΚΑ ΕΛΛΗΝΑΣ...

Η μυθολογία
ή
το σχολείο της ζωής

Εικονογράφηση: ΑΛΕΚΟΣ ΦΑΣΙΑΝΟΣ

Μετάφραση από τα γαλλικά
ΡΕΝΑ ΛΕΚΚΟΥ-ΔΑΝΤΟΥ

ΕΚΔΟΤΙΚΟΣ ΟΡΓΑΝΙΣΜΟΣ ΛΙΒΑΝΗ
ΑΘΗΝΑ 2004

Σειρά: ΠΟΙΚΙΛΑ ΘΕΜΑΤΑ
Τίτλος πρωτοτύπου: ALLEZ VOIR CHEZ LES GRECS
Συγγραφέας: NIKOS ALIAGAS

Copyright © Éditions Jean-Claude Lattès, 2003
Copyright © 2004 για την ελληνική γλώσσα:
ΕΚΔΟΤΙΚΟΣ ΟΡΓΑΝΙΣΜΟΣ ΛΙΒΑΝΗ ΑΒΕ
Σόλωνος 98 – 106 80 Αθήνα. Τηλ.: 210 3661200, Fax: 210 3617791
http://www.livanis.gr

Παραγωγή: Εκδοτικός Οργανισμός Λιβάνη

ISBN 960-14-0833-9

Στον Άρη Φακίνο και τη Ροζαλίν Μαζεστέ-Λαρουί

ΠΕΡΙΕΧΟΜΕΝΑ

7

Σ Κ Ε Ψ Η

ΣΗΜΕΙΩΜΑ ΤΗΣ ΜΕΤΑΦΡΑΣΤΡΙΑΣ

Το βιβλίο που κρατάτε στα χέρια σας γράφτηκε από το συγγραφέα του στα γαλλικά και θα μπορούσε να έχει εναλλακτικά τον τίτλο *De Profundis*. Και τούτο γιατί μέσα από τις σελίδες του, και με άξονα την προσωπική του ιστορία, ο Νίκος Αλιάγας –γέννημα της Ελλάδας και θρέμμα της Γαλλίας– επιχειρεί να παρουσιάσει στο αναγνωστικό κοινό της δεύτερης πατρίδας του όλη την ομορφιά και το μεγαλείο της πρώτης. Ο ίδιος δηλώνει εδώ και χρόνια ότι στόχος του είναι να χτίσει γέφυρες μεταξύ των δύο πολιτισμών. Και τα καταφέρνει με τρόπο μοναδικό!

Στο πλαίσιο της αφήγησής του ο Νίκος Αλιάγας επικαλείται συχνά ρήσεις, αφορισμούς και απόψεις αρχαίων Ελλήνων συγγραφέων, τις οποίες αποδίδει ελεύθερα, σε μια προσπάθεια να γοητεύσει, να πείσει, να μεταφέρει όσο γίνεται περισσότερο άρωμα Ελλάδας στο γαλλόφωνο κοινό του.

Λαμβάνοντας υπόψη τη συγκινητική αυτή πρόθεση του συγγραφέα, αποφύγαμε κι εμείς, με τη σειρά μας, την παράθεση των εν λόγω αποσπασμάτων σε αυστηρή φιλολογι-

11

κή μετάφραση, προτιμώντας να μείνουμε πιστοί στο πάθος, την ευαισθησία και τον ενθουσιασμό του Νίκου Αλιάγα, που, όσο μακριά κι αν τον πήγε το ποτάμι της επιτυχίας, ασπάζεται ακόμα κάθε Αύγουστο τα άρματα των φουστανελάδων προγόνων του και σέρνει το χορό στο Μεσολόγγι – προς δόξαν των ελληνικών του κυττάρων και ολόκληρης της Ρωμιοσύνης...
Καλή ανάγνωση!

ΠΡΟΛΟΓΟΣ

ΕΙΝΑΙ ΣΤΟ ΒΛΕΜΜΑ των άλλων που συνειδητοποίησα για πρώτη φορά πως η ιστορία μου απαρτιζόταν από δύο ξεχωριστά κεφάλαια. Στη Γαλλία, στο σχολείο, ήμουν ο Έλληνας, εκείνος που μερικές φορές στο διάλειμμα χρησιμοποιούσε αυθόρμητα κάποια λέξη που είχε ακούσει στο σπίτι, ακατανόητη για τους μικρούς συμμαθητές του, οι οποίοι δεν έχαναν την ευκαιρία να γελάσουν περιφρονητικά μπροστά σε κάτι που δεν καταλάβαιναν.

Στην Ελλάδα, πάλι, στον τόπο καταγωγής της οικογένειάς μου, όπου επέστρεφα για διακοπές τα καλοκαίρια μαζί με τους γονείς και την αδερφή μου, η παριζιάνικη προφορά και το ωχρό μου δέρμα με έκαναν να ξεχωρίζω από τα άλλα σκληραγωγημένα παιδιά, που ήξεραν να κάνουν ποδήλατο χωρίς να κρατούν το τιμόνι.

Περίεργο συναίσθημα τελικά το να είσαι ταυτόχρονα και από δω και από κει, και πλούσιος και φτωχός. Πλούσιος, όταν μου φαινόταν πως οι δύο μου γλώσσες, οι δύο μου πολιτισμοί, οι δύο μου πατρίδες με έκαναν πιο προικισμένο από τους άλλους, περισσότερο ανοιχτό στον κόσμο, περισσότερο ανεκτικό· φτωχός, όταν έπρεπε να υπομείνω τα α- τέλειωτα πειράγματα που προκαλούσε αυτή η διαφορετικότητα· ακόμα πιο φτωχός, όταν μου έκαναν την κλασική ε- ρώτηση: «Προτιμάς το Παρίσι ή την Αθήνα, Νικολάκη;» Σαν να με ρωτούσαν αν προτιμώ τον πατέρα μου ή τη μητέρα μου. Για να μη χρειάζεται να απαντώ σ' αυτά τα ψευτοδιλήμματα, αποφάσισα τελικά να αποδεχτώ πλήρως τη διπλή μου ιδιότητα. Η Γαλλία με είδε να γεννιέμαι και να μεγαλώνω, μου έδωσε τις ίδιες ευκαιρίες που έδινε και στους άλλους πολίτες της· η Ελλάδα με ενέπνευσε, με καθοδήγησε, μου κληροδότησε μια πανάρχαια γλώσσα. Χάρη λοιπόν σ' αυτή τη διπλή ταυτότητα μυήθηκα –εκ των πραγμάτων και από τα γεννοφάσκια μου, που λένε– στην ώρα της Ευρώπης.

Η Ευρώπη, που δε σταματά ποτέ να οικοδομείται, έχει ήδη επινοήσει όλων των ειδών τα πειράγματα για τους λαούς που την απαρτίζουν: Βέλγοι, Άγγλοι, Πορτογάλοι, Γερμανοί, όλοι έχουν την «ταμπέλα» τους. Το ίδιο και οι Γάλλοι, κανείς δε βρίσκεται στο απυρόβλητο! Όταν πρόκειται για Έλληνες, το «μενού» περιλαμβάνει μονίμως τη δίαιτα του Ντέμη Ρούσου, τα γυαλιά της Νάνας Μούσχουρη, το μουσακά και το συρτάκι... χωρίς να ξεχνάμε το ιδιαίτερα άκομψο δίστιχο που σατιρίζει τα σεξουαλικά ήθη της Μυκόνου. Η κλασική ατάκα έρχεται συνήθως στο τέλος ενός δείπνου, με τον τύπο που, θέλοντας να κάνει φιγούρα, σου υποδεικνύει μεταξύ τυρού και αχλαδιού «Να πας να πηδηχτείς στους Έλληνες». Μόνο τη γνωριμία με την Ελλά-

δα δεν ενθαρρύνει... Ζήτω η Ευρώπη! Το χειρότερο είναι ό-
τι λίγοι Έλληνες γνωρίζουν πως μεγάλο μέρος της Δύσης ε-
ξακολουθεί να έχει τέτοιου είδους προκαταλήψεις απέναντί
μας.

Εγώ ωστόσο που υπήρξα ο Έλληνας στην υπηρεσία της
γαλλικής τηλεόρασης, στην εκπομπή της Κριστίν Μπραβό,
όπου επιχειρούσαμε κάθε βδομάδα, μαζί με άλλους συνα-
δέλφους, να ανακαλύψουμε ξανά την Ευρώπη, έγραψα αυ-
τό το βιβλίο σαν μια πρόσκληση για ταξίδι. Ένα ταξίδι στο
χώρο αλλά και στο χρόνο.

Γεννήθηκα Έλληνας... σημαίνει στην πραγματικότητα ότι
είμαι κληρονόμος ενός πλούτου που μας αφορά όλους. Από
τις επιστήμες μέχρι την πολιτική, περνώντας μέσα από τη
φιλοσοφία και την τέχνη, είναι αναρίθμητα τα όσα δανει-
στήκαμε από την Ελλάδα – αρχής γενομένης από τη γαλλι-
κή γλώσσα, καθώς τόσες λέξεις βροντοφωνάζουν την ελλη-
νική καταγωγή τους. «Όταν γνωρίζουμε και κατανοούμε τις
ρίζες της γλώσσας μας, την κρατάμε περισσότερο στη ζωή»,
βεβαίωνε ο Άρης Φακίνος.

Στο σημείο αυτό ας μου επιτραπεί να διευκρινίσω πως το
βιβλίο που κρατάτε στα χέρια σας δεν αποτελεί επιτομή της
αρχαιοελληνικής σοφίας – αυτό είναι δουλειά άλλων αν-
θρώπων, πολύ πιο σοφών από μένα. Η Ελλάδα που σας προ-
σκαλώ να ανακαλύψετε μέσα από τις σελίδες του είναι η δι-
κή μου Ελλάδα, εκείνη που με έκανε να αγαπήσω και να
καταλάβω ο παππούς μου, ο Σπύρος. Οι ιστορίες που μου
διηγιόταν στο Μεσολόγγι, στον ίσκιο της κληματαριάς και

της μουριάς, ήταν γεμάτες μυθικά πρόσωπα: Θησέας, Ίκαρος, Οδυσσέας, Ορφέας, Δίας, Αφροδίτη, Έρωτας... όλοι εκείνοι οι ήρωες, θεοί ή θνητοί, που η μυθολογία δε σταματούσε να μου αποκαλύπτει. Στ' αφτιά μου ηχούν ακόμα τα τζιτζίκια που συνόδευαν τη φωνή του την ώρα της μεσημεριανής σιέστας. Ο Σπύρος δεν ήταν μόνο υπέροχος αφηγητής. Κάθε του πράξη, κάθε του κίνηση εμπνεόταν από την ελληνική μυθολογία. Ο Σπύρος μιλούσε στα λιόδεντρα την αυγή, γιατί η ελιά είναι το ιερό δέντρο της Αθηνάς· ο Σπύρος ήξερε να χορεύει και να τραγουδά γύρω από τη φωτιά τη νύχτα, στα ριζά του βουνού, θέλοντας ν' αποτίσει το σεβασμό του στον καημένο τον Προμηθέα, που έκλεψε τη φωτιά από τους θεούς για να τη δώσει σε μας, τους άμοιρους ανθρώπους· ο Σπύρος σιγοτραγουδούσε το σούρουπο στα χωράφια, για να εκφράσει τη χαρά και τον πόνο του. Το να ζει έτσι, μέρα με τη μέρα, στη σκιά των μύθων και των ελληνικών παραδόσεων, ήταν για τον παππού μου ένας τρόπος για να οργανώνει τη ζωή του, να της δίνει νόημα, να αντιστέκεται στον παραλογισμό και την ανία της γκρίζας καθημερινότητας. Αρχή του ήταν το «Σκέψου ελληνικά». Και την ώρα που γράφω αυτές τις γραμμές, κοιτάζοντας τις όχθες του Σηκουάνα απ' το παράθυρό μου, το καλοσυνάτο βλέμμα του καθοδηγεί ακόμα τα βήματά μου, χιλιάδες χιλιόμετρα μακριά από τη γη όπου αναπαύεται.

Κι εγώ λοιπόν με τη σειρά μου σας καλώ να ακολουθήσουμε μαζί τα ίχνη των θεών και των ηρώων της αρχαίας

Ελλάδας και να ανακαλύψουμε τα μαθήματα ζωής που μονάχα εκείνοι ξέρουν να δίνουν. Σε κάθε ιστορία της μυθολογίας υπάρχει πάντα κάτι για να γελάσεις, κάτι για να κλάψεις, κάτι για να ονειρευτείς, αλλά και κάτι για να γίνεις σοφότερος. Ο Θησέας νίκησε τον Μινώταυρο, ο Ίκαρος έχασε τα φτερά του όταν τα 'καψε ο ήλιος και ο Οδυσσέας ξεγέλασε τους Κύκλωπες για να κατανοήσουμε εμείς καλύτερα αυτό που πραγματικά είμαστε. Είναι πολύ πιθανό το νόημα των περιπετειών τους να έμεινε ζωντανό ταξιδεύοντας στις χιλιετίες για να μας θυμίζει πως δεν αλλάξαμε στο παραμικρό και πως στο βάθος δεν είμαστε πολύ διαφορετικοί από τους μακρινούς προγόνους μας. Αυτός είναι ο λόγος που η ελληνική μυθολογία παραμένει τόσο επίκαιρη: μας διδάσκει το «γνώθι σαυτόν».

Χάρη στη μυθολογία αλλά και χάρη στη σοφία και τις ελληνικές παραδόσεις των προγόνων μου, μπόρεσα να συγκεράσω τα δύο ξεχωριστά κεφάλαια της ζωής μου: εκείνο του Έλληνα της Γαλλίας κι εκείνο του Γάλλου της Ελλάδας. Γιατί οι ωραίες ιστορίες δε γνωρίζουν σύνορα και τα μηνύματά τους έχουν οικουμενική αξία.

Σε όλους μας έλαχε μια κληρονομιά, όποια κι αν είναι αυτή. Στο χέρι μας είναι να την αποκωδικοποιήσουμε. Ψάχνω από πού προέρχομαι για να βρω πού θέλω να πάω, αυτός είναι ο στόχος της προσωπικής μου αναζήτησης. Μπούσουλάς μου είναι η ελληνική μυθολογία. Αυτή μου έμαθε να ζω –όπως μπορεί να μάθει τον καθένα μας, Έλληνα και μη–, γιατί τα κλειδιά του αρχαίου ελληνικού κόσμου επιτρέπουν να ανοίξουν διάπλατα οι πόρτες του σύγχρονου· υπάρχουν σύγχρονοι λαβύρινθοι από τους οποίους, όπως ο Θησέας, πρέπει να μάθουμε να βγαίνουμε· υπάρχουν ακόμα Σειρήνες, στα τραγούδια των οποίων θα πρέπει να φροντίζουμε να μην υποκύπτουμε· και υπάρχουν ηράκλειες δοκιμασίες με τις οποίες ερχόμαστε, αργά ή γρήγορα, αντιμέτωποι στη ζωή.

Αν απομακρύνουμε αυτούς τους κινδύνους, αν υπερπηδήσουμε αυτά τα εμπόδια, το πεδίο είναι πλέον ελεύθερο για να καταπιαστούμε με ό,τι καλύτερο κρύβει η ύπαρξή μας, για να αφεθούμε στα πιο γνήσια συναισθήματα και στην πιο βαθιά συγκίνηση. Η Ωραία Ελένη, πρόωρη σεξοβόμβα, η Αφροδίτη, ερωτιάρα θεά, δεν είναι απλά δυο ξετσίπωτα και ακόλαστα θηλυκά. Αποκαλύπτουν, η καθεμιά με τον τρόπο της, ότι ζωή χωρίς αγάπη δεν είναι ζωή· κι ακόμα ότι το να αγαπάμε τον άλλο, όποιος κι αν είναι αυτός, συνιστά έναν τρόπο για να αγαπήσουμε καλύτερα τον εαυτό μας. Ο Έρωτας, πάλι, είναι κάτι πολύ περισσότερο από ένας μικρός ροδομάγουλος θεός. Όσο για τον Διόνυσο, το θεό της μέθης, αλλά και τον ανταγωνιστή του τον Απόλλωνα, το θεό της μουσικής και της ομορφιάς με την έννοια της αρμονίας, μας διδάσκουν πως γιορτή είναι η τέχνη του ζην και πως η τέχνη αυτή αποτελεί απαραίτητο αγαθό για κάθε άνθρωπο. Το ίδιο ισχύει και στον τομέα του αθλητισμού· η Ολυμπιακή Ιδέα γεννήθηκε σε μια μικρή πόλη της Πελοποννήσου σχεδόν δύο χιλιάδες οχτακόσια χρόνια πριν!

Να ζω, να αγαπώ... Κοντά στους Έλληνες έμαθα επίσης

να σκέφτομαι διαφορετικά. Βρήκα στη σοφία τους απαντήσεις σε ερωτήματα που έθετα καθημερινά στον εαυτό μου. Έμαθα να διακρίνω το περιτύλιγμα από το περιεχόμενο. Στοχάστηκα πάνω στο θέμα του θανάτου, που όλοι θα συναντήσουμε κάποια μέρα στη στροφή του δρόμου. Προβληματίστηκα με τους ανθρώπους που θέλουν την ειρήνη αλλά κάνουν πόλεμο, επειδή δεν έχουν μάθει να συνυπάρχουν. Κι έ-να πρωί μπόρεσα τελικά να κοιτάξω κατάματα τον ενήλικο που έγινα – και που δεν έπαψε ποτέ να κρύβει μέσα του εκείνο το αγοράκι που ονειρευόταν να κάνει το χαρταετό να πετά-ξει στα σάλτσινα της Τουρλίδας...

Ζ Ω Η

Πρέπει να ζει κανείς και όχι απλώς να υπάρχει.
ΠΛΟΥΤΑΡΧΟΣ

Ο ΜΙΤΟΣ ΤΗΣ ΑΡΙΑΔΝΗΣ

Ἤ
Πώς να μη χάνεσαι μέσα στην ὕπαρξη

*Τίποτα δεν είναι πιο τραγικό από το να συναντάς ένα άτο-
μο με κομμένη την ανάσα χαμένο μέσα στο λαβύρινθο της
ζωής.*

MARTIN ΛΟΥΘΕΡ ΚΙΝΓΚ

 ΟΛΑ ΑΡΧΙΖΟΥΝ στην Κρήτη, μέσα στο λαβύ-
ρινθο. Στους ατέλειωτους ελικοειδείς δια-
δρόμους, όπου ζει φυλακισμένο ένα παράξε-
νο και ανθρωποφάγο πλάσμα, που έχει σώμα
άντρα και κεφαλή ταύρου, ο Μινώταυρος.
Στο νησί της Κρήτης βασιλεύει τότε ένας παντοδύναμος
βασιλιάς, ο Μίνωας. Όταν νικάει σε πόλεμο την Αθήνα, επι-
βάλλει στην τελευταία μια σειρά από κυρώσεις, μεταξύ των ο-
ποίων και τη θυσία εφτά κοριτσιών και εφτά αγοριών. Τα παι-
διά αυτά θα παραδίνονται στον Κρήτα βασιλιά κάθε εννιά
χρόνια, προκειμένου να γίνουν... μεζές για το φοβερό τέρας.
    Ο Θησέας, ο γιος του Αιγέα, βασιλιά της Αθήνας, θέλει
να βάλει τέλος στο βάρβαρο χαράτσι του Μίνωα και κατα-
λαμβάνει εθελοντικά θέση μεταξύ των μαρτύρων που θα ι-
κανοποιήσουν τον απαιτητικό ουρανίσκο του κτήνους και

25

ξεκινάει μαζί τους για το μοιραίο ταξίδι. Η αποστολή του είναι απλή: να σκοτώσει τον Μινώταυρο και να βάλει επιτέλους τέλος στην ανθρωποθυσία των Αθηναίων. Θεωρητικά, δεν πρόκειται για κάτι το ανέφικτο. Ο Θησέας, συνοδευόμενος από δύο ένοπλους συντρόφους μεταμφιεσμένους σε νεαρές παρθένες, θα μπει στο λαβύρινθο, δήθεν ως ένας εκ των θυσιαζόμενων, και θα σκοτώσει το τέρας. Έτσι, το κεφάλαιο Μινώταυρος θα κλείσει οριστικά.

Ναι μεν, αλλά... – γιατί υπάρχει πάντα ένα αλλά. Το εν λόγω σχέδιο παραβλέπει μια μικρή λεπτομέρεια: κανένας δεν έχει βγει ποτέ ζωντανός από το λαβύρινθο. Το απαραβίαστο εκείνο μέρος έχει συλλάβει και σχεδιάσει ο ιδιοφυής αρχιτέκτονας Δαίδαλος. Γιατί στα μάτια του Μίνωα μόνο ένας λαβύρινθος θα μπορούσε να κρύψει το πλάσμα της ντροπής. Ο Μινώταυρος είναι ο αμαρτωλός καρπός των ερώτων της γυναίκας του Μίνωα, της Πασιφάης, με ένα δυνατό ταύρο. Καλά να τον απατάει η γυναίκα του, αλλά όχι και με

Ο αρχιτέκτονας Δαίδαλος

Η φήμη του Δαιδάλου ταξίδεψε ανά τους αιώνες και το όνομά του είναι σήμερα συνώνυμο του λαβυρίνθου, ενώ οι περισσότερες δυτικές γλώσσες έχουν δανειστεί τις λέξεις «δαίδαλος» και «δαιδαλώδης». Επίσης, ο Δαίδαλος ήταν εξαιρετικός γλύπτης και θεωρείται ο πρώτος που έδωσε πλαστικότητα στα αγάλματα, «βγάζοντάς» τα από την ακινησία.

26

ταύρο!... Αυτού του είδους η «ζωοφιλία» ξεπερνούσε τα όρια της αντοχής του βασιλιά...

Ας αφήσουμε όμως τις απιστίες της ωραίας Πασιφάης κι ας επιστρέψουμε στον Θησέα. Πώς θα μπορέσει να ξαναβρεί την έξοδο από τους μαιάνδρους του λαβυρίνθου όταν θα έχει σκοτώσει τον Μινώταυρο; Ας σημειωθεί ότι η λέξη «αδύνατο» είναι άγνωστη στην ελληνική μυθολογία. Κάθε πρόβλημα έχει τη λύση του, έστω κι αν το τίμημα είναι συχνά μεγάλο, δεδομένου ότι οι Έλληνες θεοί είναι εκτός των άλλων και δεινοί διαπραγματευτές...

Οι θεοί επαγρυπνούν λοιπόν και, την ώρα που ετοιμάζεται να μπει στο άντρο του κτήνους, ο Θησέας συναντάει την Αριάδνη, θυγατέρα του βασιλιά Μίνωα και ετεροθαλή αδερφή του Μινώταυρου. Τι σύμπτωση! Και τι κεραυνοβόλος έρωτας! Η Αριάδνη ξετρελαίνεται με τον ωραίο νέο και του δίνει κρυφά το κλειδί του λαβυρίνθου. Στην πραγματικότητα, δεν πρόκειται για κλειδί, αλλά για ένα μαγικό μίτο – ή, για να είμα-

Ο μίτος της Αριάδνης

Στις αρχές της δεκαετίας του '70 Ευρωπαίοι διαστημικοί επιστήμονες βάφτισαν Αριάδνη τον πύραυλο που σχεδίασαν και κατασκεύασαν, θέλοντας έτσι να υποδηλώσουν ότι ύστερα από επανειλημμένες αποτυχίες είχαν επιτέλους ανακαλύψει το μυστικό που θα τους επέτρεπε να ανταγωνιστούν τους Σοβιετικούς και τους Αμερικανούς στο Διάστημα.

στε ακριβέστεροι, για ένα συνηθισμένο κουβάρι. Οι γυναίκες βρίσκουν πάντα τις πιο πρακτικές λύσεις... Ο ήρωάς μας δεν έχει παρά να ξετυλίγει το κουβάρι όσο θα διεισδύει στους μαιάνδρους του λαβυρίνθου χωρίς να το αφήνει στιγμή από τα χέρια του. Κι όταν, με το καλό, ξεκάνει τον Μινώταυρο, ν' αρχίσει να το ξανατυλίγει, ακολουθώντας το μέχρι την έξοδο της πρωτότυπης εκείνης φυλακής.

Σίγουρος πια για την επιτυχία του εγχειρήματος, ο Θησέας χώνεται μέσα στο λαβύρινθο. Αρκούν μερικά μόνο δευτερόλεπτα για να φτάσει στο σημείο όπου ενεδρεύει το τέρας. Τα χτυπήματά του είναι δυνατά και ακριβή. Το αίμα αναβλύζει λεκιάζοντας τους τοίχους. Ο Θησέας δε χάνει λεπτό. Στην έξοδο τον περιμένει η Αριάδνη για να το σκάσει μαζί του. Το όμορφο νεαρό ζευγάρι δεν έχει παρά να ξαναπάρει το δρόμο της επιστροφής στην Αθήνα, όπου θα μπορέσει να ζήσει ευτυχισμένο και να κάνει πολλά παιδιά...

Μόνο που η ελληνική μυθολογία δε μοιάζει πάντα με παραμύθι. Εδώ δεν υπάρχει χάπι εντ. Ο Θησέας μπορεί να είναι ήρωας, αλλά δεν παύει να είναι και άντρας, με όλα του τα ελαττώματα. Ολίγον άστατος, ολίγον λάτρης του ποδόγυρου, ενδιαφέρεται περισσότερο για τη δόξα του και λιγότερο για τη δόλια την Αριάδνη. Έτσι, όταν το πλοίο τους πιάνει στη Νάξο, ξεχνάει όρκους και υποσχέσεις, παρατάει την ωραία κόρη στο νησί και σηκώνει άγκυρα για νέες περιπέτειες... και για άλλες τρυφερές αγκαλιές...

Δυστυχώς για εκείνον όμως, η προδοσία του αυτή δε θα μείνει ατιμώρητη. Η Αριάδνη, ανακαλύπτοντας το πρωί ότι ο αγαπημένος της την έχει εγκαταλείψει, ζητάει εκτός εαυτού την εκδίκηση των θεών. Έτσι λοιπόν ο Θησέας, παραζαλισμένος από την πρόσφατη νίκη του επί του Μινώταυρου και από το θρίαμβο που τον περιμένει στην Αθήνα, ξεχνάει την υπόσχεση που είχε δώσει στον πατέρα του πριν φύγει: «Αν νικήσω τον Μινώταυρο», του είχε πει, «θα σηκώσω στο καράβι λευκά πανιά, σύμβολο της νίκης· σε αντίθετη περίπτωση, οι σύντροφοί μου θα κρατήσουν τα παλιά, μαύρα πανιά και τότε εσύ θα ξέρεις πως ο γιος σου είναι νεκρός...»

Όρθιος στο Σούνιο, ο γέρος βασιλιάς ατενίζει εδώ και βδομάδες τον ορίζοντα. Ένα πρωί διακρίνει επιτέλους από μακριά το πλοίο. Αλλά τα πανιά του είναι μαύρα... Ο Θησέας, τιμωρημένος από τους θεούς, μεθυσμένος από τη δόξα ξέχασε τους δικούς του και μαζί ξέχασε να αλλάξει πανιά. Και ο γέροντας Αιγέας, τσακισμένος από τον πόνο και την απελπισία, πέφτει στη θάλασσα που σήμερα φέρει ακόμα το όνομά του. Κάθε κύμα που σπάει στην ακρογιαλιά κλείνει για πάντα το παράπονο ενός πατέρα που δε θα μάθει ποτέ ότι ο γιος του είναι ζωντανός.

Κάπως έτσι μου διηγιόταν ο παππούς μου ο Σπύρος την ιστορία του λαβύρινθου, όταν, με το χέρι μου κλεισμένο μέσα στο δικό του, με σεργιανούσε στα ασβεστωμένα σοκάκια του Μεσολογγίου. Κάθε καλοκαίρι όλη η οικογένεια αντάμωνε ξανά σ' εκείνη τη μικρή ιστορική πόλη της Κεντρικής Ελλάδας, της οποίας ο ηρωικός πληθυσμός σφαγιάστηκε στις αρχές του 19ου αιώνα από τους Τούρκους κατακτητές. Η περιοχή του Μεσολογγίου είναι ο τόπος καταγωγής μου, εκεί

29

ζούσαν ειρηνικά οι παππούδες κι οι γιαγιάδες μου. Τις πρώτες μέρες του Ιουλίου οι γονείς μου, η αδερφή μου κι εγώ φτάναμε εκεί με το αυτοκίνητο από τη Γαλλία για να περάσουμε το καλοκαίρι. Σ' όλο το ταξίδι ο πατέρας μου όσο οδηγούσε άκουγε Καζαντζίδη και η μητέρα μου μας έδινε δραμαμίνες για να μη ζαλιζόμαστε...

Είμαι δώδεκα χρονών. Ο Σπύρος με μυεί στο αβγοτάραχο και στο ούζο. Πλημμυρισμένος από Ελλάδα, από φως και καλοκαιρινή κάψα, ξαναγεννιέμαι στη «δική μου χώρα», στην οποία δε ζω. Μετά τα πρωινά τα γεμάτα αλμύρα στην παραλία της Τουρλίδας, περνάμε τα απογεύματά μας ραχατεύοντας ξαπλωμένοι σε μικρά ράντζα με χοντρά λινά άσπρα σεντόνια, στον ίσκιο των λιόδεντρων. Ο Σπύρος μάς εξηγεί ότι τα αιωνόβια δέντρα μάς ακούν, μας αισθάνονται και μας στέλνουν την ενέργειά τους· από μας εξαρτάται αν θα την εισπράξουμε. Δεν καταφέρνω να κοιμηθώ, τα δέντρα γυρίζουν γύρω μου – όπως γυρίζει και το κεφάλι μου από το ούζο...

Ακούω ακόμα στο βάθος των παιδικών μου αναμνήσεων τη ζεστή σοβαρή φωνή του παππού να μου διηγείται τα ανδραγαθήματα των Ελλήνων ηρώων, την ώρα που το βραδινό αεράκι σκορπάει παντού την ευωδιά των γιασεμιών και των ξεραμένων φύλλων καπνού. Δεν έχω καμιά δυσκολία να μπω, με την καλπάζουσα παιδική μου φαντασία, στο πετσί ενός από εκείνους τους ήρωες: είμαι ο Θησέας, που τριγυρνάει στους υγρούς διαδρόμους της Κνωσού, ανάμεσα στα απομεινάρια των πτωμάτων των άτυχων νέων της Αθήνας που έχει κατασπαράξει ο Μινώταυρος, του οποίου το απειλητικό μουγκρητό ηχεί όλο και πιο κοντά στ' αφτιά μου...

...Μόνο που το μουγκρητό, το οποίο κάνει τα μέσα μου να τρέμουν, δεν είναι παρά μονάχα το μετρό, που σκίζει με ταχύτητα το σκοτάδι. Εγώ είμαι ένας άφραγκος φοιτητής –μεταξύ άλλων– στο Παρίσι και κάθε μέρα χώνομαι κάτω από τη γη για να πάω στο πανεπιστήμιο. Στην άλλη άκρη του τούνελ δεν υπάρχει Μινώταυρος. Εδώ είναι Châtelet-Les Halles, ο κεντρικός σταθμός του μετρό.

Τελικά μήπως με εξαπάτησε ο Σπύρος; Λες όλες εκείνες οι ιστορίες του να ήταν ψέματα; Ομολογώ ότι το σκέφτηκα κι αυτό, παρασυρμένος από τη δίνη των μοντέρνων καιρών. Χειροπιαστές ασχολίες και ναρκισσισμοί αντικαθιστούν τα παιδικά μου όνειρα: τελειώνω τις σπουδές μου, χτίζω την κοινωνική μου ζωή. Οι φίλοι, οι φίλες. Τα πρότυπα της δυτικής κοινωνίας στην οποία μεγαλώνω: το τελευταίο τζιν της μόδας, το τελευταίο σουξέ, το τελευταίο γκατζετάκι. Σπεύδω να τα αποκτήσω όλα και να τα επιδείξω όλα στον κύκλο μου. Ψωνάρα...

Ο Μινώταυρος όμως δεν είναι μακριά. Χωρίς μουγκρητά και απειλές μού θυμίζει την παρουσία του. Είμαι δεκαοχτώ χρονών, δε θέλω να χρωστώ πια τίποτα σε κανέναν, κυρίως στους γονείς μου. Ego ενός μυξιάρικου. Για να πληρώνω λοιπόν τις σπουδές μου στη Σορβόνη εργάζομαι τέσσερα βράδια τη βδομάδα. Τα χρήματα που βγάζω μου φτάνουν για να πληρώνω το νοίκι ενός δωματίου υπηρεσίας στην οδό Πουασονιέρ και για να αγοράζω δίσκους. Έχω μακριά μαλλιά, διαβάζω Μποντλέρ και Κάρολο Κρος και ρίχνομαι, όπως ο Ραστινιάκ, ο ήρωας του Μπαλζάκ, στην κατάκτηση του Παρισιού, χωρίς να ξέρω ούτε πώς ούτε γιατί. Στο μεταξύ, την ώρα που οι άνθρωποι πέφτουν για ύπνο εγώ αρχίζω τη δουλειά. Σε λίγο μεσάνυχτα. Περιδιαβαίνω τους μονόχρωμους διαδρόμους του κρατικού Ραδιοφωνικού Μεγάρου –Radio France–, όπου έπιασα την πρώτη μου δουλειά ως φοιτητής. Ένα στρογγυλό κτίριο, χωρίς γωνίες, του οποίου οι κυκλικοί διάδρομοι οδηγούν σε δωμάτια που είναι όλα ίδια. Αρχικά πελαγώνω. Στη συνέχεια αρχίζω να ανοίγω πόρτες· άλλοτε είναι οι σωστές, άλλοτε δεν οδηγούν πουθενά. Οι άλλοι με κοιτάζουν με παραξενεμένο ύφος, σαν να είμαι παρείσακτος. Χρειάζομαι κουράγιο για να αντιμετωπίσω όλο αυτό τον κόσμο, όπου αγωνίζομαι να βρω τη θέση μου.

Όπως ο Θησέας, πρέπει να χαράξω το δρόμο μου σ' αυτό το λαβύρινθο, για να βγω πιο δυνατός, πιο γερός. Πολύ σύντομα καταλαβαίνω ότι το Ραδιοφωνικό Μέγαρο είναι ο τόπος μύησής μου. Στο βάθος του μικρού μου δωματίου –τρία τετραγωνικά μέτρα όλο κι όλο– η δουλειά μου συνίσταται στο να κόβω και να ταξινομώ τις ειδήσεις που αναμεταδίδονται μέσω των τηλετύπων απ' όλο τον κόσμο. Προσοχή! Δεν πρέπει να μου ξεφύγει κανένα σημαντικό τέλεξ. Μόλις κάνει την εμφάνισή του κάτι «επείγον», πρέπει να το πάω στο στούντιο όπου οι δημοσιογράφοι παρουσιάζουν τα σύντομα δελτία ειδήσεων. Επείγον: Ρουμανία, 23 Δεκεμβρίου 1989. Ανακάλυψη ομαδικού τάφου στην Τιμισοάρα, οι πρώτες πληροφορίες μιλούν για αρκετές χιλιάδες νεκρούς. Επείγον: Νότια Αφρική, 11 Φεβρουαρίου 1990. Μετά από περισσότερες από 10.000 μέρες και 10.000 νύχτες αιχμαλωσίας, ο Νέλσον Μαντέλα βγαίνει από το κελί όπου ήταν φυλακισμένος στο Πάαρλ. Στην έξοδο και μέχρι το Κέιπ Τάουν τον περιμένουν εκατοντάδες χιλιάδες αντάρτες. Επείγον: Ιράκ, 17 Ιανουαρίου 1991. Έναρξη της στρατιωτικής επιχείρησης με την κωδική ονομασία «Καταιγίδα της Ερήμου». Στην επιχείρηση συμμετέχουν 605.000 άντρες από είκοσι οχτώ χώρες.

Μέρα και νύχτα εκατομμύρια λέξεις συνωστίζονται στο κεφάλι μου. Χάνομαι λίγο μέσα τους. Είναι η πρώτη μου μύηση στη δημοσιογραφία. Ωστόσο βρίσκομαι εκεί και πρέπει

«Νομίζει πως βγήκε από το μηρό του Δία...»

Η γαλλική αυτή έκφραση (Ils se croient sortis de la cuisse de Jupiter) υποδηλώνει ότι κάποιος έχει καβαλήσει το καλάμι –κοινώς, την έχει ψωνίσει και το παίζει κάπως, που λέμε κι εμείς στην Ελλάδα– και παραπέμπει στη γέννηση του Διονύσου.

Ανάμεσα λοιπόν στις αναρίθμητες θνητές που είχε ξελογιάσει ο Δίας ήταν και η Σεμέλη, η οποία επέμενε ντε και καλά να δει τον εραστή της σε όλο του το μεγαλείο. Όταν όμως ο πατέρας των θεών παρουσιάστηκε ενώπιόν της εν μέσω α-στραπών και κεραυνών, εκείνη έπεσε ξερή (απόδειξη ότι ο έρωτας είναι όντως... κεραυνοβόλος).

Προκειμένου να σώσει το παιδί που η Σεμέλη κουβαλούσε ήδη στα σπλάχνα της, ο Δίας έσκισε το μηρό του και το έχωσε μέσα μέχρι να ολοκληρωθεί ο χρόνος της κύησης.

να τα καταφέρω. Πρέπει να αντιμετωπίσω χωρίς να λυγίσω τους σύγχρονους μινώταυρους. Ο καθένας μας συναντά κάποια μέρα στο δρόμο του αυτά τα πλάσματα, που είναι έτοιμα να τον φάνε ζωντανό. Βέβαια, δε μιλάμε για ανθρωποφάγα και δισυπόστατα τέρατα. Όχι, πρόκειται απλά για κυνικά άτομα, που προβάλλουν την ανωτερότητά τους για να κρύψουν τη γύμνια τους. Σου επιτίθενται επειδή οι ιδέες σου δεν είναι και δικές τους. Σου επιτίθενται ή σε περιφρονούν περνώντας δίπλα σου χωρίς να σου πουν καλημέρα, χωρίς να σου απλώσουν το χέρι. Στην καρδιά του λαβυρίνθου φαντάζονται τους εαυτούς τους αφέντες και βασιλιάδες. Θρόνος τους είναι η μηχανή του καφέ, μπροστά στην οποία πουλάνε μούρη και ψαρεύουν νεαρές εκπαιδευόμενες για να δείξουν πως έχουν εξουσία. Δεν έχουν καταλάβει όμως ότι και οι ίδιοι είναι αιχμάλωτοι του λαβυρίνθου. Μεγαλύτερή τους φοβία, να μη χαθούν. Γι' αυτό και δεν ανοίγουν ποτέ άλλες πόρτες από εκείνες που έχουν ανοίξει οι όμοιοί τους. Σε μένα εναπόκειται να ξεκλειδώσω καινούριες. Ορισμένοι με βοηθούν να το κάνω, μεταδίδοντάς μου ένα μέρος των γνώσεών τους· άλλοι φαίνονται λιγότερο φιλεύσπλαχνοι. «Εσύ τι ανακατεύεσαι; Εσένα νομίζεις πως περιμέναμε;» μου πετάει ένας απ' αυτούς όταν κάνω το λάθος να παρέμβω απρόσκλητος σε μια συζήτηση σχετικά με τη γεωπολιτική των Βαλκανίων. Είναι αλήθεια, θα μπορούσα να είμαι πιο διακριτικός, λιγότερο ευθύς. Το ράπισμα τσούζει, οι εκπαιδευόμενες πνίγουν τα γέλια τους. Αλλά βαθιά μέσα μου δεν ντρέπομαι που εκφράστηκα από το ύψος των δεκαοχτώ μου χρόνων. Κι αυτή η μικρή ταπείνωση με κινητοποιεί ακόμα περισσότερο. Η φωνή του Σπύρου ηχεί απροσδόκητα στ' α- φτιά μου: «Ο λαβύρινθος οδηγεί παντού, φτάνει να κατα- φέρεις να βγεις απ' αυτόν». Πώς όμως; Η νύχτα φτάνει στο τέλος της, τα σχιζοφρενικά τέλεξ σω- παίνουν για λίγο. Φεύγω απ' το δωματιάκι μου. Η νύχτα ή- ταν λευκή, το ξημέρωμα είναι γκρίζο. Τον πυρετό της επι- καιρότητας διαδέχονται οι θόρυβοι της πόλης που ξυπνά. Το μόνο που σκέφτομαι είναι να γυρίσω στο σπίτι και να κοι- μηθώ. Είμαι ράκος. Το ορθάνοιχτο στόμα του μετρό με κα- ταπίνει, με καταβροχθίζει μαζί με χιλιάδες άλλους ανώνυ- μους ανθρώπους με θλιμμένα πρόσωπα. Αισθάνομαι κατα- πιεσμένος, χαμένος. Σχεδόν αποκοιμιέμαι καθιστός. Μέσα σ' εκείνο το λήθαργο παράξενες εικόνες ξεπροβάλλουν στο μυαλό μου. Η ζωή ολόκληρη μου φαίνεται σαν ένας γιγα- ντιαίος λαβύρινθος. Όλα μάταια. Νιώθω το μέλλον μου να μου ξεφεύγει απ' τα χέρια. No Future! Δεν υπάρχει μέλλον, το παλιό σύνθημα των πανκ. Ο τύπος με το δερμάτινο μπου- φάν και μια χαίτη μαλλιών καρφάκια που έρχεται να καθί- σει απέναντί μου επιδεικνύει με καμάρι, γραμμένο με μαύ- ρα γράμματα στο παλιό του αμερικάνικο σακίδιο, αυτό τον τελεσίδικο και ανέλπιδο αφορισμό. Ίσως να έχει δίκιο. Σε τι χρησιμεύουν, στην τόση κούραση και μοναξιά, εκείνα τα «Αύριο όλα θα 'ναι καλύτερα», εκείνη η περιδίνιση του νου που σε βραχυκυκλώνει; Το ερώτημα δεν είναι πια αν η άκρη του τούνελ είναι κοντά, αλλά αν υπάρχει κάτι στην άκρη. Ακόμα και πάντα σκέφτομαι τον Σπύρο. Θα ήθελα να είμαι ο Θησέας, αλλά στο γουόκμαν μου ο Ντανιέλ Μπαλαβουάν φωνάζει: «Δεν είμαι ήρωας, τα λάθος βήματά μου μου κολλάνε στο δέρμα». Το τραγούδι αυτό μου ταιριάζει τόσο πολύ... Να μη χάσω το δρόμο μου, να μη χάσω το χρόνο μου, να μη χαθώ, αυτό το άγχος μού τρώει το νου. Επείγει να ζήσω. Να βγω από το λαβύρινθο για να ξαναβρώ την ταυτότητά μου. Το βαγόνι έχει ακινητοποιηθεί. Κατεβαίνω. Στάση Bonne-Nouvelle – καλή είδηση. Να πρόκειται για καλό οιωνό, σαν εκείνους που έστελναν άλλοτε στους Έλληνες οι θεοί; Ο άστεγος, που με κοιτάζει εδώ και μερικά δευτερόλεπτα στα μάτια, περιπλανιέται καθημερινά στον κάτω κόσμο. Του δίνω το κέρμα που περιμένει και ελπίζω μυστικά ότι θα μου φέρει ως αντάλλαγμα το μίτο της Αριάδνης, που θα μου δείξει την οδό της λύτρωσης. Δε γνωρίζω τίποτα για την ταυτότητά του, αλλά τι σημασία έχει αφού αρχίζω να χάνω τη δική μου;

Ο λαβύρινθος τυφλώνει. Δε διακρίνεις τίποτα καθαρά. Στους ντυμένους με παραμορφωτικούς καθρέφτες διαδρόμους του βλέπεις την εικόνα σου ακρωτηριασμένη. Το βλέμμα των άλλων σε μεταμορφώνει, καταλήγεις να παίζεις ένα ρόλο που δεν έχεις διαλέξει, μόνο και μόνο για να αρέσεις στο κοινό της γαλαρίας. Καταλήγεις να γίνεις αυτό που οι άλλοι βλέπουν σε σένα. Λες αυτό ακριβώς που θέλουν να ακούσουν, ακόμα κι αν δε σκέφτεσαι τίποτα. Από φόβο μήπως δε σε αγαπήσουν υποκρίνεσαι, μαθαίνεις να λες ψέματα, να ξεχνάς την αλήθεια – που δε βολεύει πάντα.

Ο λαβύρινθος σου προκαλεί αμνησία. Καθώς καταλήγεις να είσαι κάποιος άλλος, δε θυμάσαι πια. Μοναδική έξοδος κινδύνου: η μνήμη. Εκεί βρίσκεται ο δικός μου μίτος της Αριάδνης. Η μνήμη μου και η ανάμνηση των δικών μου, της ιστορίας τους, των μύθων τους, των παραδόσεών τους, των πεποιθήσεών τους, των προλήψεών τους, της φιλοσοφίας τους.

Χωρίς ρίζες το δέντρο ξεραίνεται, πεθαίνει. Δεν είμαι δεμένος με τα πράγματα του παρελθόντος από φόβο, τα κουβαλάω μέσα μου γιατί είναι ζωντανά. «Αν ξέρεις από πού έρχεσαι, ξέρεις και πού πηγαίνεις», μουρμούριζε ο Σπύρος. «Δική σου δουλειά είναι να μεταμορφώσεις το θόρυβο που κάνουν οι κατσαρόλες* σε μουσική». Οι κατσαρόλες; Αυτό κουβαλάμε από την πρώτη μέρα. Τις αγωνίες, τις αμφιβολίες, τα προβλήματά μας, αλλά και τα προβλήματα που κληρονομάμε από τους άλλους. Μ' αυτά πρέπει να ζήσουμε. Έτσι κι εγώ, γεννημένος στη Γαλλία από γονείς Έλληνες μετανάστες, ζω καθημερινά με τις ελληνικές μου ρίζες. Η ιδιαιτερότητα αυτή, που με έκανε δακτυλοδεικτούμενο μερικές φορές στο σχολείο, είναι σήμερα ο μεγαλύτερός μου πλούτος.

Η μνήμη είναι ένας σκληρός δίσκος πάνω στον οποίο είναι γραμμένα όλα όσα μου ανήκουν εδώ και πάρα πολύ καιρό, έστω κι αν δεν το καταλάβαινα από την πρώτη στιγμή. Είναι η βάση δεδομένων από την οποία μπορώ να αντλήσω

---

* Κουβαλάω κατσαρόλες (transporter des cassaroles): ιδιωματική παριζιάνικη έκφραση που σημαίνει ότι έχω κουσούρια. (Σ.τ.Σ.)

για να αντιμετωπίσω κάθε δύσκολη κατάσταση, να λύσω κάθε πρόβλημα που μου παρουσιάζεται και να κάνω τις σωστές επιλογές, εκείνες που θα μου επιτρέψουν να παραμείνω ο εαυτός μου. «Να ακολουθείς το ένστικτό σου, να ακούς την καρδιά σου και να 'σαι τίμιος στη δουλειά σου»: το τρίπτυχο του Σπύρου εξακολουθεί να καθοδηγεί τα βήματά μου. Όσες φορές χρειάστηκε να υπογράψω ένα συμβόλαιο ή να δεχτώ μια δουλειά, ρωτούσα πάντα το ένστικτό μου πριν ακούσω τους ειδικούς και τους δικηγόρους. Τη «λογική» αυτή της διαίσθησης, που μου λέει αμέσως αν ακολουθώ τη σωστή ρότα, μου την εμφύσησε ακριβώς ο Σπύρος. Γι' αυτό και οι ιστορίες που μου διηγιόταν στο Μεσολόγγι, κάπου 3.000 χιλιόμετρα μακριά από το Παρίσι, δίνουν τώρα στην καθημερινότητά μου μια άλλη διάσταση.

Μου συμβαίνει να σταματώ για μια στιγμή το συνεχές βουητό της ζωής, να παύω να τρέχω χωρίς λόγο και να μένω με μοναδική συντροφιά τον εαυτό μου: μένω για λίγο εκτός. Τότε νιώθω να ανεβαίνει αναπάντεχα από τα σωθικά μου εκείνη η μικρή φωνή που μου μιλάει, η φωνή των προγόνων μου. Όπως έκανε ο παππούς μου, με βλέπω να φτύνω τρεις φορές καταγής και να σταυροκοπιέμαι όποτε συναντάω μαύρη γάτα – για να ξορκίσω τη γρουσουζιά. Όπως ο Σπύρος, κατουράω κι εγώ τους τοίχους ενός καινούριου διαμερίσματος – για να 'ναι γερά τα θεμέλια του σπιτιού που θα με στεγάσει. Όπως ο Σπύρος, τιμώ τους νεκρούς καλώντας τους φίλους μου να φάμε και να πιούμε στην υγειά των ψυχών τους. Όπως ο Σπύρος, κοιτάζω τον ουρανό και προσπαθώ να αποκρυπτογραφήσω το πέταγμα των πουλιών. Καλός ή κακός οιωνός; Το κελάηδισμα του γαρδελιού, του χελιδονιού, του αηδονιού λέει πολλά, το ίδιο και το κρώξιμο του κορακιού. Καμιά λογική εξήγηση, καμιά καρτεσιανή τεχνική. Απλά άλλο ένα ζήτημα διαίσθησης. Όπως ο παππούς μου, πιάνω τον εαυτό μου να χορεύει ζεϊμπέκικο στους διαδρόμους ενός τηλεοπτικού πλατό λίγα λεπτά πριν από το «Πάμε!» – είναι κάτι πιο δυνατό από μένα. «Αυτό το χορό», μου έλεγε, «τόνε χορεύει ο αετός όταν θέλει να νικήσει το φόβο του και να κάμει την καρδιά του ν' ανέβει στον ουρανό». Με τα χέρια απλωμένα και το κεφάλι γερμένο μπροστά, μεθυσμένος από εκείνο το σεβνταλίδικο ρυθμό, γυρίζω αργά γύρω από τον εαυτό μου και ξεχνιέμαι. Ο αετός στυλώνει τα μάτια στο έδαφος και παραδίνεται στον ευεργετικό ίλιγγο του χορού, το ζεϊμπέκικο μου μαθαίνει να κονταροχτυπιέμαι με τον εαυτό μου. Τίποτα πια δεν είναι σημαντικό, ως τη στιγμή που ένας βοηθός σκηνοθέτης με προσγειώνει απότομα, σπρώχνοντάς με κυριολεκτικά στο κέντρο της αρένας. «Πέ-

Ο χορός των κακών παιδιών

Το ζεϊμπέκικο αρχικά ήταν καθαρά αντρικός χορός, που συχνά περιλάμβανε επίδειξη οπλομαχητικής. Με την πάροδο του χρόνου, γύρω στις αρχές του περασμένου αιώνα, χορευόταν κυρίως σε καπηλειά και κακόφημες ταβέρνες από τους μάγκες. Διατήρησε ωστόσο το βασικό χαρακτηριστικό του: δεν έχει βήματα! Έτσι, κάθε χορευτής εκτελεί το «δικό του» ζεϊμπέκικο» αυτοσχεδιάζοντας...

ντε δευτερόλεπτα πριν βγεις στον αέρα!» Απόψε οι Έλληνες θεοί είναι με το μέρος μας. Πέφτουν οι τίτλοι της εκπομπής...

«Bonsoir à toutes et à tous...», καλησπέρα σε όλες και σε όλους.

ΤΟ ΤΑΞΙΔΙ ΤΟΥ ΟΔΥΣΣΕΑ

Ή
Πῶς η ξενιτιά μετατρέπεται σε δύναμη

Όπου και να ταξιδέψω η Ελλάδα με πληγώνει.
ΓΙΩΡΓΟΣ ΣΕΦΕΡΗΣ

 Ο ΑΝΤΡΕΑΣ ΨΑΧΝΕΙ μια αρμαθιά κλειδιά στην τσέπη από το σακάκι του. Είναι πέντε το πρωί. Ο άντρας είναι τριαντάρης και κατεβάζει για τελευταία φορά τα ρολά του μαγαζιού του. Με μια βαλίτσα στο χέρι κι ένα μακρύ μαύρο παλτό αποχαιρετά με ήρεμο βλέμμα το γέρικο Παρθενώνα. Μέσα στο θαμποχάραμα ο απογυμνωμένος ναός μοιάζει με χάρτινο σκηνικό. Ο Αντρέας επιταχύνει το βήμα. Βεβαιώνεται πως έχει μαζί του το εισιτήριο και το διαβατήριό του. Το τρένο φεύγει στις έξι. Κανείς δεν τον συνοδεύει στο σταθμό. Κανείς δε θα του κουνήσει το χέρι από την αποβάθρα. Ταξιδεύει τρία μερόνυχτα. Βλέπει να περνούν από μπροστά του τα δάση της Γιουγκοσλαβίας, τα βουνά της Αυστρίας, οι πεδιάδες της Γαλλίας. Τα ξημερώματα της 22ης Φεβρουαρίου 1964 ο Αντρέας φτάνει στο Παρίσι τυλιγμένος μέσα στο μακρύ μαύρο παλτό του. Τη μέρα εκείνη αποφασίζει να ξαναρχίσει τη ζωή του από το μηδέν,

43

άγνωστος σε μια άγνωστη πόλη. Ο Αντρέας μιλάει μονάχα ελληνικά, είναι ανύπαντρος, ράφτης το επάγγελμα και κανείς δεν τον περιμένει για να τον υποδεχτεί στο σταθμό της Λιόν. Μόνο το ψυχρό ψιλόβροχο που μαστιγώνει το γκρίζο κτίριο τον καλωσορίζει.

Ο άνθρωπος αυτός που περπατάει χωρίς να ξέρει πού πηγαίνει είναι ο πατέρας μου. Κουβαλάω κρυφά μέσα μου, με τρυφερότητα και περηφάνια, όλη την ξενιτιά του.

Οι περισσότεροι Έλληνες έχουν στην οικογένειά τους κάποιον ξενιτεμένο, κάποιον που τράβηξε για το άγνωστο με τις τσέπες γεμάτες όνειρα, το χρυσάφι των φτωχών. Η μυθολογία βρίθει από πρόσωπα που αναγκάστηκαν να φύγουν από τον τόπο τους, να εγκαταλείψουν τους δικούς τους και να αλλάξουν ζωή. Αντιγόνη, Οιδίποδας, Ορέστης, Ιάσονας, Αινείας... Όλοι τους κάποια στιγμή ξενιτεύτηκαν, βουτηγμένοι στον πόνο. Συχνά γιατί έτσι ήταν γραφτό, γιατί έτσι είχαν αποφασίσει οι θεοί. Σήμερα ο ξενιτεμός δεν αποφασίζεται από τους θεούς, αλλά απ' τους ίδιους τους ανθρώπους, που εγκαταλείπουν την πατρίδα άλλοτε με την ελπίδα μιας καλύτερης ζωής κι άλλοτε κυνηγημένοι από τον πόλεμο, τη βία ή μια δικτατορία.

Χωρισμός, ξεριζωμός, μοναξιά, η ξενιτιά γεννά ακραίες καταστάσεις, αλλά κι ένα πλήθος αντιφατικών συναισθημάτων. Να επιβιώσουν, να ξεπεράσουν τον εαυτό τους, να θυμούνται. Όλοι οι μεγάλοι ξενιτεμένοι προσπαθούν να δώ-

44

σουν ένα νόημα στη ζωή τους, γιατί γνωρίζουν την αξία της. «Όσοι ξενιτεύονται [...] κρατούν βαθιά μέσα τους κάτι που πονάει, που πονάει», τραγουδούσε ο Μισέλ Μπερζέ. Κι αυτό που πονάει είναι το ότι δεν ξέρουν αν μια μέρα θα επιστρέψουν στον τόπο τους. Αυτό το γλυκόπικρο συναίσθημα οι Έλληνες το ονομάζουν νόστο εδώ και χιλιετίες. Πιο πολύ κι από τον πόνο της πατρίδας, ο νόστος είναι ένα συναίσθημα που σε κάνει να μην είσαι πουθενά, να βρίσκεσαι μονίμως σε μια κατάσταση δυσαρμονίας με την παρούσα στιγμή. Το να ζεις μέσα στην ανομολόγητη νοσταλγία του παρελθόντος και την αγωνία ενός αβέβαιου μέλλοντος – να η τυπική δυσφορία του ξενιτεμένου. Ανάμεσα στα δύο, εκείνος που φεύγει ξέρει καλά ότι, αν πλανευτεί στο δρόμο, θα χάσει την ταυτότητά του. «Η μεγαλύτερη έμμονη ιδέα του Οδυσσέα», έλεγε ο Σπύρος.

Η ανάγνωση της *Οδύσσειας* την ώρα της μεσημεριανής σιέστας, όταν ο παππούς μου κι εγώ δεν μπορούσαμε να κλείσουμε μάτι, ήταν μια ιεροτελεστία, η καθημερινή μας φυγή. Στη σκιά μιας πλατύφυλλης μουριάς ο Σπύρος αφηγούνταν το ταξίδι του Οδυσσέα αργά, πολύ αργά. Τίποτα δε φαινόταν να τον βιάζει. Κάθε λέξη του Ομήρου έκλεινε μέσα της ένα άρωμα. Εμείς ταξιδεύαμε. Τα τζιτζίκια –κουβαλητές της μνήμης κατά τους αρχαίους– μας σιγοντάριζαν. «Όταν, ύστερα από δέκα χρόνια πολέμου, οι Έλληνες κατάφεραν να κυριεύσουν την Τροία, ο Οδυσσέας ξαναπήρε το δρόμο της επιστροφής. Της επιστροφής στην πατρίδα. Ο στρατηγός δεν μπορούσε να το πιστέψει· στα δέκα χρόνια

που είχαν περάσει, οι ρυ-
τίδες και οι λαβωματιές εί-
χαν σημαδέψει το πρό-
σωπό του. Μία δεκαετία
μάχες δεν είναι και λίγο...
Χιλιάδες οι νεκροί, χιλιά-
δες οι σύντροφοι στα ό-
πλα που είχαν χαθεί για
πάντα. Σκεφτόταν το βα-
σίλειο που είχε αφήσει πί-
σω του, σκεφτόταν τη γυ-

Η νοσταλγία της πατρίδας

Ο νόστος είναι μια από τις λέξεις-κλειδιά της Οδύσσειας. Υποδηλώνει την επιθυμία της επιστροφής. Από τη λέξη αυτή προέρχεται και η σύνθετη λέξη «νοσταλγία» (νόστος + άλγος), την οποία έκτοτε έχουν δανειστεί οι περισσότερες γλώσσες του κόσμου.

ναίκα του την Πηνελόπη και το γιο του τον Τηλέμαχο, ο οποίος
θα 'χε γίνει κοτζάμ άντρας. Ο Οδυσσέας ήταν κουρασμένος.
Όσο οι άντρες του φόρτωναν το πλοίο με λάφυρα και προμή-
θειες, εκείνος ονειρευόταν να γυρίσει το ταχύτερο κοντά στους
δικούς του. Ο ίδιος δεν είχε θελήσει ποτέ του αυτό τον πόλεμο.
Οι βασιλείς των άλλων πόλεων τον είχαν αναγκάσει να συμμε-
τάσχει στην εκστρατεία. Τώρα πια όμως δεν είχε καμιά υπο-
χρέωση απέναντί τους. Να ξαναδεί τα βουνά της Ιθάκης, έτσι
όπως αναδύονται από την καταγάλανη θάλασσα του Ιόνιου Πε-
λάγους, αυτή ήταν η μοναδική επιθυμία του Οδυσσέα. Μα οι
θεοί είχαν αποφασίσει διαφορετικά, Νικολάκη μου», κατέλη-
γε ο Σπύρος χρωματίζοντας τη φωνή του με λίγο σασπένς, ενώ
περνούσε μηχανικά τα δάχτυλά του πάνω από το μουστάκι του.

Τη συνέχεια τη διάβασα και την ξαναδιάβασα στο σχο-
λείο κι αργότερα στο πανεπιστήμιο. Η *Οδύσσεια* έγινε ένα α-
πό τα βιβλία που έχω πάντα στο προσκεφάλι μου. Στο αερο-

46

πλάνο, σε ξενοδοχεία στην άλλη άκρη του κόσμου, σε αποστολές που αναλάμβανα για το τηλεοπτικό κανάλι Euronews πάντα κουβαλούσα στο σακίδιό μου, ανάμεσα σε δύο επαγγελματικές βιντεοκασέτες και ένα ντικταφόν, κάποιο τόμο της *Οδύσσειας*. Για να μπορώ να διαβάζω μερικούς στίχους κάθε μέρα. Τις περισσότερες φορές άφηνα απλά το βιβλίο σ' ένα τραπέζι, σαν να είχε κάτι να μου πει. Όχι από φετιχισμό ή από πρόληψη, αλλά επειδή με ενθάρρυνε η σκέψη ότι το μεγάλο αυτό ποίημα, σχεδόν τριάντα αιώνες παλιό, δεν είχε αποκτήσει ούτε μία ρυτίδα και ότι περιπλανιόταν μαζί μου στους σταθμούς και τα αεροδρόμια του κόσμου στο τέλος του 20ού αιώνα. Η ηρεμία που μου απέπνεε με έκανε να αντιμετωπίζω πιο χαλαρά όλες τις κρίσιμες καταστάσεις.

Σεπτέμβριος 1993. Είναι το βράδυ της πρώτης μου ζωντανής τηλεοπτικής μετάδοσης, καθώς θα παρουσιάσω το δελτίο ειδήσεων του Monte Carlo TMC. Όλη η σύνταξη βρίσκεται γύρω μου σε αναβρασμό. Είμαι νέος δημοσιογράφος και για πρώτη φορά στη ζωή μου θα παρουσιάσω ένα δελτίο διάρκειας είκοσι λεπτών χωρίς οτοκιού – εκείνο το σωτήριο τηλεοπτικό υποβολέα που τοποθετείται συνήθως πάνω από την κάμερα και στον οποίο «τρέχει» το κείμενο των ειδήσεων. Με ένα ποτήρι σαμπάνια στο χέρι καταφέρνω να κρύψω από τους παρευρισκομένους το άγχος που με διακατέχει, αλλά μέσα μου επικρατεί τρικυμία, μια τρικυμία που θα μπορούσε να συγκριθεί μόνο μ' εκείνες που έστελνε ο Ποσειδώνας στον Οδυσσέα. Πρέπει να απομονωθώ στις τουαλέτες για να διατηρήσω την ηρεμία μου. Σαν να μη συμβαίνει τίποτα, καθισμένος στη λεκάνη, μακιγιαρισμένος, κοστουμαρισμένος και γραβατωμένος, να με βυθισμένος στις περιπλανήσεις του ήρωά μου: «...Κι εκεί που τέτοια ανάδευε στα βάθη της καρδιάς του, / κύμα σκαστό τον πέταξε στ᾽ ανώμαλα ακροβράχια. / Θα 'σπαγε εκεί τα κόκαλα και θα 'γδερνε τις σάρκες, / αν η λιοθώρητη Αθηνά δε φώτιζε το νου του. / Από 'να βράχο πιάστηκε με τα γερά του χέρια, / χιμώντας και κρατήθηκε με την ψυχή στο στόμα, / όσο που πέρασε γοργό τ᾽ αφροντυμένο κύμα. / Έτσι το ξέφυγε. Μα ευτύς ξανάστροφα γυρνώντας / τον χτύπησε και στου γιαλού τον πέταξε το βάθος»*. Να ένας που πραγματικά τράβηξε ζόρι, σκέφτηκα. Μπροστά του το δικό μου ζωντανό εικοσάλεπτο μοιάζει με περίπατο... Κάποιος χτυπά την πόρτα της τουαλέτας, νομίζω πως με ψάχνουν. Πού στο διάβολο να καταχωνιάσω το βιβλίο μου;

Ξανανακαλύπτοντας σήμερα στο χαρτί τις περιπέτειες του Οδυσσέα, διαπιστώνω ότι το κείμενο είναι πάντα το ίδιο επίκαιρο, ότι τα πρόσωπα δε θα μπορούσαν να είναι πιο σύγχρονα. Ο Όμηρος, ο τυφλός γέροντας ποιητής, δε βγάζει ηθικά διδάγματα: μας φέρνει αντιμέτωπους με ένα πλήθος διαφορετικών καταστάσεων, από τις οποίες ο καθένας μπορεί να επιλέξει εκείνες που ταιριάζουν περισσότερο στην περίπτωσή του, μας καλεί να εμβαθύνουμε οι ίδιοι στα ανθρώπινα συναισθήματα και να αντλήσουμε τα δικά μας συμπεράσματα.

---

* Ομήρου *Οδύσσεια*, μτφ. Ζ. Σιδέρη, εκδ. ΟΕΔΒ, ραψωδία ε, 441-449. (Σ.τ.Μ.)

Για μένα, το γιο του Α-
ντρέα, η ιστορία του Ο-
δυσσέα είναι πρωτίστως η
ιστορία ενός ξενιτεμένου.
Απ' αυτό ακριβώς το πρί-
σμα διαβάζω και ξανα-
διαβάζω το επεισόδιο ό-
που ο Οδυσσέας ναυαγεί
στο νησί της Καλυψώς. Η
Καλυψώ είναι μια υπέρο-
χη Νύμφη που κατοικεί σ'
έναν τόπο γεμάτο ανθισμέ-
νους κήπους και ονειρι-

Από τον Οδυσσέα στον Κουστό

*Η Καλυψώ, αφού κράτησε εφτά ολόκληρα
χρόνια κοντά της τον Οδυσσέα, τον βοήθη-
σε χωρίς μνησικακία να φτιάξει μια σχεδία
για να επιστρέψει στην πατρίδα του. Προς
τιμήν αυτής της Νύμφης ο πλοίαρχος Κου-
στό βάφτισε Καλυψώ το πλοίο με το οποίο
έμελλε να εξερευνήσει τους ωκεανούς.*

κές υπάρξεις. Τι καλύτερο για έναν άντρα! Και τι άλλο να 'κα-
νε ο καημένος ο Οδυσσέας; Όταν πάτησε το πόδι του σ' εκεί-
νον τον επίγειο παράδεισο, ξέχασε προς στιγμήν ότι η πιστή
του Πηνελόπη τον περίμενε με το γιο τους τον Τηλέμαχο και
παρέτεινε την παραμονή του στο νησί της εν λόγω καλλονής
για κάμποσα... χρόνια! Ωστόσο τίποτα δεν είναι πιο δυνατό α-
πό τον πόνο για την πατρίδα, κι έτσι ήρθε μια στιγμή που ο
Οδυσσέας βαρέθηκε τον «παράδεισο» και το κανάκεμα της
Καλυψώς. Καθισμένος στην παραλία, ατενίζει τον ορίζοντα,
σκέφτεται την πατρίδα του και κλαίει. Ένα πρωί αποφασίζει
ότι ήρθε η ώρα και ξαναπαίρνει το δρόμο της θάλασσας.

Η ξενιτιά, και τότε και πάντα. Αλλά ο Οδυσσέας είναι κά-
τι περισσότερο από έναν περιπλανώμενος ναυτικός. Το ε-
ρώτημα είναι γιατί ο ήρωας αδυνατεί να επιστρέψει στην πα-

τρίδα του. Η οργή του Ποσειδώνα, που έχει ανοιχτούς λογαριασμούς με τον Οδυσσέα, είναι αρκετή για να δικαιολογήσει τις κακοτυχίες του; Και γιατί τόσο μίσος για το βασιλιά της Ιθάκης; Ένας ατρόμητος μαχητής σαν τον Οδυσσέα, που δόθηκε ολόψυχα στο σκοπό των Ελλήνων και πήγε να πολεμήσει μαζί τους στην Τροία, δεν είναι υπερβολικό να είναι υποχρεωμένος να παλεύει μονίμως με θύελλες, τέρατα, άντρες, γυναίκες, θεούς κι ό,τι άλλο μπορεί κανείς να φανταστεί;

Για να καταλάβω το γιατί, καταπιάστηκα ξανά με συγκίνηση με τη μελέτη του έπους. Ξεψάχνισα τις βιβλιοθήκες του Παρισιού, της Αθήνας και των Βρυξελλών αναζητώντας την πιο ολοκληρωμένη πραγματεία που θα ανέλυε το θέμα με ακρίβεια. Επίσης, τηλεφώνησα και έγραψα σε φίλους μου καθηγητές, καλλιτέχνες, συγγραφείς: ο αρχιμανδρίτης Διονύσιος, οι ζωγράφοι Αλέκος Φασιανός και Άλκης Πιερράκος, ο συγγραφέας Βασίλης Βασιλικός, ο εκδότης Γιάννης Μαυροϊδάκος, όλοι αυτοί οι διαπρεπείς διανοούμενοι που γεύτηκαν κάποτε την ξενιτιά ανταποκρίθηκαν στο κάλεσμά μου. Είχα ανάγκη να ακούσω τη μαρτυρία τους για να κατανοήσω χωρίς να σφάλλω το μύθο αυτό που δεν είναι της ειδικότητάς μου. Πολύ σύντομα αντιλήφθηκα ότι στην ψυχή όλων αυτών των ανθρώπων φώλιαζε ένας Οδυσσέας και ότι, χωρίς να το ομολογούν, ο καθένας τους αναζητούσε, μυστικά και αδιάκοπα, τη δική του Ιθάκη.

Περιέργως στο Ίντερνετ μου έγινε το κλικ. Σερφάριζα στην οθόνη μου, μες στην άγρια νύχτα, σαν μοναχικός θαλασσοπόρος, όταν μου ήρθε η απάντηση. http://perso.club-internet.fr/

mul/frame.html: η πρώτη σελίδα του site δεν είναι από τις πιο πρωτότυπες. Ένα αρκτικόλεξο: MUL, Macramé – Urbanisme – Littérature· κάτω από τον τίτλο, η φωτογραφία ενός μουλαριού. Μάλλον ασυνήθιστο, και καθόλου γκλαμουράτο. Πέφτω πάνω σε μερικές επεξηγηματικές αράδες. Πρόκειται για μια λογοτεχνική επιθεώρηση που, μεταξύ άλλων, προσφέρεται να απαντήσει στο ακόλουθο μεγάλο ερώτημα: «Τι είναι λογοτεχνία;» Το υλικό πολύ και ενδιαφέρον, αλλά εγώ νυστάζω. Η ώρα δεν είναι κατάλληλη για τέτοιες σκέψεις και μου απομένουν μόλις δύο χτυπήματα με το δάχτυλο για να βγω από το site. Ένα τελευταίο διπλό κλικ στην επιφάνεια εργασίας και γραμμή για το κρεβάτι μου και για την αγκαλιά του Μορφέα. (Παρεμπιπτόντως, ο Μορφέας είναι γιος του Ύπνου και της Νύχτας, ο θεός των ονείρων και των ονειροπολήσεων και το όνομά του σημαίνει αυτός που αναπαράγει τις μορφές. Ο Μορφέας είναι κολλητός αυτή την ώρα.)

Διπλό κλικ. Να τος πάλι ο Όμηρος. Πέφτω πάνω στο άρθρο ενός νεαρού διανοουμένου ονόματι Μαρκ Αλιζάρ, στην αρχή ακριβώς του site. Δεν τον γνωρίζω αυτό το νέο φιλόσοφο, αλλά οι θεοί του διαδικτύου θέλησαν να συναντηθούμε. Ο Όμηρος και οι Έλληνες φιλόσοφοι είναι ο κόσμος του. Ο Μαρκ είναι είκοσι οχτώ ετών, σκέφτεται και γράφει καλά. Είναι Γάλλος, αλλά διαβάζει και μεταφράζει χωρίς δυσκολία τα αρχαία ελληνικά και, σε ό,τι αφορά τα ελληνικά πράγματα, διαθέτει μια διεισδυτικότητα που κανένα πτυχίο δε σου εξασφαλίζει. Μέσα σε λίγες μόνο γραμμές μού δίνει τη δική του ερμηνεία σχετικά με τη ραψωδία ι της *Οδύσσειας*.

51

Σε τι χρησιμεύουν οι Κύκλωπες;

Οι Κύκλωπες εμφανίζονται συχνά στην ελληνική μυθολογία. Τεράστιοι γίγαντες, δεν είναι όλοι βοσκοί όπως εκείνοι που συνάντησε ο Οδυσσέας. Ορισμένοι απ' αυτούς είναι τέκτονες, στους οποίους οι αρχαίοι απέδιδαν την κατασκευή μνημειωδών κτισμάτων υπερβολικά μεγάλων για να έχουν κατασκευαστεί από κοινούς ανθρώπους.

Έτσι, σήμερα αποκαλούμε συχνά κυκλώπειο ένα έργο υπερμέγεθες που φαινομενικά ξεπερνά τις ανθρώπινες δυνατότητες.

Ας στήσουμε το ντεκόρ κι ας ξαναμπούμε στην ιστορία για να καταλάβουμε καλύτερα. Στο δρόμο της επιστροφής για την Ιθάκη, ο Οδυσσέας και οι άντρες του σταματούν σε ένα άγνωστο νησί για να ξεκουραστούν και να ανεφοδιαστούν με τα απαραίτητα. Αγνοούν ότι το εν λόγω νησί κατοικείται από άξεστους γίγαντες: τους Κύκλωπες, που έχουν μόνο ένα πελώριο μάτι στο μέτωπο, ένα μάτι τρομακτικό, που μοιάζει λιγάκι με εκείνο του Μεγάλου Αδελφού, της κολασμένης μηχανής που περιγράφει ο Τζορτζ Όργουελ στο μυθιστόρημά του *1984*, που κατασκοπεύει μονίμως τους πάντες και τα πάντα. Μόνο που τα δυστυχισμένα εκείνα πλάσματα, που δεν κάνουν τίποτα στη ζωή τους, δεν κατοικούν σε σοφίτα, αλλά σε υγρές σπηλιές, απομονωμένα από τον υπόλοιπο κόσμο. Κανένας δεν ήρθε ποτέ να ταράξει τη μοναχική και πρωτόγονη ρουτίνα τους, μέχρι τη μέρα που ο Οδυσσέας εισβάλλει χωρίς να το ξέρει στη ζωή τους.

Όταν πέφτει η νύχτα, ο ήρωάς μας και οι σύντροφοί του ανακαλύπτουν μια σπηλιά της οποίας η είσοδος είναι διακοσμημένη με δαφνόκλαδα. Το εσωτερικό της είναι στεγνό, υπάρχουν ερίφια στο βάθος της, υπάρχει ακόμα και τυρί μέσα σε κάτι πανέρια. Το ιδανικό καταφύγιο για τέτοιες ώρες, σκέφτεται ο Οδυσσέας. Οι Έλληνες ανάβουν φωτιά, σφάζουν μερικά ζωντανά για το δείπνο και αποκοιμιούνται ήσυχοι. Ξαφνικά, ένας Κύκλωπας μπαίνει στο άντρο. Σοκ. Ο γίγαντας βάζει μέσα το κοπάδι του κι αμέσως φράζει το άνοιγμα της σπηλιάς με έναν τεράστιο βράχο. Ο Πολύφημος –λάτρης της ανθρώπινης σάρκας– έχει μόλις επιστρέψει ύστερα από μια μέρα σκληρής δουλειάς και, ρε γαμώτο, σήμερα πεθαίνει της πείνας! Ο Οδυσσέας δοκιμάζει να εξηγήσει τους λόγους που βρίσκεται εκεί, επικαλείται τον ιερό νόμο της φιλοξενίας, επιχειρεί, με λίγα λόγια, να διαπραγματευτεί για να σώσει τη ζωή τόσο τη δική του όσο και των συντρόφων του. Αλλά ο μονόφθαλμος δράκος δεν εννοεί να καταλάβει τίποτα. Επί τόπου καταβροχθίζει δύο άμοιρους ναύτες, για να μην κοιμηθεί με άδειο στομάχι, και την πέφτει. Ο Οδυσσέας, ανήσυχος, δεν μπορεί να κλείσει μάτι. Ζει τη μεγαλύτερη νύχτα της ζωής του. Την αυγή ατάραχος ο Κύκλωπας ξεκοκαλίζει δύο ακόμα από τους συντρόφους του ήρωά μας κι ύστερα βγαίνει με το κοπάδι του από τη σπηλιά, φροντίζοντας να κλείσει καλά την έξοδο με τον πελώριο βράχο. Οι Έλληνες έχουν παγιδευτεί. Πρέπει επειγόντως να βρουν μια λύση.

Ο Οδυσσέας –που δεν του δόθηκε το προσωνύμιο του πολυμήχανου για το τίποτα– έχει μια ιδέα... Σε μια γωνιά της σπηλιάς υπάρχει στο έδαφος ένας κορμός δέντρου. Μαζί με τους συντρόφους του αποφασίζουν να ακονίσουν τη μια του άκρη ώσπου να γίνει μυτερή κι ύστερα τη σκληραίνουν στη φωτιά. Πρωτόγονο όπλο, αλλά θα μπορούσε να τους φανεί χρήσιμο... Κάποια στιγμή ο Πολύφημος επιστρέφει, όλη αυτή η ιστορία τού άνοιξε ξανά την όρεξη! Δύο ακόμα θύματα, χωρίς να προλάβουν να βγάλουν κιχ, παίρνουν το δρόμο για το στομάχι του. Η φρίκη επαναλαμβάνεται. Το σενάριο μοιραίο. Τότε είναι που ο Οδυσσέας προτείνει στον Κύκλωπα να δοκιμάσει το κρασί που έχει φέρει μαζί του. Το ποτό είναι δυνατό και ο μονόφθαλμος γίγαντας κατεβάζει μονορούφι κάμποσα ποτήρια πριν καταρρεύσει τυφλά στο μεθύσι. Μόλις που έχει την απαιτούμενη διαύγεια για να ρωτήσει το «μουσαφίρη» του πώς τον λένε. «Το όνομά μου είναι Κανένας», του απαντάει ο Οδυσσέας, πριν μπήξει την αιχμηρή άκρη του κορμού στο θολωμένο μάτι του Πολύφημου. Ο πόνος είναι πολύ δυνατός. Ο Κύκλωπας αρχίζει να ουρλιάζει. Οι φωνές του ξυπνούν τους άλλους Κύκλωπες της περιοχής, που μαζεύονται έξω από τη σπηλιά και τον ρωτάνε τι συμβαίνει. «Με τύφλωσε ο Κανένας!» τους αποκρίνεται ο Πολύφημος. «Με τύφλωσε ο Κανένας!» Οι Κύκλωπες ξεσπάνε σε τρανταχτά γέλια και ξαναπαίρνουν το δρόμο για τις σπηλιές τους. «Παράτα τα παλαβά, Πολύφημε, και ξεκουράσου», του λένε –σε γλώσσα κάπως πιο σύγχρονη...– καθώς απομακρύνονται. «Ως αύριο το μυαλό σου θα 'χει ξελαμπικάρει!» Ανίκανος να κάνει οτιδήποτε άλλο, ο Κύκλωπας αποφασίζει να κυνηγήσει στα τυφλά τους βασανιστές του. Μα οι Έλληνες δε βρίσκονται πουθενά. Χάρη σε ένα καινούριο τέχνασμα του Οδυσσέα, έχουν κρεμαστεί από την κοιλιά των προβάτων, έτσι ώστε, όταν ο Πολύφημος βγάλει έξω το κοπάδι του, να βγουν κι αυτοί μαζί.

Να λοιπόν τι λέει ο μύθος, αρκετά αιματοβαμμένος στο σύνολό του. Ο νεαρός φιλόσοφος ωστόσο που ανακαλύπτω σερφάροντας στο Ίντερνετ προτείνει μια νέα ανάγνωση του μύθου, που, κατά τη γνώμη μου, θα μπορούσε να είναι το κλειδί της χωρίς επιστροφή εξορίας του Οδυσσέα. Ας ανακεφαλαιώσουμε. Ο Οδυσσέας καταφέρνει να βγει από το άντρο του Κύκλωπα χάρη στην ιδέα που είχε να βαφτίσει τον εαυτό του Κανένα. Πανέξυπνο κόλπο, με μάλλον κωμικά αποτελέσματα, αλλά η σημασία του ξεπερνά το απλό ανέκδοτο. Διότι, για να γλιτώσει, τι κάνει τελικά ο Οδυσσέας; Γίνεται κανένας, με άλλα λόγια απαρνιέται την ταυτότητά του και βρίσκεται καταδικασμένος να περιπλανιέται μακριά από το σπίτι του, έξω από τον ίδιο του τον εαυτό. «Πώς να μην αναγνωρίσει κανείς στον Οδυσσέα-Κανένα το σύγχρονο άνθρωπο που, για να γλιτώσει από την πανφάγα κυκλώπεια τεχνολογία –που βλέπει τα πάντα, ακούει τα πάντα, καθορίζει τα πάντα–, επιχειρεί να βουλιάξει μέσα στο Τίποτα, στη σιωπή, στην απουσία και στην ανωνυμία;»

Ευχαριστώ, Μαρκ, για την ανάλυση, ή μάλλον για την ψυχανάλυση. Να βουλιάξει μέσα στο τίποτα. Να ο κίνδυνος που ελλοχεύει για κάθε ξενιτεμένο. Ο Οδυσσέας, ο πολυμήχανος άντρας, ταξίδεψε μέσα στους αιώνες για να μας πει ίσως ότι την αλήθεια, τη δική του αλήθεια, ο καθένας μας την κουβαλάει μέσα του και είναι συνυφασμένη με την α- ποδοχή της δικής του ταυτότητας. Ο Αντρέας δε χάθηκε στο δρόμο γιατί δεν ξέχασε ποτέ. Παρ' όλα αυτά, η Γαλλία έγι- νε η δεύτερη πατρίδα του, αποδέχτηκε τους κανόνες και τα ήθη της, χωρίς όμως ποτέ να απαρνηθεί αυτό που ήταν. Ο πατέρας μου με έμαθε πως για να μπορώ να δείχνω ανοχή και σεβασμό στις ρίζες των άλλων θα πρέπει πρώτα να τι- μώ τις δικές μου. Δεν υπήρξα ποτέ Κανένας για να ενταχθώ στο σύστημα της ανώνυμης μάζας. Στο σχολείο μου στο Πα- ρίσι, στην οδό Ρεκολέ, οι συμμαθητές μου ονομάζονταν Μο- σέ, Χουάν, Μοχάμεντ, Αϊμερίκ, Ζορίτσα, Λάιονελ ή Ραντού. Τόσες ρίζες όσες και αποχρώσεις επιδερμίδας. Όσο για μέ- να, ήμουν ο Νικόλαος.

Το Νικόλαος είναι σύνθετη λέξη και σημαίνει νίκη του λαού: ένα όνομα τυπωμένο με πορτοκαλιά γράμματα στην πράσινη ποδιά μου – αδύνατο να το κρύψεις. Αργότερα, στο ραδιόφωνο, με είπαν Νικολά. Ύστερα είναι και το πιο λιτό Νίκος, που χρησιμοποιούν οι πιο κοντινοί μου άνθρωποι και που τελικά υπερίσχυσε. Φυσικά. Μιλώντας για την Ελλάδα στην εκπομπή της Κριστίν Μπραβό (εγγονή και η ίδια ξενι- τεμένων Ισπανών), έμαθα να δηλώνω δημόσια τη διπλή μου κουλτούρα. Έλληνας την καταγωγή, γεννημένος στη Γαλλία. Δύο διαβατήρια, δύο μητρικές γλώσσες, δύο πατρίδες, με μοναδική κληρονομιά τα όνειρα του πατέρα μου του Αντρέα και της μητέρας μου της Χαρούλας, που ελπίζουν ακόμα ό- τι μια μέρα θα επιστρέψουν στην Ιθάκη τους.

56

Είναι «Έλληνες» και δεν το ξέρουν...

Πολλά από τα πιο συνηθισμένα γαλλικά ονόματα έλκουν την καταγωγή τους από την ελληνική γλώσσα. Ιδού μερικά παραδείγματα:

Agathe (Αγκάτ): *από το* αγαθός
Amélie (Αμελί): *από το* αμέλεια
Alexis (Αλεξίς): *από το* αλέξω *(αποκρούω, προστατεύω)*
André (Αντρέ): *από το* άντρας
Dorothée (Ντοροτέ): *από το* δώρο + θεός
Grégoire (Γκρεγουάρ): *από το* γρήγορος
Irène (Ιρέν): *από το* ειρήνη
Jérôme (Ζερόμ): *από το* ιερός + όνομα *(nom στα γαλλικά)*
Mélanie (Μελανί): *από το* μέλας
Philippe (Φιλίπ): *από το* φιλώ + ίππος
Sebastien (Σεμπαστιάν): *από το* σεβαστός
Sophie (Σοφί): *από το* σοφία
Théophile (Τεοφίλ): *από το* θεός + φιλώ
Timothée (Τιμοτέ): *από το* τιμώ + θεός
Zoé (Ζοέ): *από το* ζωή

Στους γονείς μου αφιερώνω το παρακάτω απόσπασμα α-πό το ποίημα του Κωνσταντίνου Καβάφη (εγγονού Ελλήνων μεταναστών της Αλεξάνδρειας), ενός από τους σημαντικό-τερους Έλληνες ποιητές των αρχών του 20ού αιώνα. Κατ' αυ-τόν, η Ιθάκη δεν είναι στην πραγματικότητα ένας τόπος. Στο τέλος της περιπλάνησής του ο Οδυσσέας δεν ξαναβρίσκει το νησί που εγκατέλειψε, πράγμα που κατά βάθος δεν είναι και τόσο σοβαρό, αφού εκείνο που μετράει περισσότερο είναι το ταξίδι...

Ιθάκη

Σα βγεις στον πηγαιμό για την Ιθάκη,
να εύχεσαι να 'ναι μακρύς ο δρόμος,
γεμάτος περιπέτειες, γεμάτος γνώσεις.
(...)
Σε πόλεις Αιγυπτιακές πολλές να πας,
να μάθεις και να μάθεις απ' τους σπουδασμένους.

Πάντα στον νου σου να 'χεις την Ιθάκη.
Το φθάσιμον εκεί είν' ο προορισμός σου.
Αλλά μη βιάζεις το ταξίδι διόλου.
Καλύτερα χρόνια πολλά να διαρκέσει·
και γέρος πια ν' αράξεις στο νησί,
πλούσιος με όσα κέρδισες στον δρόμο.
(...)
Άλλα δεν έχει να σε δώσει πια.

Κι αν πτωχική την βρεις, η Ιθάκη δεν σε γέλασε.
Έτσι σοφός που έγινες, με τόση πείρα,
ήδη θα το κατάλαβες οι Ιθάκες τι σημαίνουν.

Η ΣΥΝΤΡΙΒΗ ΤΟΥ ΙΚΑΡΟΥ

Ή

Πώς να ζεις το όνειρό σου κρατώντας τα πόδια στη γη

Ήταν όντως εκείνος, εκείνος ο τρελός,
εκείνος ο εξαίσιος παράφρων...
Εκείνος ο ξεχασμένος Ίκαρος .
που ξανανέβαινε στους ουρανούς.

ΖΕΡΑΡ ΝΤΕ ΝΕΡΒΑΛ

ΣΑΣ ΔΙΗΓΗΘΗΚΑ παραπάνω την ιστορία του Μινώταυρου, του ανθρωποφάγου τέρατος, καρπού της ένωσης της Αριάδνης κι ενός ταύρου, του κτήνους που ο βασιλιάς Μίνωας έσπευσε να κρύψει στο λαβύρινθο που εμπνεύστηκε ο Δαίδαλος. Όμως η υπόθεση δεν έχει κλείσει ακόμα...

Ο Μίνωας, μαθαίνοντας ότι ο Δαίδαλος ήταν εκείνος που είχε βοηθήσει (δημιουργώντας μια ξύλινη αγελάδα) την Πασιφάη να ζευγαρώσει με τον ταύρο, κυριολεκτικά έξαλλος από θυμό διατάζει αμέσως να βάλουν τον αρχιτέκτονά του, μαζί με το γιο του τον Ίκαρο, στη φυλακή που ο ίδιος είχε επινοήσει και κατασκευάσει. Τι απρόβλεπτη τροπή που παίρνουν καμιά φορά τα πράγματα! Ο Δαίδαλος, ο μέγας καλλιτέχνης του παλατιού με τα επιδέξια χέρια, να βρίσκεται ξαφ-

61

νικά φυλακισμένος σαν κοινός εγκληματίας! Ο άνθρωπος του οποίου τα αγάλματα είχαν τόση φυσικότητα, που –σύμφωνα με το θρύλο– έπρεπε να τα αλυσοδένεις για να μην μπορούν να το βάλουν στα πόδια, ο άνθρωπος που είχε θέσει όλο του το ταλέντο στη διάθεση του βασιλιά, να είναι τώρα αιχμάλωτος του δικού του λαβύρινθου. Και σαν να μην έφτανε αυτό, δεν είχε ούτε το μαγικό μίτο που θα του επέτρεπε να δραπετεύσει.

Ο Δαίδαλος ωστόσο δεν αφήνει την απελπισία να τον κυριεύσει. Αυτός που τόσο συχνά παρατηρούσε το πέταγμα των πουλιών στον ουρανό συνειδητοποιεί ότι ο ίδιος και ο γιος του θα μπορούσαν να δραπετεύσουν από το λαβύρινθο πετώντας. Κατασκευάζει λοιπόν δύο ζευγάρια φτερούγες από πούπουλα και τα κολλάει με κερί τόσο στη δική του πλάτη όσο και του κανακάρη του. Πριν καλά καλά δοκιμάσει να πετάξει, δίνει στον Ίκαρο τις τελευταίες συμβουλές: «Προσοχή, αγόρι μου! Μην πετάξεις πολύ χαμηλά, γιατί τα κύματα θα μουσκέψουν τις φτερούγες σου κι αυτές θα βαρύνουν και θα βρεθείς στο βυθό. Αλλά ούτε και πολύ ψηλά πρέπει να πετάξεις, γιατί ο ήλιος θα λιώσει το κερί και θα καψαλίσει τα φτερά σου».

Πατέρας και γιος υψώνονται στον ουρανό. Προηγείται ο Δαίδαλος, για να δείχνει το δρόμο. Κάθε τόσο γυρίζει το κεφάλι για να βεβαιωθεί ότι ο Ίκαρος τον ακολουθεί. Ο τελευταίος, ύστερα από μερικούς αδέξιους χειρισμούς, διασχίζει με άνεση τους αιθέρες. Ενώ ο Δαίδαλος παραδίνεται σε μια γλυκιά ονειροπόληση –είναι ευτυχισμένος που ανέκτησε την ελευθερία του κι ακόμα πιο ευτυχισμένος που κατάφερε να οικειοποιηθεί το μυστικό του πετάγματος των πουλιών–, ο Ίκαρος παρασύρεται από τη μέθη του ύψους. Τι πειράζει ν' ανέβει λίγο πιο ψηλά, κι ακόμα λίγο... άλλο λίγο ακόμα; Τώρα που ο Δαίδαλος έχει χαλαρώσει την επιτήρησή του ο Ίκαρος μπορεί να τον παρακούσει. Εφόσον ξέρει να πετάει τέλεια πια, ποιος ο λόγος να ακολουθεί τις συμβουλές του γέρου πατέρα του; Αυτός είναι νέος, είναι δυνατός, είναι ελεύθερος – απεριόριστα ελεύθερος.

Και να τον κοντά στον ήλιο. Ο φωτεινός του δίσκος τον έλκει ακαταμάχητα. Στην πλάτη του όμως το κερί που συγκρατούσε τα φτερά του έχει αρχίσει να λιώνει από τη ζέστη. Τα φτερά λίγο λίγο ξεκολλάνε και ο Ίκαρος, έχοντας απολέσει την ισορροπία του, χάνει ύψος και πέφτει... πέφτει... πέφτει... Μια κραυγή κάνει τον Δαίδαλο, που προηγείται, να βγει από τις ονειροπολήσεις του. Γυρίζει το κεφάλι: ο απέραντος ουρανός είναι άδειος. Φοβούμενος το χειρότερο, ο Δαίδαλος πλησιάζει λίγο πιο κοντά στη θάλασσα και βλέπει μερικά λευκά φτερά να επιπλέουν στο νερό. Είναι ό,τι έχει απομείνει από το γιο του. Ο Ίκαρος έχασε τη ζωή του σε λίγα δευτερόλεπτα, επειδή δεν πήρε στα σοβαρά τις σοφές συμβουλές

Ο τάφος του Ικάρου

Σύμφωνα με το θρύλο, ο Δαίδαλος προσγειώθηκε στην ακρογιαλιά ενός κοντινού νησιού για να θρηνήσει. Το βράδυ η θάλασσα του έφερε πίσω το άψυχο κορμί του γιου του κι αυτός το έθαψε. Σε ανάμνηση του Ικάρου το νησί εκείνο του Αιγαίου ονομάζεται σήμερα Ικαρία.

του έμπειρου πατέρα του, επειδή υπερεκτίμησε τις δυνάμεις του. Επειδή θέλησε να αγγίξει τον ήλιο.

Στο χρηματιστήριο της μυθολογίας η πτώση του Ικάρου είναι, χωρίς καμία αμφιβολία, μια από τις πιο σταθερές α- ξίες. Ο μύθος έχει μεταφραστεί σε όλες τις γλώσσες του κό- σμου, ο συμβολισμός του έχει αποκωδικοποιηθεί από μυ- ριάδες κάθε λογής ψυχαναλυτές, φιλοσόφους, θεραπευτές και καλλιτέχνες, κι όμως παραμένει πάντα το ίδιο επίκαι- ρος. Τα έργα –βιβλία, πίνακες, γλυπτά ή ταινίες– που είναι εμπνευσμένα από το μύθο του Ικάρου είναι αμέτρητα. Μια μικρή περιπλάνηση στα FM της γαλλικής πρωτεύουσας αρ- κεί για να ακούσει κανείς τον Ζακ Ιζελέν να τραγουδά: «Πε- σμένος από τον ουρανό, μέσα από τα σύννεφα, τι ευτυχι- σμένος οιωνός»· τον Ζαν-Ζακ Γκολντμάν να απαντά: «Κάνε με να πετάξω, κάνε με να πετάξω, μακριά απ' αυτό το πε- πρωμένο που κολλάει στο δέρμα»· την Τίνα Αρένα να προ- σθέτει: «Ανεβείτε πιο ψηλά, ανεβείτε πιο ψηλά»· και το φίλο μου τον Μάριο του *Star Academy* να επιβεβαιώνει ότι «πετά πλέον με τα δικά του φτερά». Αλλά είναι ο Μασσαλιώτης ρά- περ Ακενατόν που έχει την τελευταία λέξη: «Κάθε πρωί το ξύ- πνημα ήταν το ίδιο, άγριο, ονειρευόμουν ότι πετούσα πάνω από πεδιάδες. Και φτάνοντας στο πιο ψηλό σημείο, τα φτε- ρά μου κόβονταν, το κορμί μου συντριβόταν πάνω σ' ένα τρα- πέζι. Ο μύθος του Ικάρου δεν είναι μακριά, θεϊκό σημάδι!»

Ο άνθρωπος έλκεται από τους αιθέρες από την πρώτη μέρα της ζωής του. Λέμε ότι «ανοίξαμε φτερά» για να δη- λώσουμε ότι χειραφετηθήκαμε, ότι προοδεύουμε. Λέμε ότι «πετάμε στον έβδομο ουρανό από ευτυχία», ότι «ο έρωτας μας δίνει φτερά»... Το ξεπέρασμα της βαρύτητας, η δυνατότητα να ταξιδεύουμε πάνω από ηπείρους και ωκεανούς σαν πουλιά, με αεροπλάνο, διαστημόπλοιο ή αερόστατο, είναι τώρα μια πραγματικότητα. Αλλά όσο κι αν ο άνθρωπος κατέκτησε τους αιθέρες, η εικόνα του Ικάρου δεν έσβησε ποτέ από το μυαλό του. Ριζωμένη στην ίδια τη γλώσσα, υποδηλώνει

Ι... όπως Ίκαρος

Το 1979 ο αρμενικής καταγωγής κινηματογραφιστής Ανρί Βερνέιγ σκηνοθετεί το Ι... comme Icare (Ι... όπως Ίκαρος), μια ταινία για τη δολοφονία του προέδρου Κένεντι.

Ο ήρωάς του, τον οποίο ενσαρκώνει ο Ιβ Μοντάν, είναι ένας εισαγγελέας που ερευνά τη δολοφονία και ο οποίος θα δολοφονηθεί με τη σειρά του όταν φτάσει πολύ κοντά σε μια επικίνδυνη αλήθεια. Ο θάνατός του θυμίζει εκείνον του Ικάρου όταν πλησίασε πολύ τον ήλιο.

εκείνον που καίει τα φτερά του, που πάει υπερβολικά γρήγορα ή υπερβολικά ψηλά, που κάνει του κεφαλιού του και που, τελικά, σπάει τα μούτρα του. Η πτώση μετά την άνοδο. Η αλληγορία είναι απλή και πολύ επιτυχημένη. Αρκεί να ρίξει κανείς μια ματιά στον καθημερινό Τύπο για να βρει όλους αυτούς τους σύγχρονους Ικάρους: μεγάλα άπληστα αφεντικά που η επιτυχία τους μετατρέπεται σε παταγώδη αποτυχία, οδηγώντας τους μερικές φορές ακόμα και στη φυλακή· βεντέτες της σόου μπίζνες που καβαλάνε το καλάμι και χάνουν τα πάντα· αθλητές που παίρνουν όλο και περισσότε-

ρο ρίσκο και χρήμα, για να μείνουν τελικά στον άσο· πολιτι-
κοί ηττημένοι και εξοστρακισμένοι, για τους οποίους λέμε ό-
τι τέλειωσαν οριστικά (έστω κι αν οι αρχαίοι Έλληνες υπο-
στήριζαν ότι στην πολιτική μπορεί κανείς να ξαναρχίσει από
την αρχή...). Με λίγα λόγια, μπορούμε να είμαστε βέβαιοι ό-
τι η μεταφορά του μύθου είναι σήμερα τόσο επίκαιρη όσο
και πριν από εκατοντάδες χρόνια.

Σήμερα το πρωί ακόμα, στο καφέ του ισογείου, ο τύπος
που κάθεται δίπλα μου στον πάγκο του μπαρ και διαβάζει με
μοχθηρό ύφος τη λαϊκή εφημερίδα *Parisien* σχολιάζει δυνατά
την καταστροφή του αμερικάνικου διαστημικού λεωφορείου
Κολούμπια: «Είχανε δεν είχανε, την κάνανε τη βλακεία τους!
Όποιος τρώγεται να πάει όλο και πιο ψηλά καίγεται! Έτσι εί-
ναι!» Η διπλανή του, μια από εκείνες τις γυναίκες που ανα-
κατεύονται σε όλες τις συζητήσεις ακόμα κι όταν δεν τις αφο-
ρούν, προσθέτει με ύφος Κασσάνδρας: «Μα φυσικά! Ο κύ-
ριος έχει δίκιο! Εγώ πάντα το έλεγα. Φαίνεται πως το Τσάλε-
ντζερ δεν τους έγινε μάθημα...» Και απαριθμεί όλες τις κατα-
στροφές που διάβασε προσφάτως στις εφημερίδες. Η υπόθε-
ση έχει ρυθμιστεί, όλος ο κόσμος έχει ανακουφιστεί, η δικαι-
οσύνη έχει αποδοθεί. Οι άλλοι πελάτες συμφωνούν σιωπηρά.
Εγώ θέλω να τους βρίσω, αλλά δε λέω τίποτα. Ίσως από δει-
λία, ίσως πάλι επειδή μου προκαλούν δυσφορία. Φλας μπακ.
Από το μυαλό μου ξαναπερνούν οι εικόνες του ερασιτεχνικού
βίντεο που πρόβαλαν τα τηλεοπτικά κανάλια όλου του κόσμου,
ξαναβλέπω το διαστημικό λεωφορείο να γίνεται κομμάτια στο
βάθος του καταγάλανου ουρανού και δεν μπορώ να μην ξα-

νασκεφτώ το Κονκόρντ, που συνετρίβη στις 25 Ιουλίου 2000 στην Γκονές.

Ως δημοσιογράφος, είχα πάει επί τόπου για να καλύψω το τραγικό γεγονός. Από τη μια μεριά, το αεροδρόμιο Σαρλ ντε Γκολ, γεμάτο ανθρώπους φορτωμένους βαλίτσες, που ανυπομονούσαν να φύγουν για διακοπές· από την άλλη, λίγα μέτρα μακριά από την οχλαγωγία, το μακάβριο θέαμα των άψυχων σωμάτων. Και δεκάδες συνάδελφοι σε αναζήτηση της αποκλειστικότητας. Μια παράλογη κατάσταση σε ένα σουρεαλιστικό ντεκόρ. Δεν υπήρχε Ίκαρος σ' εκείνη την καταστροφή, υπήρχε μονάχα ο θάνατος. Και όπου πλανιέται ο

Παριστάνοντας την Κασσάνδρα...

Γιατί όταν απευθυνόμαστε σε κάποιον που προβλέπει μονίμως συμφορές συνηθίζουμε να του λέμε «Σταμάτα να παριστάνεις την Κασσάνδρα» ή «Μη γίνεσαι Κασσάνδρα»;

Η Κασσάνδρα ήταν κόρη του Πριάμου, βασιλιά της Τροίας, και της βασίλισσας Εκάβης. Ο θεός Απόλλωνας, που την ορεγόταν, της υποσχέθηκε σε αντάλλαγμα της εύνοιάς της να την προικίσει με μαντικές ικανότητες. Το νεαρό κορίτσι έκανε πως το πίστεψε, αλλά μόλις εξασφάλισε τη μαγική του δύναμη, αρνήθηκε να δοθεί στο θεό. Κι εκείνος, για να την εκδικηθεί, αποφάσισε κανένας να μην πιστεύει ποτέ τις προβλέψεις της Κασσάνδρας. Όπως εκείνη η μακρινή Κασσάνδρα, έτσι και οι άλλες της καθημερινής μας ζωής δε γίνονται ποτέ πιστευτές. Προσοχή όμως! Οι τελευταίες δεν πέφτουν πάντα έξω...

θάνατος δεν υπάρχει θέση για μύθους, αυτό που επείγει είναι να βρεις τις κατάλληλες λέξεις για να περιγράψεις την κατάσταση. Αλλά οι λέξεις δεν έρχονται. Πολύ καιρό μετά εξακολουθούσα να θέτω στον εαυτό μου το ίδιο ερώτημα. Εκείνη τη μέρα είχα κάνει σωστά τη δουλειά του δημοσιογράφου – δουλειά που συνίσταται στην παράθεση των γεγονότων και μόνο αυτών; Ή μήπως ήμουν κι εγώ ένα κοράκι μεταξύ των άλλων, που είχε πάει για να στερήσει την τελευταία σταγόνα αξιοπρέπειας από εκείνους τους διαμελισμένους άγνωστους ανθρώπους στα ερείπια του Κονκόρντ; Δε θα το μάθω ποτέ. Μετά τη ζωντανή σύνδεση πήγα διακριτικά να προσευχηθώ για όλες εκείνες τις υπό μετάβαση ψυχές, σε μια αίθουσα του αεροδρομίου που ονομαζόταν Οικουμενικό Πνευματικό Κέντρο. Ένα υποκατάστατο του Παραδείσου.

Δεν είναι τόσο για το μύθο, ο οποίος έγινε στερεότυπο, που θέλω να σας μιλήσω, αλλά μάλλον για το αρχέτυπο του Ικάρου. Εννοώ το πρότυπο του Ικάρου που κρύβουμε όλοι βαθιά μέσα μας. Εκείνο που λαχταράει να δει τον κόσμο διαφορετικά, να αγγίξει τα όνειρά του. Εκείνο που αποφασίζει να πλησιάσει το φως, για να νιώσει πιο δυνατό, πιο κοντά στην αλήθεια του.

Το βλέμμα του Ικάρου το συναντώ μια βροχερή νύχτα του Μάρτη στο Παρίσι. Φεύγω από το μπαρ Κλοζερί ντε Λιλά γύρω στις τρεις η ώρα το πρωί, με κάμποσα ποτήρια ιρλανδέζικο ουίσκι Bushmill's στους νευρώνες. Τελευταίοι ασπασμοί με τους παλιόφιλους πριν φορέσω το μαύρο μου παλτό. Μέσα σε μια ατμόσφαιρα που μύριζε αλκοόλ και τσιγάρο, φτιάξαμε τον κόσμο από την αρχή. Απόψε νιώσαμε σημαντικοί, γελάσαμε, σχεδόν κλάψαμε. Όπως συνήθως, ο ευτραφής πιανίστας με το γκρίζο τσουλούφι μού παίζει τον *Μέτοικο* του Ζορζ Μουστακί, εν είδει αποχαιρετισμού: «Σαν σύννεφο απ' τον καιρό, μονάχο μες στον ουρανό, πήρα παιδί τους δρόμους. Περπάτησα όλη τη γη μ' ένα τραγούδι στην

Η μυθολογία στο Παρίσι

Πολλές τοποθεσίες του Παρισιού έχουν ονόματα παρμένα από τη μυθολογία.

Η περιοχή Μονπαρνάς, για παράδειγμα, χρωστάει την ονομασία της στο βουνό (Mont) Παρνασσός (Parnasse), που το χειμώνα κατακλύζεται από Αθηναίους σκιέρ. Σύμφωνα με τη μυθολογία, ο Παρνασσός ήταν η κατοικία του θεού των τεχνών Απόλλωνα και των Μουσών. Σίγουρα αυτός είναι ο λόγος που το παρισινό Μονπαρνάς είναι, χρόνια τώρα, το στέκι των καλλιτεχνών.

Αλλά και η μεγαλύτερη λεωφόρος της γαλλικής πρωτεύουσας έχει επίσης όνομα παρμένο από την ελληνική μυθολογία. Μιλάω για τα Ηλύσια Πεδία (Champs-Élysées), που κατά τους αρχαίους αποτελούσαν το σημείο συνάντησης όλων των ενάρετων ανθρώπων μετά θάνατον, αν και τότε δεν κοσμούσαν την περιοχή πολυκαταστήματα και φαστφουντάδικα, αλλά μόνο πρασινάδες και λουλούδια.

Όσο για το θέατρο Ολυμπιά (Olympia), στη σκηνή του οποίου έχουν τραγουδήσει οι μεγαλύτεροι καλλιτέχνες (Ζακ Μπρελ, Rolling Stones, Ρέι Τσαρλς κ.ά.), είναι ανάγκη να θυμίσω την Αρχαία Ολυμπία;

καρδιά και τη βροχή στους ώμους...» Βρέχει κρύες σταγόνες στα μάγουλά μου. Στο βάθος της λεωφόρου υψώνεται σκοτεινός ο πύργος του Μονπαρνάς. Είμαι τριαντάρης, ζω πάνω στα τηλεοπτικά πλατό και μέσα στα αεροπλάνα. Περνάω τον καιρό μου με προσγειώσεις και απογειώσεις, κλέβοντας δέκα λεπτά ύπνο εδώ, δέκα λεπτά ύπνο εκεί, Παρίσι - Αθήνα - Παρίσι - Αθήνα - Παρίσι, με τα «Παρακαλώ προσδεθείτε». Απόψε δε δούλευα, είχα ρεπό, no TV, χαλάρωση. Ο ταξιτζής με ρωτάει αν προτιμάω μια συγκεκριμένη διαδρομή. Τέτοια ώρα, τέτοια λόγια, απ' όπου και να πάει το ίδιο μού κάνει. Είμαι κουρασμένος, ζαλισμένος, ανυπομονώ να πέσω για ύπνο, σε λίγες ώρες πρέπει να ξαναπάρω το αεροπλάνο και δεν έχω ετοιμάσει ακόμα τη βαλίτσα μου. «Ποτέ μου δεν ακούμπησα τα πόδια μου στη γη, θα 'θελα να 'μουνα πουλί, τούτο τ' ανθρώπινο κορμί δε μου ταιριάζει...»: από το ραδιόφωνο του αυτοκινήτου ξεφεύγει αυτό το ρεφρέν από το *Starmania*, το μιούζικαλ των νεανικών μου χρόνων. Είναι Μάρτης του 2001, η βροχή κάνει το λιθόστρωτο της λεωφόρου Σεν Μισέλ να γυαλίζει κι εγώ διακρίνω, μέσα από το θαμπό παράθυρο του ταξί, το κιγκλίδωμα του Κήπου του Λουξεμβούργου. Είναι ασυνήθιστα φωτισμένο για τέτοια ώρα.

Ζητάω από τον οδηγό να σταματήσει το αυτοκίνητο στην είσοδο του κήπου. Εκείνος βαρυγκωμάει, αλλά παρ' όλα αυτά σταματάει. Σοκ. Ονειρικά χρώματα ξεχύνονται από τη νύχτα. Κρεμασμένα στο κιγκλίδωμα, εξωπραγματικά τοπία. Με πιάνει ίλιγγος. Το θέμα της έκθεσης, όπως αναγγέλλεται με μεγάλους χαρακτήρες, σαφές: *Η Γη όπως Φαίνεται από τον Ουρανό.* Οι φωτογραφίες είναι υπέροχες, δονούν, κάθε πανό έχει διαστάσεις 1,50 × 1,20 μέτρα περίπου. Έχω πάρει το αεροπλάνο εκαντοντάδες φορές, αλλά ποτέ δεν είδα κάτι τόσο όμορφο. Ποτέ δε βρήκα το χρόνο να δω. Ο ταξιτζής θέλει να φύγει, σίγουρα με παίρνει για παλαβό, αλλά εγώ αισθάνομαι μια απέραντη συγκίνηση, με έχει συνεπάρει ολοκληρωτικά η ομορφιά των φωτογραφιών. Στέκομαι άφωνος, όρθιος κάτω από τη βροχή. Ο φωτογράφος ονομάζεται Ιάν Αρτούς-Μπερτράν κι αυτές οι εικόνες είναι ο κόσμος μας μέσα από τα μάτια του Ικάρου. Μια γερή ρουφηξιά οξυγόνο. Σαν να ξεδίπλωσα μέσα σε μια στιγμή τα φτερά μου στον ουρανό. Το βλέμμα του Ικάρου, ένα κάλεσμα για να κοιτάξω τον κόσμο αλλιώς, για να δω τον κόσμο αλλιώς. Για να αποφασίσω να τον ζήσω αλλιώς.

Πριν από την πτώση, όπως θα έκανε και κάθε άλλος στη θέση του, ο Ίκαρος, που ενσαρκώνει τις αδυναμίες και τις ψευδαισθήσεις μας, μας προσφέρει το βλέμμα του. Δε χρειάζεται να ανεβούμε σε ελικόπτερο, όπως έκανε ο Ιάν Αρτούς-Μπερτράν, ούτε σε ουρανοξύστη για να δούμε τον κόσμο διαφορετικά. Μέσα στο δράμα του, ο νεαρός άντρας με τα πούπουλα ίσως να μας καλεί απλώς να πάρουμε κάποιες αποστάσεις από τα πράγματα, έτσι ώστε να αντιληφθούμε τη σχετικότητα των μικρών, καθημερινών μας ανησυχιών. Και να γελάσουμε σαρκαστικά με τον εαυτό μας, με όλα τα σενάρια καταστροφής που σκαρώνουμε: «Αμάν, έχασα το αεροπλάνο!», «Ξέχασα το φορτιστή του κινητού μου!», «Βρέχει και δεν έχω ομπρέλα!», «Δε βρίσκω ταξί και θ' αργήσω στο συμβούλιο!», «Μα πού πήγε το πορτοφόλι μου;», «Ω Θεέ μου, δε βρίσκω το πορτοφόλι μου!». Χαλαρώστε, ίσως να μην ήρθε η συντέλεια του κόσμου...

Ας κρατήσουμε από τη μέθη του Ικάρου τον ενθουσιασμό που τρέφει τα όνειρά μας. Λιγάκι πιο κουλ. Ο μύθος δε μας απαγορεύει να δοκιμάσουμε να νικήσουμε τη βαρύτητα, ο μύθος δεν αποκλείει τη φιλοδοξία να βρεθούμε πιο κοντά στον ήλιο. Απόδειξη ότι ο πατέρας του Ικάρου, που πετάει μαζί με το γιο του, δεν πέφτει, γιατί γνωρίζει τους κανόνες και δεν επιχειρεί να οικειοποιηθεί το φως του ήλιου. Ο Δαίδαλος βρίσκεται στη σωστή θέση, ο Ίκαρος ψάχνει για τη δική του.

Ας κρατήσουμε την πρωτόγνωρη επιθυμία να δοκιμάζουμε πράγματα, ακόμα και τα απλά, όπως το να κάνουμε ένα χαρταετό να πετάξει. Αυτή ήταν μια από τις πρώτες δοκιμασίες στις οποίες με υπέβαλε ο παππούς μου. Ένας τρόπος μύησης. Πρέπει να ήμουν οχτώ χρονών. Το τελευταίο Σαββατοκύριακο της Αποκριάς ο Σπύρος βάλθηκε να μαζεύει καλάμια από το πίσω μέρος του σπιτιού χωρίς να μου εξηγήσει το λόγο. Και την Καθαρή Δευτέρα, αφού τσακίσαμε τον ταραμά, τις καλαματιανές ελιές και το χαλβά, ο Σπύρος με πήρε και πήγαμε στη θάλασσα, στην παραλία της Τουρλίδας, όπου μου έδωσε τον πρώτο μου χαρταετό. Τον είχε φτιάξει εκείνος με τα χέρια του, με χαρτί και καλάμια, εγώ έπρεπε να τον κάνω να πετάξει με τα δικά μου. Έτσι ήθελε η παράδοση. Να είναι την Καθαρή Δευτέρα η καρδιά ανάλαφρη σαν το χαρταετό. «Οι χαρταετοί, Νικολάκη, είναι πουλιά που

Τι αποφάσισαν λοιπόν οι θεοί;

Για τους Έλληνες, η μοίρα των ανθρώπων ήταν προκαθορισμένη από τους θεούς. Προκειμένου οι πρώτοι να μάθουν τι ήθελαν οι δεύτεροι, κατέφευγαν στους χρησμούς και τους οιωνούς.

Στην περίπτωση των χρησμών η θεϊκή βούληση μεταφερόταν στους θνητούς μέσω ενός ιερέα ή μιας ιέρειας.

Στο ιερό της Δωδώνης ο Δίας «μιλούσε» μέσα από τα φύλλα μιας ιερής βαλανιδιάς, το θρόισμα των οποίων αναλάμβαναν να «ερμηνεύσουν» οι μάντεις.

Όσο για το ιερό του Απόλλωνα στους Δελφούς, ήταν το πιο πολυσύχναστο του ελληνικού κόσμου. Οι χρησμοί δίνονταν από την Πυθία, ιέρεια επιλεγμένη ανάμεσα από τις ηλικιωμένες γυναίκες των Δελφών. Το ερώτημα μπορούσε κανείς να το υποβάλει απευθείας στην Πυθία, της οποίας η απάντηση, συχνά ακατάληπτη –σαν να βρισκόταν σε κατάσταση ύπνωσης–, ερμηνευόταν και μεταφερόταν στον ενδιαφερόμενο, υπό μορφήν στίχων ή κειμένου, από τον ιερέα. Αλλά ακόμα και «μεταφρασμένη», η απάντηση αυτή ήταν συχνά δυσνόητη. Έτσι ξεκινάνε οι παρεξηγήσεις!...

Η θέληση των θεών μπορούσε επίσης να γίνει γνωστή μέσω των οιωνών, που δεν ήταν άλλο από μια ερμηνεία ορισμένων φαινομένων, εκ πρώτης όψεως ασήμαντων. Τέτοια ήταν η παρατήρηση του πετάγματος των πουλιών (η αρχική σημασία της λέξης «οιωνός» ήταν αρπακτικό πουλί που ανάλογα με το πώς πετούσε ή πώς έκρωζε θεωρούνταν καλό ή κακό σημάδι). Ένας αετός, για παράδειγμα, που πετούσε στα αριστερά ενός ανθρώπου εκλαμβανόταν ως κακό προμήνυμα. Ήταν ακόμα τα ουράνια φαινόμενα (βροχή, καταιγίδα, εκλείψεις, κομήτες κ.λπ.), η συμπεριφορά ενός θυσιαζόμενου ζώου, ένα φτάρνισμα, μια λέξη που ακούστηκε τυχαία... Να 'χετε το νου σας πότε φταρνίζεστε από δω και μπρος.

Σ' αυτή τη μορφή πρόγνωσης έχουν τις ρίζες τους πολλές από τις προλήψεις των σημερινών Ελλήνων.

παίρνουνε μακριά τις αρρώστιες και τις σκοτούρες του χειμώνα», μου εξηγούσε ο παππούς, με σοφό ύφος Όμπι Ουάν Κενόμπι στην *Επιστροφή των Τζεντάι*. «Πρέπει να εξαγνιστείς στο γαλάζιο του ουρανού, αγόρι μου, και μην ξεχνάς πως είσαι ο μόνος που έχει τη δύναμη να κάνει το χαρταετό να ξεκολλήσει από τη γη!» Μου είχαν πει τα ξαδέρφια μου πως το να μην μπορεί κανείς να κάνει το χαρταετό του να σηκωθεί ήταν κακός οιωνός. Εγώ ωστόσο είχα πάρει αρκετή φόρα και είχα βάλει όλη μου τη θέληση. Χωρίς επιτυχία. Ο αετός μου έζησε λίγες μόνο ώρες, πριν κάνει βουτιά προς τα κάτω και συντριβεί κοντά στα αδιάφορα και σιωπηλά ιβάρια του Μεσολογγίου. Έκλαψα πολύ για εκείνο το χαρταετό· είχα αποτύχει στα μάτια του ανθρώπου για τον οποίο έπρεπε να είμαι ο καλύτερος. Το σύνδρομο του Ικάρου με έκανε να αμφιβάλλω για τα πάντα. Κάθε καλοκαίρι τα ξαδέρφια μου με φώναζαν ατζαμή, δεν τολμούσα πια να αγγίξω τίποτα, από φόβο μήπως φανώ και πάλι αδέξιος. Ρεζιλίκι.

Δεν είναι παρά μερικά χρόνια αργότερα που κατάφερα επιτέλους να κάνω μόνος μου τον αετό μου να πετάξει στους αιθέρες. Ήμουν πιο σίγουρος για τον εαυτό μου, πιο δυνατός. Ο Σπύρος δεν ήταν πια εκεί για να με δει, αλλά εγώ ήμουν βέβαιος ότι ήξερε.

Ο ταξιτζής έφυγε κι εγώ γύρισα στο σπίτι μου με τα πόδια, χωρίς ομπρέλα. Βρεγμένος απ' την κορφή ως τα νύχια. Ελπίζω να μην αρπάξω κανένα κρύωμα, πρέπει οπωσδήποτε να

«Μη μου κρύβεις τον ήλιο!»

Αν ο Ίκαρος έκαψε τα φτερά του επειδή πλησίασε πολύ κοντά στον ήλιο, η φιλοδοξία του Διογένη υπήρξε εντελώς διαφορετική: γιατί να πάει ο ίδιος στον ήλιο, αφού μπορούσε να έρθει ο ήλιος σ' αυτόν;

Ο εν λόγω Διογένης δεν είναι ένας συνηθισμένος τύπος. Και, σε αντίθεση με τον Ίκαρο, δεν πρόκειται για μυθική, αλλά για ιστορική προσωπικότητα, που έζησε τον 4ο π.Χ. αιώνα. Η φιλοσοφία του συνίστατο βασικά στο να μην κάνει τίποτα όπως οι άλλοι. Είχε διαλέξει για κατοικία του ένα πιθάρι, όπου ζούσε σαν σκύλος (κύων στα αρχαία ελληνικά), με αποτέλεσμα να τον αποκαλούν ο Διογένης ο Κύων.

Οι σύγχρονοί του τον έπαιρναν βέβαια για τρελό. Πολύ περισσότερο όταν τον έβλεπαν να κυκλοφορεί μέρα μεσημέρι στην Αθήνα κρατώντας ένα αναμμένο φανάρι και στην ερώτησή τους τι ψάχνει τους απαντούσε «Ψάχνω έναν άνθρωπο!» – θέλοντας φυσικά να πει ότι κανένας απ' όσους συναντούσε δεν ήταν άξιος να λέγεται άνθρωπος. Πίσω όμως από την προκλητική στάση του Διογένη κρυβόταν μια πραγματική φιλοσοφία της αρετής. Και η περιφρόνησή του προς την ανθρωπότητα δεν ήταν παρά περιφρόνηση προς τις κοινωνικές συμβάσεις, στις οποίες υπέκυπταν οι πάντες. Κατά τη γνώμη του, οι τιμές και τα πλούτη δεν είχαν καμιά αξία μπροστά στο υπέρτατο καλό, που ήταν το να ζεις σε απόλυτη αρμονία με τη φύση.

Με αυτό το σκεπτικό, όταν ο Μέγας Αλέξανδρος, ο ισχυρότερος άντρας του πλανήτη εκείνη την εποχή, επισκέφτηκε την Αθήνα, ο φιλόσοφος δεν έκρινε σκόπιμο να κουνηθεί για να του υποβάλει τα σέβη του. Κεντρισμένος από τη στάση του, ο μέγας στρατηλάτης πήγε να τον βρει στο πιθάρι του. Ο φιλόσοφος, που εκείνη την ώρα λιαζόταν, μόλις που γύρισε να κοιτάξει τον επισκέπτη. Κι όταν ο τελευταίος, βλέποντας το χάλι του, στάθηκε μπροστά του και τον ρώτησε τι θα μπορούσε να κάνει γι' αυτόν, ο Διογένης τού απάντησε: «Να μη μου κρύβεις τον ήλιο!» Και ο Μακεδόνας βασιλιάς σχολίασε αποσβολωμένος: «Αν δεν ήμουν ο Αλέξανδρος, θα ήθελα να ήμουν ο Διογένης». Πετώντας λιγότερο ψηλά από τον Ίκαρο, ο Διογένης είχε κατακτήσει με τον τρόπο του τον ήλιο.

βρω το άλμπουμ με τις φωτογραφίες του Ιάν Αρτούς-Μπερτράν στο αεροδρόμιο. Μόλις που προλαβαίνω να φτιάξω τη βαλίτσα μου και να ρουφήξω ένα φλιτζάνι αχνιστό τσάι πριν ξαναφύγω με προορισμό το Ρουασί Σαρλ ντε Γκολ. Η Πύλη της Σαπέλ είναι μια από τις εξόδους του Παρισιού με τη μεγαλύτερη κίνηση. Κι άλλος αργόστροφος ταξιτζής. «Πιο γρήγορα σας παρακαλώ, κύριε... Πρέπει να προλάβω το αεροπλάνο!»

ΤΟ ΤΡΑΓΟΥΔΙ ΤΩΝ ΣΕΙΡΗΝΩΝ

´Η

*Πώς να ακολουθήσεις το δρόμο σου
χωρίς να υποκύψεις στους πειρασμούς*

Απ' το Σατανά ή απ' το Θεό, αδιάφορο; Άγγελος ή Σειρήνα,
αν κάνεις, –νεράιδα με μάτια βελουδένια,
ρυθμέ, άρωμα, φως, ως μοναδική μου βασίλισσα–
το σύμπαν λιγότερο ειδεχθές και τις στιγμές λιγότερο βαριές;*
ΜΠΟΝΤΛΕΡ

 ΚΑΘΕ ΜΗΝΑ περίμενα τη στιγμή αυτή με ανυ-
πομονησία. Την πρώτη φορά που συνέβη πή-
γαινα στο δημοτικό σχολείο της οδού Ρεκολέ
στο Παρίσι. Η δασκάλα μου λεγόταν μαντάμ
Σαλάρ και μου είχε κατεβάσει τους καλούς μου
βαθμούς επειδή ήμουν άτακτος. «Καλός μαθητής, αλλά φλύα-
ρος», επαναλάμβανε στη μητέρα μου σχολιάζοντας τον έλεγ-
χό μου. Μιλούσα ασταμάτητα, γινόμουν κουραστικός. Ζούσα
σε ένα φανταστικό κόσμο και είχα την εντύπωση ότι κανένας
δε με καταλάβαινε. Εκτός ίσως από τη Ροζαλίνα, που σίγου-
ρα δεν ήταν το πιο όμορφο κορίτσι της τάξης, ωστόσο, εκεί-

---

* Μπωντλέρ, *Τα Άνθη του Κακού*, «Ύμνος στην Ομορφιά», μτφ. Δέσπως Καρού-
σου, εκδ. Γκοβόστη. (Σ.τ.Ε.)

νη τουλάχιστον, δεχόταν να ακούει τις ιστορίες μου. Μόνο και μόνο για να την εντυπωσιάσω –δύο ολόκληρους μήνες πριν α- πό την καθιερωμένη γιορτή για το τέλος της σχολικής χρο- νιάς, με την ευκαιρία της οποίας θα έκανα μια σύντομη εμ- φάνιση ως Λούκι Λουκ– εμφανίστηκα ένα πρωί στο σχολείο με το καπέλο του καουμπόη περήφανα φορεμένο στο κεφά- λι μου. Αδιαφορία εκ μέρους της Ροζαλίνα, κοροϊδίες από τους συμμαθητές μου. Ντροπή. Γενική σύρραξη – και μπαμ! Τιμωρία. Η μαντάμ Σαλάρ δεν εγκρίνει τη μετατροπή της αυ- λής του σχολείου σε ρινγκ. Και να με καταδικασμένος να πρέ- πει να περάσω την Τετάρτη μου στο σχολείο, την ώρα που οι άλλοι συμμαθητές μου θα είναι στο ποδόσφαιρο.

Είμαι σκυμμένος πάνω από τα τετράδιά μου εδώ και κά- μποση ώρα, απορροφημένος περισσότερο στις φανταστι- κές περιπέτειες που πλάθω με τη σκέψη μου παρά στις α- σκήσεις των μαθηματικών, όταν ξαφνικά: «Ουουουουου... ουουουουου...» ακούγεται από μακριά ένας δυνατός, μα- κρόσυρτος και λυπητερός ήχος που κάνει τα τζάμια της αί- θουσας να τρίζουν κι εμένα να βγω από τη νάρκη μου. «Δεν είναι τίποτα, σειρήνες είναι!» εξηγεί η δασκάλα. Αλλά για μέ- να είναι μια αποκάλυψη, ένα σινιάλο ότι πρέπει να απο- δράσω, να εγκαταλείψω πάση θυσία εκείνη τη φυλακή, να πηδήσω στο καταδιωκτικό μου και να πάω να βομβαρδίσω τους εχθρούς μου! Οι σειρήνες κάνουν τα όνειρά μου πιο πραγματικά, ενώ ο παλιός μαυροπίνακας και η μυρωδιά της κιμωλίας εξαφανίζονται. Η τιμωρία μου πήρε τέλος.

Τις σειρήνες εκείνες τις ακούω ακόμα κάθε πρώτη Τε-

τάρτη του μήνα γύρω στο μεσημέρι όταν βρίσκομαι στη Γαλ-
λία. Δύο ηχητικές ακολουθίες, με μια στιγμιαία παύση α-
νάμεσά τους. Κάθε μήνα δοκιμάζεται αυτό το σήμα συνα-
γερμού, που σκοπό έχει να ειδοποιήσει τον πληθυσμό σε πε-
ρίπτωση άμεσου κινδύνου. Για μένα όμως αυτό το μηνιαίο
ραντεβού έχει γίνει σήμερα ένα είδος ιεροτελεστίας, μια ευ-
καιρία να ξεχάσω –όπως άλλοτε στην τάξη του σχολείου– το
άμεσο περιβάλλον μου και να κοιτάξω μέσα μου. Σταματώ
για μια στιγμή τους φρενήρεις ρυθμούς της καθημερινότη-
τάς μου και προσφέρω στον εαυτό μου πέντε λεπτά ενδο-
σκόπησης. Ανάπαυλα. Για να στοχαστώ, να επανεκτιμήσω
την κατάσταση. Η ζωή τρέχει μερικές φορές υπερβολικά
γρήγορα, πρέπει να προσέχω. Να προσέχω; Ποιον; Τι;

Όταν ήμουν παιδί και κάποιος έκανε λόγο για το τραγούδι
των Σειρήνων, νόμιζα ότι μιλούσε για τις «δικές μου» σειρή-
νες, εκείνες του σχολείου, και δεν καταλάβαινα γιατί οι άν-
θρωποι επαναλάμβαναν συνέχεια «Προσοχή στο τραγούδι
των Σειρήνων», έκφραση πολύ συνηθισμένη στη Γαλλία. Γι'
άλλη μια φορά μόνο χάρη σ' εκείνο το παλιό βιβλίο με τα ο-
μηρικά έπη κατάλαβα. Πρέπει να ήμουν γύρω στα δώδεκα.
Ήταν καλοκαίρι, ήμουν στην Ελλάδα και διάβαζα αποσπά-
σματα της *Οδύσσειας* στα νέα ελληνικά για να εξοικειωθώ με
τη γλώσσα. Ο Οδυσσέας θα μου αποκάλυπτε την πραγματι-
κή σημασία του «τραγουδιού των Σειρήνων». Δεν είναι ποτέ
πολύ αργά για να μάθεις κάτι, εκτός ίσως από το να κουμα-

Μια γυναίκα σωστή μάγισσα

Η Κίρκη είναι η διασημότερη μάγισσα της ελληνικής μυθολογίας. Θυγατέρα του Ήλιου και εγγονή του Ωκεανού, έχει τη δύναμη να παρασκευάζει φίλτρα ικανά να μεταμορφώσουν τους ανθρώπους σε ζώα. Έτσι, μεταμορφώνει σε γουρούνια τους συντρόφους του Οδυσσέα που έχουν αγκυροβολήσει στο νησί της. Μονάχα ο τελευταίος, που προστατεύεται από ένα ποτό που του έχει προμηθεύσει ο θεός Ερμής, καταφέρνει να διατηρήσει την ανθρώπινη υπόστασή του και προσπαθεί να πείσει την Κίρκη να ξαναδώσει στους ναύτες του την αρχική τους μορφή. Η μάγισσα δέχεται τελικά, αλλά καθώς, πέρα από μαγικές δυνάμεις, διάθετει και άλλες χάρες, πολύ πιο... χειροπιαστές, καταφέρνει να ξελογιάσει τον Οδυσσέα και να τον κρατήσει ένα χρόνο στο νησί της.

Στη Γαλλία όταν αποκαλούμε Κίρκη μια γυναίκα υποδηλώνουμε ότι είναι μια ξελογιάστρα στις χάρες της οποίας κανείς δεν μπορεί να αντισταθεί.

ντάρεις αυτοκίνητο – αν γνωρίζετε καμιά σχολή οδηγών με ταχύρυθμο πρόγραμμα και καμιά καλή δασκάλα, παρακαλώ ενημερώστε με...

Αλλά ας επιστρέψουμε στο μύθο μας. *Οδύσσεια*, ραψωδία μ. Όταν ο Οδυσσέας εγκαταλείπει το παλάτι της Κίρκης, όπου βρέθηκε κατά το ταξίδι της επιστροφής για την Ιθάκη, γνωρίζει πολύ καλά ότι θα χρειαστεί να περάσει πολύ κοντά από τη χώρα των Σειρήνων. Η μάγισσα όχι μόνο τον έχει προειδοποιήσει, αλλά του έχει πει και πώς να αντισταθεί σ' αυτές τις Νύμφες της θάλασσας, μισές γυναίκες και μισές πουλιά, που

82

ξεμυαλίζουν τους θαλασσοπόρους με το μαγευτικό τραγούδι τους και ρίχνουν τα καράβια τους στα βράχια, όπου και συντρίβονται. Προσοχή όμως! Αυτά τα πλάσματα δε σηκώνουν αστεία. Δε βρισκόμαστε στην Ντίσνεϊλαντ, όπου η μικρή γοργόνα με την ουρά ψαριού κάνει τα παιδιά να ονειρεύονται· αλλά ούτε στα πλατό του Χόλιγουντ, όπου ο Τομ Χανκς σώζεται, σύμφωνα με το σενάριο της ταινίας *Η Γοργόνα*, από βέβαιο πνιγμό χάρη στην ξανθιά γοργόνα με τα εντυπωσιακά «μπαλκόνια» που ακούει στο όνομα Ντάριλ Χάνα! Στη δική μας ιστορία οι γοργόνες είναι εξαιρετικά επικίνδυνες. Τα ηδυπαθή τους τραγούδια ασκούν ακατανίκητη έλξη στους ναυτικούς, που χάνουν πραγματικά το μυαλό τους και τσακίζονται στις ξέρες.

Αλλά ο Οδυσσέας είναι άνθρωπος με περιέργεια. Ζει για να ρισκάρει και δεν προτίθεται να ανακρούσει πρύμναν ύστερα από τόσες μάχες και τόσες δοκιμασίες που έχει περάσει. Ο πειρασμός είναι μεγάλος. Το τραγούδι των Σειρήνων –ή, καλύτερα, το τραγούδι του θανάτου– ο Οδυσσέας θα το ακούσει. Ο πολυμήχανος ήρωας βάζει σε εφαρμογή ένα τέχνασμα που του έχει υποδείξει η Κίρκη. Διατάζει τους άντρες του να βουλώσουν τα αφτιά τους με κερί μέλισσας και να δέσουν τον ίδιο σφιχτά στο κατάρτι του πλοίου. Έτσι, ενώ οι άλλοι θα συνεχίζουν να κωπηλατούν, κουφοί στο κάλεσμα των κακοπροαίρετων εκείνων πλασμάτων, ο θαλασσοδαρμένος βασιλιάς θα ικανοποιήσει την περιέργειά του ακούγοντας το μυστηριώδες τραγούδι χωρίς να φοβάται ότι θα παρασυρθεί από αυτό, καθότι δεμένος. Η εντολή είναι ξεκάθαρη: όσο περισσότερο αυτός θα φωνάζει να τον λύσουν τόσο περισσότερο θα σφίγγουν οι σύντροφοί του τα σκοινιά. Πλησιάζει λοιπόν το πλοίο στα βράχια όπου ζουν οι περίφημες αυτές θεότητες της θάλασσας, στα στενά της Σικελίας –όχι μακριά από το σημείο όπου κατοικούν δύο άλλα τέρατα, η Σκύλλα και η Χάρυβδη–, στο νησί Ανθεμόεσσα. Πρέπει να ομολογήσουμε ότι τα ταξίδια εκείνη την εποχή δεν ήταν διόλου εύκολα... Το υπνωτιστικό άσμα φτάνει αργά στα αφτιά του Οδυσσέα μαζί με τον ήχο των κυμάτων και το ιώδιο της θάλασσας. Το απαλό βραδινό αεράκι τού χαϊδεύει το πρόσωπο. Οι φωνές των αερικών αρχίζουν να μεθούν το γέρο θαλασσοπόρο. Οι μελωδίες τους τον ξετρελαίνουν, τα λόγια τους τον αιχμαλω-

Κι άλλα κακόβουλα πλάσματα: Σκύλλα και Χάρυβδη

Ανάμεσα στη Νότια Ιταλία (τη μύτη της «μπότας») και στη Σικελία υπάρχει μια στενή λωρίδα θάλασσας, το στενό της Μεσσήνης. Από τη μια μεριά εκείνου του πορθμού ζούσε, σύμφωνα με το θρύλο, ένα τέρας θηλυκού γένους, η Χάρυβδη, που τρεις φορές τη μέρα έπινε κάτι τεράστιες ρουφηξιές νερό, καταπίνοντας μαζί μ' αυτές κι όσους ναυτικούς τύχαινε να περνάνε από κει.

Στην απέναντι μεριά του πορθμού ήταν εγκαταστημένο ένα άλλο τέρας (κι αυτό γένους θηλυκού...), η Σκύλλα, που καταβρόχθιζε όσους ναυτικούς κατάφερναν να γλιτώσουν από τη Χάρυβδη.

Να γιατί σήμερα λέμε ότι βρισκόμαστε μεταξύ Σκύλλας και Χάρυβδης όταν θέλουμε να δείξουμε ότι είμαστε μεταξύ δύο εξίσου σοβαρών κινδύνων – επί το λαϊκότερον, μπρος γκρεμός και πίσω ρέμα.

τίζουν, υπόσχονται να του αποκαλύψουν όλα τα μελλούμενα, αλλά και όλα τα μυστικά της ύπαρξής του. Ούτε παρελθόν πια ούτε παρόν ούτε μέλλον. Οι Σειρήνες παγώνουν το χρόνο και προσφέρουν μόνο απόλαυση σε όποιον τους δοθεί. Η ψυχή του Οδυσσέα υποκύπτει. Ζητά από τους συντρόφους του να τον λύσουν. Πρώτη φορά. Αλλά οι άντρες του δεν αντιδρούν, συνεχίζουν να τραβάνε ατάραχοι κουπί κοιτάζοντας ίσια μπροστά. Ο Οδυσσέας υψώνει τη φωνή. Απαιτεί να τον α-παλλάξουν από τα δεσμά του. Δεύτερη φορά. Ξανά καμιά α-ντίδραση· οι ναυτικοί τον αγνοούν. Ο Οδυσσέας εκνευρίζεται, απειλεί, βρίζει, ουρλιάζει, ικετεύει τους θεούς. Μάταια. Οι ά-ντρες του κωπηλατούν σιωπηλοί, με δύναμη και μεθοδικότη-τα. Οι Σειρήνες τραγουδούν όλο και πιο δυνατά και αγγίζουν με τις φτερούγες τους το κεφάλι του δεμένου καπετάνιου. Ο Οδυσσέας καταλαμβάνεται από ντελίριο. Με θολό βλέμμα και γεμάτος λύσσα, από τη μια καταριέται τους άντρες του κι από την άλλη τους εκλιπαρεί να τον αφήσουν να πάει με τις Σειρήνες. Κανένας δεν τον ακούει, κανένας δεν του δίνει την παραμικρή προσοχή. Το πλεούμενο συνεχίζει να διασχίζει τη θάλασσα και, σιγά σιγά, απομακρύνεται από τη χώρα των ιπτάμενων Νυμφών. Ο Οδυσσέας, με το βλέμμα στο κενό, κάθιδρος, άφωνος και εξουθενωμένος, αποκοιμιέται.

Αργότερα, με τον κίνδυνο να έχει πια απομακρυνθεί, οι σύντροφοι θα κατεβάσουν τον Οδυσσέα από το κατάρτι και θα βγάλουν από τα αφτιά τους το κερί. Κανείς δε θα μάθει ποτέ τι ακριβώς είπαν στον ήρωα οι Σειρήνες με τα θεσπέ-σια τραγούδια τους. Ο Όμηρος δε μας λέει περισσότερα. Ο

Οδυσσέας, που άκουσε, δε θα ξαναμιλήσει ποτέ γι' αυτό. Είχε καταγοητευτεί, αλλά δεν είχε επιτρέψει στον εαυτό του να παρασυρθεί. Ο βασιλιάς θα συνεχίσει το ταξίδι του αναζητώντας το νησί του, το βασίλειό του, την Ιθάκη του. Οι Σειρήνες, πεισμωμένες, θα αυτοκτονήσουν για να πνίξουν την αποτυχία τους.

Να το πραγματικό νόημα του τραγουδιού των Σειρήνων. Καμιά σχέση με τις σειρήνες του σχολείου μου, εκείνες που αντηχούν στον ουρανό της Γαλλίας κάθε πρώτη Τετάρτη του μήνα. Το τραγούδι των Σειρήνων της μυθολογίας δεν είναι προειδοποίηση, αλλά ύπουλη πρόκληση. Σκοπός αυτών των πλασμάτων είναι να σας βγάλουν από το δρόμο σας, να ξεστρατίσετε για να σας συντρίψουν ευκολότερα. Κι έτσι καθώς φαντάζομαι τι τράβηξε ο Οδυσσέας δεμένος στο κατάρτι, δεν μπορώ να μη σκεφτώ όλες τις σύγχρονες Σειρήνες, που το τραγούδι τους μας γοητεύει επικίνδυνα, ένα τραγούδι τόσο πραγματικό και τόσο σκληρό.

Η ζωή θέλησε να βρεθώ σε ένα επαγγελματικό περιβάλλον που σε κάνει να ονειρεύεσαι. Φαινομενικά, η δύναμη της εικόνας είναι τρομακτική, δε γνωρίζει όρια. Στον κόσμο των φώτων της σόου μπίζνες όλα δείχνουν εύκολα. Οι νέοι την ο-νειρεύονται κάθε μέρα· στο δρόμο με σταματάνε συχνά για να με ρωτήσουν τι πρέπει να κάνουν για να πετύχουν, για να γίνουν διάσημοι. Αντί για άλλη απάντηση, τους θέτω με τη σειρά μου το ερώτημα: Για να πετύχετε τι και με ποιο τίμημα;

Βέβαια, οι μικροί του *Star Academy* και όλα τα νέα ταλέντα που η τηλεόραση κάνει γνωστά έχουν μια απίστευτη τύχη.

Δυο λόγια ακόμα για τις Σειρήνες...

Οι Σειρήνες είναι τρεις αδερφές, κόρες του ποτάμιου θεού Αχελώου και της Μούσας της επικής ποίησης Καλλιόπης. Η Λίγεια παίζει αυλό, η Παρθενόπη λύρα και η Λευκωσία τραγουδάει.

Η μετατροπή των Σειρήνων από μισές γυναίκες και μισές πουλιά σε μισές γυναίκες και μισές ψάρια –όπως η μικρή γοργόνα του Άντερσεν– ανάγεται στο μεσαίωνα και σε κέλτικους και γερμανικούς θρύλους.

Και πώς βρεθήκαμε από το μελωδικό τραγούδι των Σειρήνων του Ομήρου στο διαπεραστικό και μηχανικό ουρλιαχτό των κάθε είδους σειρήνων της εποχής μας; Σίγουρα χάρη στην ιδέα που είχαν αρχικά οι ναυτικοί να βαφτίσουν σειρήνα μια συσκευή που εξέπεμπε ηχητικά σήματα μέσα στο νερό. Όλα τα λιμάνια κι όλα τα πλοία έχουν ακόμα και σήμερα τις σειρήνες τους. Μόνο που δουλειά αυτών των τελευταίων είναι να σώζουν τους ναυτικούς και όχι να τους αφανίζουν, όπως στην Οδύσσεια.

Από τη μια μέρα στην άλλη βρίσκονται στο προσκήνιο, με τους προβολείς στραμμένους πάνω τους. Είναι περιζήτητοι, τραγουδούν με τους μεγαλύτερους Γάλλους και διεθνείς τραγουδιστές, γίνονται εξώφυλλο σε όλα τα ευρωπαϊκά περιοδικά. Ναι, το *Star Academy* είναι ένα όνειρο που έγινε πραγματικότητα για την Τζένιφερ, τη Νολουέν, τον Ζαν-Πασκάλ, τον Μάριο, τον Ουσίν, τον Ζερεμί και όλους τους άλλους φίλους της σκηνής και του πράιμ τάιμ με τους οποίους έχω συνδεθεί με φιλία από τότε που παρουσιάζω αυτή την τηλεοπτική εκπομπή. Αλλά για να διαρκέσει το όνειρο όσο γίνεται περισσότερο, πρέπει να πατάς γερά στη γη. Οι νέοι που συμμετέχουν σ' αυτή την εκπληκτική περιπέτεια συνειδητοποιούν πολύ γρήγορα ότι πίσω από το τηλεοπτικό σκηνικό τα

Η Ακαδημία ή η τέχνη της γνώσης

Δεν υπάρχει αμφιβολία ότι η έννοια της Ακαδημίας υπήρχε και πριν από το... Star Academy. Η περίφημη Γαλλική Ακαδημία, για παράδειγμα, ιδρύθηκε από τον Ρισελιέ και κυριαρχείται από μεγάλα πνεύματα, καλλιτέχνες, επιστήμονες, διανοητές κ.λπ., που στον τομέα του ο καθένας δεν έχει πια και πολλά να μάθει.

Η πρώτη Ακαδημία όμως ιδρύθηκε στην Αθήνα τον 4ο π.Χ. αιώνα, από το φιλόσοφο Πλάτωνα.

Προορισμός εκείνης της σχολής ήταν η διάπλαση των νέων. Εκεί, βέβαια, δε διδάσκονταν ούτε χορό ούτε τραγούδι, αλλά μαθηματικά και φιλοσοφία. Τα μαθήματα άρχιζαν νωρίς το πρωί. Προκειμένου να γίνεται σεβαστό το ωράριο, ο ίδιος ο Πλάτωνας είχε εφεύρει κάτι σαν ξυπνητήρι, που με ένα σφύριγμα καλούσε τους σπουδαστές να προσέλθουν στις αίθουσες διδασκαλίας. Αυτοί οι τελευταίοι ζούσαν σε μικρά σπίτια γύρω από τον κήπο της Ακαδημίας και τα βράδια έπαιρναν μέρος σε συμπόσια, όπου καλλιεργούσαν τη φιλία τους. Μήπως αυτό σας θυμίζει κάτι;

Και για όσους δεν είχαν τη δυνατότητα να συχνάζουν σε Ακαδημίες, οι Έλληνες, που είχαν πραγματικά εντρυφήσει σε θέματα παιδαγωγικής, επινόησαν το Λύκειο.

Ένας άλλος φιλόσοφος, ο Αριστοτέλης, ίδρυσε με τη σειρά του, μερικά χρόνια μετά τον Πλάτωνα, τη δική του σχολή φιλοσοφίας με αυτό το όνομα.

πράγματα είναι διαφορετικά και ο δρόμος πολύ πιο μακρύς και πολύ πιο δύσκολος απ' ό,τι φαίνεται μπροστά στις κάμερες. Ο κανόνας είναι δουλειά, άψογη φυσική κατάσταση, αυτοπεποίθηση και κανένα στραβοπάτημα. Για να κερδίσεις πρέπει να είσαι αποφασισμένος ακόμα και να χάσεις. Αυτό μετράει πολύ όταν είσαι αρχάριος. Η διασημότητα δεν είναι κόρη της επιτυχίας, είναι παροδική, δανεική. Δεν είναι στόχος ζωής η celebritomania.

Αυτό μάς αφορά όλους. Η επιτυχία δε γίνεται από μόνη της, οικοδομείται. Και πρέπει ακόμα να ξέρεις να την κρατήσεις, κυρίως όταν περνάει μπροστά σου με ταχύτητα αστραπής, όταν διαρκεί όσο κι ένας αναστεναγμός. Η επιτυχία χάνεται μερικές φορές τόσο γρήγορα όσο κι εκείνες οι εφήμερες πεταλούδες που ζουν μόνο λίγες μέρες. Πολύ συχνά δεν απομένει από αυτή παρά μονάχα η χρυσόσκονη που φώλιασε στα φτερά της. Μεγάλη μοναξιά. Και τότε είναι που ακούγεται συνήθως, σαν κατά τύχη, το τραγούδι των Σειρήνων. Το άκουσα κι εγώ πολλές φορές. Οι Σειρήνες ξέρουν να περιμένουν, αυτό κάνουν εδώ και χιλιάδες χρόνια. Και καθώς η καρδιά έχει ανάγκη από βάλσαμο, ντύνει με χρυσόσκονη και τη λευκή σκόνη. Έτσι, ίσα για να δοκιμάσει, μόνο για μια φορά... Αλλά είναι αμέτρητοι οι σύντροφοι και συνοδοιπόροι μου που εξαιτίας εκείνης της μιας φοράς μετατράπηκαν σε ζόμπι που δεν μπορούν πια να ζήσουν αν δεν πάρουν την πρέζα τους. Δυσκολεύομαι να πιστέψω ότι φίλοι μιας βραδιάς ή μιας ζωής, που πιάστηκαν στην παγίδα των τεχνητών παραδείσων, είναι ευτυχισμένοι άνθρωποι. Το τραγούδι του Γουίλιαμ Σέλερ τούς παρηγορεί –*Θέλω να Είμαι Ένας Ευτυχισμένος Άνθρωπος*–, αλλά η μελαγχολία ευτελίζει τον πόνο όταν η κόρη του ματιού είναι διεσταλμένη. Η γιορτή, λαμπερή και ανώφελη, μετατρέπεται σε κάθοδο στην κόλαση. Μετά την αποθέωση, η παρακμή. Η διαχωριστική γραμμή μεταξύ της πρώτης και της δεύτερης είναι εξαιρετικά δυσδιάκριτη. Μερικές φορές την περνάει κανείς χωρίς να το καταλάβει. Ηθικολογία; Συντηρητισμός; Όχι. Μάλλον ρεαλισμός και αυτοσεβασμός, αξίες που μου εμφύσησαν, που μας εμφυσούν καθημερινά, οι αρχαίοι. Ο καθένας είναι ελεύθερος να κάνει τις επιλογές του, αλλά καλό είναι να γνωρίζει τους πειρασμούς, για να μη γίνει ένα ακόμα αθώο θύμα τους. Αν ο Οδυσσέας μπορούσε να ξανάρθει στη ζωή και να περάσει μερικές μέρες ανάμεσά μας, ίσως να μας μιλούσε ακόμα για Σειρήνες και να μας έλεγε: Φυλαχτείτε από τους φαφλατάδες μεσάζοντες, που σας πουλάνε φύκια για μεταξωτές κορδέλες! Απομακρύνετε από δίπλα σας αυτά τα πλάσματα της νύχτας, που μπλοφάρουν με όπλο τις δήθεν γνωριμίες τους και μια ατζέντα με διευθύνσεις! Θα μας έλεγε ακόμα ότι το να αφεθούμε στο τραγούδι των Σειρήνων σημαίνει να δώσουμε σημασία σε πράγματα που δεν έχουν καμιά αξία, σημαίνει να πιστεύουμε

Μακαριότης μετά θάνατον...

Η σύνθετη λέξη «αποθέωση» (από + θέωση), συνώνυμη σήμερα του ανεπανάληπτου θριάμβου, σήμαινε για τους αρχαίους Έλληνες ότι ένας ήρωας μετά το θάνατό του είχε γίνει δεκτός μεταξύ των θεών.

πως εμείς είμαστε πιο δυνατοί απέναντι στον πειρασμό από τους άλλους, σημαίνει να λέμε «Μόνο μια φορά, για δοκιμή», όταν αυτή ακριβώς η φορά είναι κι η πιο επικίνδυνη: το πρώτο τσιγάρο έξω απ' το σχολείο για να κάνουμε τους άντρες στα δεκατέσσερα, η πρώτη τεκίλα ανάμεσα σε δύο μπλουζ στη γιορτή της κατασκήνωσης, το τσιγαριλίκι που κάνει το γύρο της παρέας μια βραδιά αφιερωμένη στο παιχνίδι της αλήθειας, το σεξ χωρίς προφυλακτικό με μια όμορφη άγνωστη. Τόσες φαινομενικά ακίνδυνες βλακείες, τόσοι ουσιαστικά μοιραίοι ηρωισμοί. Ελάτε να σας δείξω ξεθωριασμένους και πληγωμένους ήρωες... Δεν έχετε λόγο να ανοίξετε το κουτί της Πανδώρας!

Θα μας έλεγε επίσης ο Οδυσσέας: Φυλαχτείτε κι από όλους εκείνους τους τσαρλατάνους, από όλα εκείνα τα παράσιτα που δε ζουν παρά για μια φωτογραφία μεγέθους γραμματοσήμου σε στήλες του τύπου «Ήμουν εκεί και τα είδα όλα» των διάφορων περιοδικών. Οι καρχαρίες δεν είναι μακριά: αστραφτερό χαμόγελο, λες και βγήκαν από διαφήμιση οδοντόπαστας, μαύρισμα από σολάριουμ («Πόσες επισκέψεις έχω ακόμα για ν' αποκτήσω το λουκ του Λατίνου εραστή;»), ένα ποτήρι σαμπάνια στο χέρι και μερικά «Πώς είσαι, χρυσό μου;» – και το κοκτέιλ είναι έτοιμο. Ο Οδυσσέας έχει δίκιο. Έχω παίξει κι εγώ ο ίδιος αυτό το παιχνίδι, φουσκωμένος σαν διάνος. Οι κοσμικότητες είναι οι Σειρήνες στις οποίες σχεδόν όλοι υποκύψαμε κάποια στιγμή. Κι αν στην αρχή όλο αυτό έχει τη γοητεία του, γρήγορα κουράζει και τσακίζει το άτομο. Κακόγουστα τρόπαια χωρίς μέλλον.

Ας τελειώσουμε ακούγοντας την τελευταία υπόδειξη του Οδυσσέα: Μην πουλάτε την ψυχή σας για το χρήμα! Ο σκοπός δεν είναι να αποκτήσετε έναν πακτωλό με οποιοδήποτε τίμημα. Επιλέξτε ένα επάγγελμα με γνώμονα το πάθος, όχι την απληστία. Ύστερα αντλήστε ικανοποίηση από αυτό που κάνετε. Τα υπόλοιπα θα έρθουν μόνα τους. Εγώ υπήρξα βασιλιάς, θα συνέχιζε ο Οδυσσέας, άλλοτε πλούσιος, άλλοτε φτωχός, αλλά πάντα ελεύθερος! Οι μεταγενέστεροι δε θυμούνται τίποτα από τα πλούτη μου, τα κατορθώματά μου όμως ταξίδεψαν στους αιώνες κι έφτασαν ως εσάς, κλεισμένα μέσα σ' αυτό το παλιό βιβλίο που μαζεύει σκόνη στη βιβλιοθήκη σας. Διασκεδάστε, αλλά, μα τον Δία, μην ξεχνάτε ποτέ από πού έρ-

Πανδώρα ή τα δεινά της ανθρωπότητας

Πλάσμα υπέροχο, φτιαγμένο κατ' εικόνα των θεαινών, η Πανδώρα ήταν μια γυναίκα που είχε όλα τα χαρίσματα. Είχε όμως και ελαττώματα: πονηριά, διπροσωπία, απατηλή ευφράδεια.

Στο σπίτι του συζύγου της υπήρχε ένα κουτί που περιείχε όλα τα δεινά –γηρατειά, θλίψη, αρρώστια, λιμό κ.λπ.–, το οποίο δεν έπρεπε να ανοίξει για κανένα λόγο. Καθώς όμως την έτρωγε η περιέργεια, η ωραία Πανδώρα αγνόησε την απαγόρευση και άνοιξε το κουτί, απ' όπου ξεπήδησαν παράυτα όλα τα δεινά που έμελλε να πέσουν πάνω στην ανθρωπότητα. Να γιατί σήμερα αποκαλούμε κουτί της Πανδώρας ένα πράγμα που μας ασκεί μια κάποια γοητεία και έλξη αλλά, αν δεν προσέξουμε, μπορεί να προξενήσει μεγάλες καταστροφές.

χεστε αν θέλετε να πάτε παντού. Διασκεδάστε, αλλά παρα-
μείνετε ελεύθεροι και αξιοπρεπείς. Το χρωστάτε στον εαυτό
σας. Μην εμπιστεύεστε τα παιδικά σας όνειρα στις Σειρήνες,
πάει πολύς καιρός που δεν ονειρεύονται πια.

Παρίσι, Τετάρτη 5 Φεβρουαρίου 2003. Ανήμερα της Αγίας
Αγάθης, πολιούχου της γης των προγόνων μου. 12.00. Την ώ-
ρα που γράφω τις τελευταίες γραμμές αυτού του κεφαλαίου,
ηχούν οι σειρήνες της εθνικής ασφάλειας. Τις είχα ξεχάσει.
Μα εκείνες δεν ξεχνούν ποτέ, είναι πάντα στην ώρα τους. Θα
σας αφήσω. Πρέπει να πάω στο ραντεβού του μήνα με την...
υψηλότητά μου. Μη γελάτε. Ένα τέταρτο ενδοσκόπησης κά-
νει πολύ καλό, έστω κι αν δεν πάρεις απάντηση στα ερωτή-
ματα που θα θέσεις στον εαυτό σου. Ευκαιρία για ανάπαυλα,
για ένα προσωρινό σταμάτημα των δεικτών του ρολογιού σου.

Ο ΟΔΥΣΣΕΑΣ, Ο ΑΧΙΛΛΕΑΣ, Ο ΗΡΑΚΛΗΣ ΚΑΙ ΟΙ ΑΛΛΟΙ

Ή
Γιατί να θαυμάζουμε τους Έλληνες ήρωες

Ήρωας δεν είναι εκείνος που επιδιώκει έναν ωραίο θάνατο.
Είναι εκείνος που χτίζει μια ωραία ζωή.

ΖΑΝ ΖΙΟΝΟ

ΘΗΣΕΑΣ, ΔΑΙΔΑΛΟΣ, Ίκαρος, Οδυσσέας... Οι περιπέτειές τους έχουν κοινό στοιχείο το ότι είναι τόσο εξωπραγματικές, που καμιά φορά –το παραδέχομαι– φαίνονται σχεδόν απίστευτες. Ωστόσο είμαι κι εγώ λίγο σαν κι ε-σάς, πάει πολύς καιρός που δεν πιστεύω πια στα παραμύθια με νεράιδες και κακάσχημους βατράχους που μετα-μορφώνονται σε γοητευτικούς πρίγκιπες για να παντρευ-τούν την όμορφη πριγκιποπούλα, έστω κι αν μου αρέσει α-κόμα να θεωρώ ότι ο Μινώταυρος, ο λαβύρινθος, οι Κύ-κλωπες και οι Σειρήνες υπήρξαν πραγματικά, όπως πίστευα τότε που ο Σπύρος μού διηγιόταν τα κατορθώματά τους.

Χωρίς αμφιβολία, ακριβώς επειδή η ελληνική μυθολο-γία μάς διδάσκει πώς να γνωρίσουμε τον εαυτό μας, μας προσφέρει μέσω των ηρώων της ένα είδος αντικατοπτρι-σμού της ανθρώπινης υπόστασης. Γιατί οι σύγχρονοι ήρωες,

97

αυτοί που έχουν εισβάλει στον κινηματογράφο, την τηλεόραση ή τα κινούμενα σχέδια και ακούν σε ονόματα όπως Daredevil, Terminator, Spiderman, Batman, Superman κ.λπ., δεν πρέπει να μας ξεγελούν: οι Έλληνες ήρωες δε μοιάζουν ούτε κατά διάνοια με τους υπεράνθρωπους τιμωρούς με τον κόκκινο χιτώνα και το κολλημένο μαλλί που προστατεύουν τις χήρες και τα ορφανά παίζοντας το ρόλο του παγκόσμιου χωροφύλακα και νικώντας πάντα τους κακούς. Το σενάριο αυτό αποδεικνύεται καταστροφικό εκτός κινηματογράφου.

Ο κόσμος δεν είναι μανιχαϊκός, όπως δεν είναι και οι ήρωες της αρχαίας Ελλάδας. Ας ξεχάσουμε όλα όσα νομίζαμε ότι ξέρουμε κι ας καταδυθούμε ξανά στη μυθολογία. Ας ξεχάσουμε τον Goldorak, «τον αξεπέραστο ήρωα», «το αόρατο ρομπότ της νέας εποχής». Ας ξεχάσουμε τον Albator, «πιο δυνατό κι απ' το θάνατο». Οι ήρωες της ελληνικής μυθολογίας δεν είναι τέλεια πλάσματα. Οι Έλληνες τους έφτιαξαν κατ' εικόνα τους, έτσι ώστε να τους μοιάζουν στο σώμα, στο πνεύμα και στην ψυχή. Τους έδωσαν τα προτερήματα και τα ελαττώματά τους. Ο Οδυσσέας και οι άλλοι είναι αθεράπευτα ανθρώπινοι και ανεπαίσθητα θεϊκοί.

Ο πιο ανθρώπινος –γι' αυτό και πιο κοντινός μας– είναι σίγουρα ο ήρωας της *Οδύσσειας*, που αποπνέει μια πραότητα βασισμένη στη δύναμη και στην υπομονή. Καμία σχέση με μούσκουλα και πολεμικές ιαχές, είναι το κεφάλι που καθοδηγεί τις γενναίες πράξεις του. Ο Κύκλωπας, οι Σειρήνες, ο Δούρειος Ίππος, όλα αυτά ο Οδυσσέας καταφέρνει να τα αντιμετωπίζει, όπως και τις πιο δύσκολες καταστάσεις, όχι με τα μπράτσα του, αλλά με την πανουργία του. Ακόμα κι όταν κατορθώνει επιτέλους να επιστρέψει στην Ιθάκη, ύστερα από τόσες σκληρές δοκιμασίες, τα βάσανά του δεν έχουν τελειώσει: εκατοντάδες μνηστήρες έχουν εγκατασταθεί στο παλάτι του, φιλοδοξώντας να βάλουν χέρι στη γυναίκα του, στο θρόνο του και στα πλούτη του... Για να περάσει απαρατήρητος και για να μην κινήσει υποψίες, μεταμφιέζεται σε ζητιάνο και τους προκαλεί σε έναν αγώνα τοξοβολίας, ο νικητής του οποίου θα λάβει ως έπαθλο το χέρι της Πηνελόπης (και την περιουσία της...) Μαντεύετε τη συνέχεια; Ο Οδυσσέας κερδίζει τον αγώνα. Και παίρνει στο κυνήγι τους μνηστήρες. Τέλος της ιστορίας. Κάποτε κουράζονται κι οι ήρωες, και ο δικός μας θα μπορέσει επιτέλους να νιώσει τη θαλπωρή του σπιτικού του και να αναπαυτεί στις δάφνες του.

Ο Οδυσσέας υπήρξε κατά κάποιο τρόπο ένας ήρωας «παρά τη θέλησή του», καθώς χωρίς να το έχει διαλέξει, χωρίς αρχικά να θέλει να συμμετάσχει στον πόλεμο βρέθηκε να περιπλανιέται δέκα χρόνια στη θάλασσα. Αλλά στο πάνθεον των ηρώων της αρχαίας Ελλάδας υπάρχει κι ένας άλλος τύπος: ο ήρωας «εκ καταγωγής», ο ημίθεος. Αυτή είναι η περίπτωση του Αχιλλέα ή του Ηρακλή. Οι δύο αυτοί ημίθεοι αποτελούν στην πραγματικότητα καρπό της ένωσης ενός θεού και μιας θνητής (όσο αφορά τον Ηρακλή, δεν πρόκειται παρά για γιο του Δία) ή μιας θεάς και ενός θνητού (καθώς μητέρα του Αχιλλέα ήταν η θεά Θέτιδα). Θνητοί, όπως όλοι οι άνθρωποι, διαθέτουν παρ' όλα αυτά υπερφυσικές

Δαφνοστεφανώματα...

Κυνηγημένη από τον Απόλλωνα, η Νύμφη Δάφνη μεταμορφώθηκε σε φυτό για να του ξεφύγει. Από τότε η δάφνη έγινε το ιερό φυτό του θεού της μουσικής και των τεχνών και καθιερώθηκε να στεφανώνονται με φύλλα δάφνης όσοι νικούσαν σε διαγωνισμούς τραγουδιού και ποίησης. Κατόπιν τούτου, η σημασία της έκφρασης «αναπαύεται στις δάφνες του» είναι, πιστεύω, προφανής. Ποιος ο λόγος να ιδροκοπάς, όταν φέρεις ήδη στο κεφάλι το στεφάνι;

δυνάμεις, που τις έχουν κληρονομήσει από τους θεούς γονείς τους. Το να είσαι ημίθεος σημαίνει για τους ΄Ελληνες ότι ανήκεις σε μια ανώτερη τάξη, τα μέλη της οποίας έχουν διπλή υπόσταση (όπως ορισμένοι σήμερα έχουν διπλή υπηκοότητα ή διπλή κουλτούρα).

Βαρύ το φορτίο, αν λάβει κανείς υπόψη ότι πρόσωπα σαν κι αυτά σπάνια έχουν καλό τέλος. Ακόμα και ο αήττητος Ηρακλής πεθαίνει μέσα σε φρικτούς πόνους. Διότι οι ημίθεοι δε γερνάνε ποτέ, εγκαταλείπουν αδόκητα τον κόσμο των θνητών για να περάσουν στην αιωνιότητα, όπως ο Αχιλλέας, ο παρορμητικός πολεμιστής της Τροίας που περιφρονεί τον κίνδυνο αλλά πεθαίνει από ένα δόρυ στο πεδίο της μάχης. Η τύχη τους θυμίζει σύγχρονα είδωλα που πέρασαν στη σφαίρα του θρύλου όταν τα βρήκε ο θάνατος στο απώγειο της δόξας τους: Μέριλιν Μονρόε, Τζέιμς Ντιν, Τσε

100

Γκεβάρα, Μπομπ Μάρλεϊ, Τζιμ Μόρισον... όλοι έχουν κάτι το τραγικό που τους κάνει αλησμόνητους.

Στην *Ιλιάδα* του Ομήρου, που αφηγείται τον Τρωικό πόλεμο, ο Αχιλλέας ξέρει εκ των προτέρων ότι θα έχει τραγικό τέλος, αλλά αυτή τη μοίρα έχει διαλέξει για τον εαυτό του. Πεθαίνει για να εκδικηθεί για το θάνατο του καλύτερού του φίλου, του Πάτροκλου, που είχε πέσει νεκρός από τον Τρώα Έκτορα. Η μητέρα του ωστόσο τον έχει προειδοποιήσει: αν πεθάνει ο Έκτορας, θα πεθάνει και ο ίδιος, γιατί έτσι έχουν αποφασίσει οι θεοί. Παρ' όλα αυτά, ο Αχιλλέας χωρίς κανένα δισταγμό προτιμά ένα σύντομο και ένδοξο βίο παρά να ζήσει πολλά χρόνια, πλην όμως άδοξα. Αυτό είναι το τίμημα που πρέπει να πληρώσει για να συμπεριληφθεί στο πάνθεον των ηρώων, αλλά και για να μας θυμίζει πάντα ότι ακόμα κι οι πιο δυνατοί έχουν το τρωτό τους σημείο. Γιατί τον Αχιλλέα η μητέρα του τον αγαπούσε τόσο πολύ, που θέλησε να τον κάνει αθάνατο. Τον βούτηξε ολόκληρο λοιπόν στα μαγικά νερά της Στυγός. Επειδή όμως τον κρατούσε από τη φτέρνα, το σημείο εκείνο έμεινε στεγνό και άρα τρωτό. Έτσι, ο ημίθεος θα πεθάνει χτυπημένος από δόρυ στη φτέρνα παρά τη φήμη του ως εξαιρετικού πολεμιστή. Έκτοτε όλοι οι άντρες και όλες οι γυναίκες που δίνονται ολόψυχα σε δίκαιους αγώνες αποφασισμένοι να θυσιάσουν ακόμα και τη ζωή τους είναι λιγάκι παιδιά του Αχιλλέα.

Αν ο Αχιλλέας ενσαρκώνει τη γενναιότητα στο όνομα του καθήκοντος, ο Ηρακλής εκπροσωπεί μάλλον τη γενναιότητα στο όνομα της εξιλέωσης. Οι δώδεκα άθλοι του πέρασαν στους μεταγενέστερους και η λέξη «άθλος» υποδηλώνει στην καθομιλουμένη μια δύσκολη πράξη που απαιτεί δύναμη αλλά και μεγαλοψυχία. Ο Ηρακλής, για να εξιλεωθεί από τους θεούς επειδή σε μια κρίση τρέλας έχει σκοτώσει γυναίκα και παιδιά, πρέπει να υπηρετήσει για δώδεκα χρόνια τον ξάδερφο και εχθρό του, τον Ευρυσθέα, βασιλιά των Μυκηνών, και να ικανοποιεί όλες του τις απαιτήσεις εν είδει μετάνοιας. Ο Ευρυσθέας σκαρφίζεται τότε διάφορους άθλους, τον έναν πιο δύσκολο από τον άλλο. Αλλά ο Ηρακλής θα κατορθώσει να τους φέρει όλους σε πέρας.

Ο Ηρακλής είναι «προγραμματισμένος» για να πηγαίνει όλο και πιο ψηλά, μέχρι την τελική ανύψωση της ψυχής του στον Όλυμπο των θεών. Σε όποια πίστα και να βρεθεί κερ-

«Στους μεγάλους άνδρες, η πατρίς ευγνωμονούσα»

Η επιγραφή αυτή, που κοσμεί το αέτωμα του Πανθέου, το οποίο χτίστηκε στο Παρίσι κατά την επανάσταση για να αναπαύονται εκεί οι σοροί όσων υπηρέτησαν με ξεχωριστό πάθος τη δημοκρατία, δεν αφήνει καμιά αμφιβολία ως προς τον προορισμό του μνημείου αυτού, του αφιερωμένου στη μνήμη των μεγάλων αγωνιστών.

Ωστόσο, αν σήμερα το πάνθεον αποτελεί την τελευταία κατοικία διάσημων και ένδοξων προσωπικοτήτων, η σύνθετη αυτή λέξη (παν + θεός), την οποία δανείστηκαν από την ελληνική οι δυτικές γλώσσες, στην αρχαιότητα σήμαινε το σύνολο των θεών.

δίζει, όπως στα βίντεο γκέιμ. Με το ρόπαλο, το ξίφος ή το τσεκούρι σκοτώνει τους εχθρούς του, γιατί κατά κάποιο τρόπο είναι προορισμένος γι' αυτό. Ο Ηρακλής είναι ταυτόχρονα πολεμιστής και χαροκόπος, ένας ήρωας χωρίς ψυχικές μεταπτώσεις. Παίρνει την κατάσταση στα χέρια του α-κόμα κι αν χρειάζεται να κάνει κάποια λάθη. Αλλά ας μη γελιόμαστε: ο Ηρακλής δεν είναι απλώς ένας οδοστρωτήρας, τύπου Άρνολντ Σβαρτσενέγκερ, που ισοπεδώνει ό,τι βρεθεί μπροστά του. Ποιητές όπως ο Όμηρος και ο Πίνδαρος βλέπουν με σαφήνεια στο πρόσωπό του έναν από τους πρω-

Οι δώδεκα άθλοι του Ηρακλή

1. *Το λιοντάρι της Νεμέας.*
2. *Η Λερναία Ύδρα.*
3. *Ο κάπρος του Ερύμανθου.*
4. *Το ελάφι της Κερυνίτιδας.*
5. *Οι στυμφαλίδες όρνιθες.*
6. *Οι στάβλοι του Αυγεία.*
7. *Ο ταύρος της Κρήτης.*
8. *Τα άλογα του Διομήδη.*
9. *Η ζώνη της βασίλισσας των Αμαζόνων.*
10. *Τα βόδια του Γηρυόνη.*
11. *Τα χρυσά μήλα των Εσπερίδων.*
12. *Ο Κέρβερος.*

τεργάτες του πολιτισμένου κόσμου! Οι δώδεκα άθλοι του είναι κυρίως μια πορεία προς τη γνώση. Ο Ηρακλής μοιάζει πιο πολύ στον Ταρζάν, όχι λόγω της λεοντής του, αλλά επειδή προσφέρει υπηρεσία στον κόσμο του, τον εκπολιτίζει απαλλάσσοντάς τον από τέρατα που ανήκουν σε περασμένες εποχές. Ο Ταρζάν είναι, κατά τον ίδιο τρόπο, εχθρός των άγριων ζώων και των κανίβαλων. Όπως ο Ηρακλής, τίθεται στην «υπηρεσία» του σύμπαντός του, εν προκειμένω της ζούγκλας. Όλοι παίξαμε κάποτε τον Ταρζάν στην αυλή του σχολείου, όλοι βγάλαμε τη γνωστή κραυγή του πιθηκάνθρωπου –«Αααχααχαααα!»–, αλλά κανένας μας δεν ήξερε τότε ότι συνέβαλλε στον εκπολιτισμό του κόσμου.

Πέρα από τον Ταρζάν, ανάμεσα στους ήρωες των παιδικών μου χρόνων ιδιαίτερη θέση κατέχει ο απίστευτος Hulk, εκείνο το παράξενο πλάσμα που με την πρώτη αναποδιά μεταμορφωνόταν παρά τη θέλησή του σε ένα πράσινο, γεμάτο αυτοπεποίθηση τέρας, το οποίο όμως δεν έκανε ποτέ κακό στους καλούς ανθρώπους. Πιστεύω ότι εκείνο που με γοήτευε στον Hulk δεν ήταν τόσο τα κατορθώματά του όσο το αξιολύπητο ύφος του, έτσι όπως περιδιάβαινε ρακένδυτος τους δρόμους της Νέας Υόρκης, όταν το τέρας το ξανάριχνε στον ύπνο κι αυτός ξαναγινόταν ο εαυτός του. Οι ήρωες είναι γυμνοί και αυτή τους η τρωτότητα με συγκινούσε. Ο Hulk το πράσινο τέρας, μονίμως αχτένιστος και με τρελό βλέμμα, δεν είχε επιδιώξει αυτή την άχαρη διασημότητα, σχεδόν ντρεπόταν για την κατάστασή του. Το ότι διέθετε υπερφυσικές δυνάμεις ήταν στην περίπτωσή του μαρτύριο.

Αυτοί οι ήρωες με ενδιαφέρουν: υπάρξεις που δε ζήτησαν τίποτα (που στην πραγματικότητα έχουν τη στόφα των ηρώων της αρχαίας Ελλάδας, όπως ο Οδυσσέας), πλάσματα δυνατά και συνάμα αδύναμα, θεϊκά και παράλληλα θνητά. Που προσαρμόζονται στις καταστάσεις, χωρίς ποτέ να διαμαρτύρονται. Εκείνοι που ποζάρουν για τους μεταγενέστερους ή για μια φωτογραφία δε με εμπνέουν. Ούτε οι άνθρωποι των άκρων, που ξεκινούν πολύ εύκολα έναν πόλεμο στην εποχή μας ακόμα κι αν τα θύματα θα είναι πολύ περισσότερα από τους ήρωες. Τα εκατομμύρια των ανθρώπων που διαδηλώνουν υπέρ της ειρήνης στις τέσσερις γωνιές της γης δεν πιστεύουν πια στους υπερήρωες ούτε στις υπερδυνάμεις.

Για μένα, οι σημερινοί ήρωες είναι καθημερινοί άνθρωποι που ζουν ολόγυρά μας· είναι ο γείτονας που μοιράζει κουβέρτες στους αστέγους που κοιμούνται στις όχθες του Σεν Μαρτέν· είναι ο πυροσβέστης του αντικρινού σταθμού, που έρχεται μία φορά το χρόνο να μου πουλήσει το ημερολόγιό του, στον οποίο απευθύνω με σεβασμό τα λόγια του Έλληνα ιστορικού Θουκυδίδη που μου θυμίζουν την απίστευτη γενναιότητα των πυροσβεστών και όλων των άλλων διασωστών: «Χωρίς ψυχικό σθένος, κάθε πράξη στερείται δύναμης απέναντι στον κίνδυνο: ο τρόμος προκαλεί σύγχυση και πράξη που γίνεται χωρίς πνευματική διαύγεια δε χρησιμεύει σε τίποτα»· είναι ακόμα ο νεαρός ναυαγοσώστης στην παραλία της Λευκάδας όπου κάνουμε τις διακοπές μας· η νοσηλεύτρια του νοσοκομείου Σεν Λουί, με την οποία παίρνω κάθε πρωί το καφεδάκι μου στο Σε Πριν· το χαμίνι που

105

μια μέρα αρνείται μπροστά στο σχολείο να κάνει το «βαπο-
ράκι», έστω κι αν ξέρει πως αυτό μπορεί να του στοιχίσει μια
μαχαιριά στην πλάτη· οι 68 δημοσιογράφοι που σκοτώθηκαν
το 2002 επειδή δε δίστασαν να πουν τη γνώμη τους ή κατά
την άσκηση του καθήκοντος· ο Πακιστανός φιλαράκος που
πουλάει ζεστά κάστανα έξω από το σιδηροδρομικό σταθμό
για να ταΐσει την οικογένειά του και με κάτι άλλο εκτός από
κάστανα· εκείνη η γοητευτική γυναίκα, η πάντα αξιοπρεπής,
που ξεδιπλώνει το αναπηρικό της καροτσάκι στο πάρκινγκ
του Ραδιοφωνικού Μεγάρου, μπροστά στην ανοιχτή πόρτα
του αυτοκινήτου της· ο Ελληνοκύπριος που δέχτηκε μια σφαί-
ρα στο λαιμό επειδή ήθελε να κατεβάσει μια σημαία που δεν
ήταν δική του, σε μια γη που δεν ανήκει σε κανέναν σύμφω-
να με τον ΟΗΕ και που κάποτε ήταν πατρίδα του· τα νέα
παιδιά που μοιράζουν ζωμό στους απόρους της Πλατείας
Δημοκρατίας, οι οποίοι πασχίζουν να ξεχάσουν την πείνα
τους κάτω από μια αφίσα που διαφημίζει σολομό Νορβη-
γίας. Να τρέφεις τους άλλους – να μια πράξη γενναιότητας
στην Ευρώπη του 21ου αιώνα.

Το 19ο αιώνα οι Μεσολογγίτες γνώρισαν επίσης την πεί-
να. Σε τέτοιο βαθμό μάλιστα, ώστε αναγκάζονταν να τρώνε
ποντίκια για να ζήσουν. Σ' εκείνη την κωμόπολη, στην καρ-
διά της Ελλάδας, σχεδόν δέκα χρόνια πολιορκίας τούς είχαν
εξασθενίσει αφάνταστα. Η πείνα τούς τρέλαινε, μα δεν το
έβαζαν κάτω. Θα μπορούσαν να παραδοθούν στον Τούρκο
κατακτητή και να δεχτούν να τελειώσουν τη ζωή τους όπως
οι προηγούμενες γενιές, κάτω από το ζυγό της δουλείας.

Προμηθέας, ένας επαναστατημένος ήρωας

Ο Προμηθέας της ελληνικής μυθολογίας είναι μια εξαίσια και σύνθετη ηρωική μορφή. Η μεγάλη του φήμη οφείλεται κυρίως στο ότι αψήφησε τη δύναμη του Δία. Καθώς ο τελευταίος, θυμωμένος με τους ανθρώπους, τους στέρησε τη φωτιά, ο Προμηθέας ανέβηκε στον Όλυμπο για να την ξαναφέρει στη γη. Η τιμωρία που του επιφυλάχθηκε γι' αυτή του την πράξη ήταν τρομερή: ο Προμηθέας θα ζούσε στο εξής αλυσοδεμένος στην κορυφή ενός βουνού, ενώ παράλληλα θα ήταν αναγκασμένος να απωθεί κάθε πρωί έναν αετό, που θα ερχόταν να του φάει το συκώτι, έτσι ώστε το μαρτύριό του να μην τελειώνει ποτέ.

Παρά τη θεϊκή εκδίκηση, ο Προμηθέας συγκαταλέγεται χάρη στην ηρωική του πράξη ανάμεσα στους ιδρυτές της ανθρωπότητας. Διότι, αψηφώντας τον Δία και ξαναφέρνοντας τη φωτιά στη γη, έδωσε στους ανθρώπους τη δυνατότητα να γεννηθεί ο πολιτισμός. Ενσαρκώνει λοιπόν τις ελπίδες, τους αγώνες και τις φιλοδοξίες του ανθρώπινου είδους, ενώ το όνομά του παραμένει σύμβολο της αντίστασης ενάντια σε κάθε μορφή τυραννίας.

Έτσι, οτιδήποτε ανυψώνει την ανθρωπότητα σε οποιονδήποτε τομέα (επιστήμη, τέχνες, αθλητισμό κ.λπ.) χαρακτηρίζεται προμηθεϊκό.

Αλλά κάθε κύτταρο του κορμιού τους επαναστατούσε στην ιδέα της υποταγής. Το όνειρο να ζήσουν ελεύθεροι έπρεπε να γίνει επιτέλους πραγματικότητα. Διάφοροι ξένοι ήρθαν από τις τέσσερις γωνιές της Ευρώπης για να υποστηρίξουν το σκοπό τους, μεταξύ των οποίων και ο Λόρδος Βύρωνας, ο ποιητής που άφησε τα κόκαλά του στην περικυκλωμένη πόλη. Ο ηρωικός Μάρκος Μπότσαρης, που αργότερα έδωσε το όνομά του σε ένα σταθμό του παρισινού μετρό (λίγοι Γάλλοι γνωρίζουν ότι το όνομα Botzaris είναι ελληνικό), ε-τάφη εκεί. Οι κάτοικοι του Μεσολογγίου κράτησαν άθικτη την τιμή τους μέχρι τέλους.

Ήταν σαν χτες, έχουν περάσει μόλις εκατόν ογδόντα χρόνια από τότε. «Το κατόρθωμα για το κατόρθωμα δεν έχει ουσία, μονάχα η γενναιότητα της ψυχής δίνει νόημα στο κατόρθωμα και τη δοκιμασία», μου έλεγε ο Σπύρος όταν περνούσαμε μπροστά από το Πάρκο των Ηρώων κι εγώ τον ρωτούσα πώς γινόταν κανείς ήρωας. Οι Μεσολογγίτες δεν ήταν πιο γενναίοι από άλλους, ήταν απλά αρκετά τρελοί για να αναμετρηθούν με τη μοίρα. Ακόμα και σήμερα πριν από τη Μεγάλη Εβδομάδα, το Σάββατο του Λαζάρου, οι κάτοικοι της Ιερής Πόλης αποτίουν φόρο τιμής στους ήρωες προγόνους τους. Μέσα στο σκιόφωτο του πάρκου, μεταξύ ψαλμωδιών και σιωπής, το μυρωμένο βραδινό αεράκι σμίγει με το λιβάνι και τα δάκρυα των κοριτσιών. Κάθε χρόνο το ίδιο ρίγος στη ραχοκοκαλιά. Ελευθερία ή Θάνατος.

ΑΓΑΠΗ

Γεννήθηκα για να μοιραστώ την αγάπη και όχι το μίσος.
ΣΟΦΟΚΛΗΣ

ΓΙΑ ΤΑ ΜΑΤΙΑ ΤΗΣ ΕΛΕΝΗΣ

Ή

Πῶς οἱ Ἑλληνίδες κυβερνοῦν τον κόσμο

Το μέλλον του άντρα είναι η γυναίκα.
Αυτή είναι το χρώμα της ψυχής του.

ΑΡΑΓΚΟΝ

 ΣΤΗ ΓΑΛΛΙΑ το αχλάδι «Μπελ Ελέν» –Ωραία Ελένη– είναι ένα πασίγνωστο επιδόρπιο με μπόλικη σαντιγί. Για μας όμως είναι μήλο – το μήλον της Έριδος. Εκείνη για την οποία οι Έλληνες παίρνουν τα όπλα. Ο Τρωικός πόλεμος, που διήρκεσε δέκα χρόνια, έγινε εξαιτίας μιας γυναίκας αιώνια νέας και όμορφης αλλά... άπιστης. Ο Έλληνας Μενέλαος, βασιλιάς της Σπάρτης, είναι ο απατημένος σύζυγος κι ο ωραίος Πάρης, γιος του βασιλιά της Τροίας, ο εραστής που γεύεται την ωραία. Μια άνευ προηγουμένου εκστρατεία οργανώνεται για να επαναφέρει το κλεμμένο πρόβατο στο μαντρί. Πώς είναι δυνατό να γίνεται πόλεμος για έναν τόσο ασήμαντο λόγο; Τέτοιος συναγερμός για μια γυναίκα; Στη σύγκρουση αυτή δεν υπάρχουν επιθεωρητές του ΟΗΕ που ψάχνουν για όπλα μαζικής καταστροφής. Πρόκειται για έναν πόλεμο που αποφασίζεται εν ονόματι της τι-

μής και της περηφάνιας. Ο Πάρης πρέπει να πληρώσει κι η Ελένη να επιστρέψει στη συζυγική κλίνη. Και όλα τα ελληνικά φύλα σπεύδουν να συμπαρασταθούν στον Μενέλαο. Είναι γραμμένο στην *Ιλιάδα*. Ξαναδιαβάστε λίγο Όμηρο, κάνει πάντα καλό.

Η Ελένη είναι η γυναίκα σε όλο της το μεγαλείο. Εγκαταλείποντας το σύζυγο για να ακολουθήσει τον εραστή της, έχει πλήρη επίγνωση ότι η συμπεριφορά της κάνει όλο τον

Το μήλον της Έριδος

Το μήλο είναι σίγουρα ένα φρούτο απέναντι στο οποίο θα πρέπει κανείς να δυσπιστεί.

Ο Αδάμ και η Εύα εκδιώχθηκαν από τον Παράδεισο επειδή το δάγκωσαν. Όσο για τους αρχαίους Έλληνες, χρόνια πολεμούσαν εξαιτίας του στην Τροία!

Σ' ένα συμπόσιο λοιπόν τρεις θεές του Ολύμπου, η Ήρα, η Αθηνά και η Αφροδίτη, αποφάσισαν να προκηρύξουν διαγωνισμό ομορφιάς με υποψήφιες τις ίδιες και έπαθλο ένα χρυσό μήλο, το περίφημο μήλον της Έριδος.

Μοναδικός κριτής του διαγωνισμού, ο Πάρης. Όλες οι υποψήφιες προσπάθησαν να «λαδώσουν»: η Ήρα υποσχέθηκε να τον κάνει βασιλιά όλου του κόσμου, η Αθηνά τού πρόσφερε τη νίκη στη μάχη και η Αφροδίτη τον έρωτα της ωραιότερης γυναίκας του πλανήτη.

Ο Πάρης, που ήξερε να διαλέγει το καλύτερο, έδωσε το μήλο στην Αφροδίτη.

Όλυμπος: πρώτη έδρα του γυναικείου κινήματος...

Όσο παράξενο κι αν ακούγεται, ο αγώνας για την ισότητα των δύο φύλων ξεκίνησε στον Όλυμπο! Γιατί πώς αλλιώς να εξηγήσει κανείς το γεγονός ότι από τους δώδεκα μόνιμους κατοίκους του οι έξι ήταν γένους θηλυκού;
Και ιδού η απόδειξη:
Αφροδίτη, Άρτεμη, Αθηνά, Δήμητρα, Ήρα, Εστία!

ελληνικό κόσμο να υποφέρει. Αυτοκατηγορείται γι' αυτό, χωρίς να μασάει τα λόγια της: «Εγώ, η σκύλα...» Οι Τρώες ωστόσο δεν την επικρίνουν, είναι τόσο όμορφη, που όλα της συγχωρούνται. Αν ήταν άσχημη, η ιστορία της δε θα ενδιέφερε κανέναν, ούτε θα είχε γίνει πόλεμος για χάρη της.

Αλλά αν ο πόλεμος διήρκεσε τόσο πολύ, αυτό δεν οφείλεται αποκλειστικά στο παραστράτημα της φτωχής Ελένης, αλλά στο ότι οι θεοί του Ολύμπου δεν μπόρεσαν να μην ανακατευτούν στην υπόθεση. Και οι θεοί και οι θεές. Αυτές οι τελευταίες έχουν πάντα κάτι να πουν και μπορούν να δείξουν απίστευτη σκληρότητα σε όποιον τους εναντιώνεται. Ισοζύγιο εμπλεκόμενων θεϊκών δυνάμεων: από την πλευρά των Τρώων, η Αφροδίτη, που υποστηρίζει αναπόφευκτα τον προστατευόμενό της τον Πάρη, και η Άρτεμη, που έχει ανοιχτούς λογαριασμούς από παλιά με τον Αγαμέμνονα, αδερφό του Μενέλαου· από την πλευρά των Ελλήνων, έχουμε την Αθηνά και την Ήρα, που δεν έχουν συγχωρέσει στον Πάρη την προτίμησή του στην Αφροδίτη... Οι κυρίες πρωτοστατούν στο χορό, ή μάλλον στις μάχες, βάζοντας το χεράκι τους για να βοηθήσουν την παράταξη που ευνοούν.

Έτσι γινόταν από πάντα. Για τους Έλληνες, η γυναίκα διαθέτει μια διακριτική αλλά αδιαφιλονίκητη δύναμη. Από την εποχή που γεννιέται η ιδέα της δημοκρατίας στην Ελλάδα, τον 5ο π.Χ. αιώνα, οι γυναίκες, μολονότι δεν ψηφίζουν και δε συμμετέχουν στα κοινά, ασχολούνται με τις υποθέσεις του σπιτιού (το οικο-νομικόν, δηλαδή τη διαχείριση των θεμάτων που αφορούν τα του οίκου) και με όλα τα οικονομικά ζητήματα που συνδέονται με τη διευθέτηση των καθημερινών υποθέσεων. Οι ελληνικές παροιμίες, που αντλούν ακόμα την έμπνευσή τους από τη μυθολογία, είναι αποκαλυπτικές. Η θεία μου η Ελευθερία η Αγρινιώτισσα συνηθίζει να λέει σχετικά με την εξουσία των γυναικών «Το μουνί σέρνει καράβι», αλλά και χίλια δυο παρόμοια αποφθέγματα, ανάλογα με την περίσταση.

Με τον έναν ή τον άλλο τρόπο στις μεσογειακές κοινωνίες, όπου ο άντρας αρέσκεται να παριστάνει την κολόνα του σπιτιού, το στυλοβάτη που επωμίζεται τα πάντα, η γυναίκα είναι πολύ πιο δυνατή απ' ό,τι δείχνει. Η θεία μου η Ελευθερία (πάντα η ίδια) αφήνει να εννοηθεί πως, όταν αποφασίζει κάτι, φροντίζει πάντα ο σύζυγός της να νομίζει πως η απόφαση είναι δική του. Η τέχνη της χειραγώγησης σε όλο της το μεγαλείο. Ο άντρας ικανοποιείται παίζοντας τον άντρα και η αδύναμη γυναίκα κινεί τα νήματα. Μια γεύση για το

116

πώς λειτουργούν τα πράγματα μας έδωσε πρόσφατα η χαριτωμένη αμερικάνικη κωμωδία *Γάμος αλά Ελληνικά*. Οι γυναίκες, των οποίων η δικαιοδοσία μοιάζει να περιορίζεται στην κουζίνα –όπου ένα σωρό παιδιά τρώνε και τσακώνονται ασταμάτητα–, είναι στην πραγματικότητα εκείνες που

Νεράιδες ή μάγισσες;

Η μυθολογία δε στερείται διόλου γυναικείων μορφών. Ορισμένες από αυτές είναι πολύ συμπαθητικές, προικισμένες με χίλια δυο χαρίσματα· άλλες, πάλι, είναι η προσωποποίηση του κακού.

Καλοπροαίρετες μορφές: οι Μούσες και οι Χάριτες
Οι Μούσες είναι εννιά θεές, κόρες του Δία και της Μνημοσύνης, θεάς της μνήμης. Είναι αυτές που χαρίζουν την έμπνευση σε ποιητές και μουσικούς.

Όσο για τις Χάριτες, είναι τρεις θεές που ενσαρκώνουν τη χάρη και την ομορφιά. Από το όνομά τους προήλθε η λέξη «χάρη», που υποδηλώνει τη λεπτεπίλεπτη και ανάλαφρη ομορφιά.

Κακοπροαίρετες μορφές: οι Γοργόνες και οι Ερινύες
Οι Γοργόνες είναι τρεις τερατώδεις αδερφές. Έχουν στολισμένο το κεφάλι με φίδια, έχουν δόντια αγριογούρουνου και λέπια στο λαιμό. Όποιος δει το πρόσωπό τους μεταμορφώνεται αυτόματα σε πέτρα. Η διασημότερη εκ των τριών είναι η Μέδουσα. Από το όνομά της προέρχεται το γαλλικό ρήμα «méduser», που σημαίνει απολιθώνω, αποβλακώνω, παραλύω.

Οι Ερινύες είναι οι τρεις θεές της εκδίκησης και της τιμωρίας. Τρελαίνουν τα θύματά τους καταδιώκοντάς τα. Η μία από αυτές, η Μέγαιρα, έγινε συνώνυμο της κακιάς και δύστροπης γυναίκας.

λαμβάνουν όλες τις μεγάλες αποφάσεις. Μαγείρευέ του να τρώει κι άφηνέ τον να πιστεύει πως είναι ο αφέντης του κόσμου! (Ένα ακόμα απόφθεγμα της θείας Ελευθερίας, που από μόνη της αποτελεί επιτομή της λαϊκής σοφίας.)

Από τις αρχές του αιώνα στο μικρό χωριό της Πέτρας στη Μακεδονία οι κάτοικοι γιορτάζουν στις 8 Μαρτίου την Ημέρα της Γυναίκας με το δικό τους τρόπο. Καμία γυναίκα δε μένει στο σπίτι της. Ντύνονται όλες σαν άντρες, ζωγραφίζουν στα πρόσωπά τους μουστάκια και γένια και παίρνουν τους δρόμους. Περνούν τη μέρα πίνοντας καφέ, κυνηγώντας κοριτσόπουλα, παίζοντας χαρτιά και σκοτώνοντας την ώρα τους στην απόλυτη τεμπελιά. Όσο για τους συζύγους τους, εκείνοι μένουν για μια φορά στο σπίτι. Ντυμένοι γυναίκες, κάνουν τις δουλειές του σπιτιού: ταΐζουν τα παιδιά, πλένουν, καθαρίζουν, σιδερώνουν – με λίγα λόγια, όλα όσα πρέπει να κάνουν κάθε μέρα οι γυναίκες τους! Κι αλίμονο σ' εκείνους που δε θα σεβαστούν την παράδοση· οι κυρίες με τα μουστάκια και τα γένια τούς στρώνουν στο κυνήγι και τους κάνουν περίγελο όλου του χωριού. Παρακολούθησα αυτό το πανηγύρι, που θα 'λεγες πως είναι βγαλμένο κατευθείαν από κωμωδία του Αριστοφάνη, χωρίς να καταλαβαίνω αν έβλεπα τον κόσμο απ' την ανάποδη ή τελικά απ' την καλή. Οι μεταμφιεσμένες γυναίκες δε χάριζαν κάστανα, τιμωρούσαν τους απείθαρχους συζύγους στην κεντρική πλατεία χτυπώντας τους με ρόπαλα και αδειάζοντας πάνω τους ολόκληρους κουβάδες με νερό. Αλλά όταν έπεφτε το βράδυ, άντρες και γυναίκες «σύναπταν» ειρήνη μετά μουσικής και

γιόρταζαν την κοινή τους ζωή συγκεντρωμένοι γύρω από έ-
να τραπέζι τεραστίων διαστάσεων γεμάτο λιχουδιές. Συμ-
φιλίωση και αγάπη ως τα ξημερώματα.

Μ' αυτό ακριβώς τον τρόπο, οργώνοντας την επαρχία, έ-
μαθα περισσότερα για τη θέση της Ελληνίδας γυναίκας απ'
ό,τι απ' όλες τις σχετικές μελέτες που ξεκοκάλισα όταν ξεκί-
νησα τη συγγραφή αυτού του βιβλίου. Θυμήθηκα επίσης τις
μεγάλες οικογενειακές συγκεντρώσεις στο χωριό του πατέρα
μου, τη Σταμνά. Οι άντρες στρώνονταν σε αμέτρητες ψάθι-
νες καρέκλες, στον ίσκιο της κληματαριάς που είχε φυτέψει
ο προπάππος μου κάτω στα Κοψαλέικα. (Το κάθισμα αλά ελ-
ληνικά όταν είσαι άντρας προϋποθέτει τρεις καρέκλες, μία για
να κάθεσαι, μία για να ακουμπάς το πόδι σου στο οριζόντιο
ξύλο που ενώνει τα δύο καρεκλοπόδαρα και μία για να στη-
ρίζεις τον αγκώνα σου – θέμα ισορροπίας...) Μιλούσαν έντο-
να και δυνατά για θέματα που θεωρούσαν τάχα σημαντικά
και δεν έδιναν την παραμικρή σημασία στις γυναίκες. Οι τε-
λευταίες, μαζεμένες στο κατώγι, κατέστρωναν χαμηλόφωνα
τη στρατηγική τους για τη μέρα, το μήνα, τη χρονιά που θα
ερχόταν. Οι χοντροί τοίχοι ήταν δροσεροί, καλυμμένοι με
ματσάκια ρίγανης και πλεξίδες σκόρδα, ενώ οι πολεμίστρες
από την εποχή του '21 άφηναν κάποιες ντροπαλές ακτίνες
φωτός να εισβάλουν. Οι μεγάλες μπακιρένιες κατσαρόλες
γυάλιζαν στο μισοσκόταδο, δοχεία και κιούπια με κρασί και
λάδι ήταν ακουμπισμένα ακόμα και στο πάτωμα, ενώ το τρα-
πέζι ήταν πάντα αλευρωμένο. Στο κέντρο της κουζίνας στε-
κόταν όρθια, περήφανη και σιωπηλή η γιαγιά μου, η Μαρία

Μπακοδήμου. Η γυναίκα που στη γερμανική κατοχή είχε τολμήσει να τα βάλει με ένα ναζί που ήθελε να της κάψει το σπίτι αποφάσιζε για όλα. Με μια κίνηση του κεφαλιού έδινε τη συγκατάθεσή της ή διαφωνούσε.

Στο μυστικό σύμπαν εκείνων των γυναικών της επαρχίας ανακάλυψα το πραγματικό νόημα της εξουσίας. Χωρίς καμιά ανάγκη να κάνουν επίδειξη της ανωτερότητάς τους, οι άνθρωποι που παίρνουν πραγματικά τις αποφάσεις το κάνουν αθόρυβα, χωρίς τυμπανοκρουσίες. Η πραγματική εξουσία δε φαίνεται. Ζώντας φαινομενικά στη σκιά, οι γυναίκες εκείνες έκαναν κουμάντο στον κόσμο τους με σιδηρά πυγμή και αψεγάδιαστο ήθος. Βέβαια, ήρθε κάποια στιγμή που οι μαυροφορεμένες εκείνες γυναίκες έγιναν ανάμνηση, τα πλεκτά σάλια παραχώρησαν τη θέση τους σε φουλάρια Ντιόρ και Ερμές, οι τοίχοι ξαναβάφτηκαν, τα χαλιά και τα έπιπλα άλλαξαν, αλλά το βλέμμα της Μαρίας Μπακοδήμου (συζύγου του παππού μου Νίκου Αλιάγα και αδερφής του παππού της νυν παρουσιάστριας Μαρίας Μπακοδήμου) έχει απαθανατιστεί σε μια μεγάλη ασπρόμαυρη φωτογραφία. Η γιαγιά μου η Μαρία με παρατηρεί προσεκτικά κάθε φορά που θα ακουμπήσω τις βαλίτσες μου στη Σταμνά, απ' όπου και να έρχομαι (τα χαρακτηριστικά της μοιάζουν μ' εκείνα της αδερφής μου). Μέσα στο βλέμμα που της έχει κλέψει κάποιος ανώνυμος φωτογράφος, η ήρεμη δύναμη της ελεύθερης και απαιτητικής γυναίκας μοιάζει να με φροντίζει και να με προστατεύει.

Η μητέρα μου ανήκει κι αυτή στις γυναίκες με τις οποίες

καλύτερα να μην τα βάζεις. Από το ύψος της –που δεν ξεπερνά το ενάμισι μέτρο–, η Χαρούλα δε φοβήθηκε ποτέ τίποτα. Στα δεκαοχτώ της χρόνια, έχοντας ήδη γίνει μητέρα, έγραφε στον τότε αντιπρόεδρο των ΗΠΑ Σπύρο Άγκνιου (επίσης παιδί Ελλήνων μεταναστών της Αμερικής), ζητώντας του δουλειά. Ο υπάλληλος του γαλλικού ταχυδρομείου της οδού Λούβρου την κοίταξε περιπαιχτικά όταν τόλμησε να προφέρει, με τα σπαστά γαλλικά της, τη διεύθυνση του παραλήπτη: «Maisone Blansse», Λευκός Οίκος. Μερικές βδομάδες αργότερα, ο ίδιος υπάλληλος την κοίταζε με το στόμα ανοιχτό, καθώς η γυναίκα αυτή παραλάμβανε τη συστημένη επιστολή που της είχε στείλει ο Αμερικανός αντιπρόεδρος αυτοπροσώπως προσφέροντάς της εργασία. Χωρίς αμφιβολία, εκείνη τη στιγμή η μοίρα της οικογένειάς μας θα μπορούσε να είχε αλλάξει κι εμείς να είχαμε βρεθεί στην άλλη πλευρά του Ατλαντικού, αλλά η μητέρα μου, παρά την περηφάνια της για την απάντηση που είχε λάβει, επέλεξε τελικά να μην εγκαταλείψει την Ευρώπη, να μην ξεριζωθεί.

Είναι η ίδια Χαρούλα που στις 25 κάποιου Μάρτη στο Παρίσι με ανάγκασε να μπω στο μετρό ντυμένος ευζωνάκι για να παρελάσω με το ελληνικό σχολείο κάτω από την Αψίδα του Θριάμβου. Επίσημα, ο πατέρας μου δεν μπορούσε να μας συνοδεύσει με το αυτοκίνητό του εκείνη τη μέρα, γιατί είχε δουλειά, αλλά ανεπίσημα (το έμαθα αργότερα) έπρεπε να πάω μόνος μου για να ξεπεράσω το κόμπλεξ της διπλής πολιτιστικής μου ταυτότητας – του Έλληνα της Γαλλίας και του Γάλλου της Ελλάδας. Έτσι, είχα την πρώτη μου ψυχαναλυτική εμπειρία μέσα στο μετρό. Η μητέρα μου χαμογελούσε πονηρά, οι επιβάτες με έκαναν χάζι, άλλοτε ρίχνοντάς μου κοροϊδευτικά βλέμματα κι άλλοτε βγαίνοντας απ' το βαγόνι σαν να είχαν να κάνουν με μέλος κάποιας σέκτας. Ήμουν δεκαπέντε χρονών, η φωνή μου άρχιζε να χοντραίνει, μόλις είχα ανακαλύψει την κρέμα Κλεραζίλ για τα σπυράκια κι εκείνο το πρωί, στη γραμμή 9 με κατεύθυνση τη Γέφυρα των Σεβρών, έψαχνα τρύπα για να κρυφτώ.

Τώρα που το ξανασκέφτομαι, εκείνο το απρογραμμάτιστο σουλάτσο στους δρόμους του Παρισιού με παραδοσιακή ενδυμασία μού έκανε απίστευτο καλό. Έμαθα να αγνοώ τα βλέμματα των άλλων και να είμαι ο εαυτός μου κάτω απ' οποιεσδήποτε συνθήκες, είτε πρόκειται για προσωπική συνέντευξη είτε για ζωντανή τηλεοπτική εμφάνιση. Να είμαι απλά ο εαυτός μου. Δεν είναι εύκολο πράγμα. Και το δρόμο μού τον έδειξε μια γυναίκα, κλοτσώντας με σχεδόν στα πισινά. Η μητέρα μου.

Η Ελληνίδα γυναίκα δεν αναρωτιέται όταν πρέπει να δράσει, η Ιστορία το έχει αποδείξει πολλές φορές. Το 19ο αιώνα, πενήντα χρόνια μετά τη Γαλλική Επανάσταση, όταν οι Έλληνες ξεσηκώθηκαν (φορώντας την ίδια φορεσιά μ' εκείνη που φορούσα κι εγώ κάτω από την Αψίδα του Θριάμβου) εναντίον των Τούρκων, πολλές κόρες καλών οικογενειών διάλεξαν να εγκαταλείψουν τη βολή τους και να αγωνιστούν στο πλευρό των επαναστατών. Η Μπουμπουλίνα και η Μαντώ Μαυρογένους, οι δύο ηρωίδες της Ελληνικής Επανάστασης, πουλάνε όλη τους την περιουσία και παίρνουν τα όπλα για να υπερασπιστούν ένα ιδανικό, όπως θα κάνουν στο Β΄ Παγκόσμιο πόλεμο τόσες Γαλλίδες προσχωρώντας στους μακί. Και όπως κάνουν ακόμα και σήμερα κάποιες γυναίκες της οργάνωσης «Ούτε Πόρνες Ούτε Υποταγμένες», στις οποίες θα ήθελα να αποτίσω φόρο τιμής και οι οποίες αποφάσισαν να σπάσουν το νόμο της σιωπής και να αγωνιστούν για να ζήσουν ελεύθερες και αξιοπρεπείς στη σημερινή κοινωνία. Η Μπουμπουλίνα και οι άλλες αμαζόνες του 1821 προτίμησαν τη θυσία από το συμβιβασμό. Κάθε φορά που περνώ με το αυτοκίνητο από το στενό του Ζαλόγγου, κλείνω το ραδιόφωνο. Φέρνω στο νου μου την ασύλληπτη θυσία εκείνων των περήφανων γυναικών. Το κορμί που κομματιάζεται στα βράχια και την ψυχή που ανυψώνεται εις τους αιώνες των αιώνων.

Η φυλή των Αμαζόνων

Γυναίκες κυνηγοί και πολεμιστές, απόγονοι του Άρη, οι Αμαζόνες αρνιόνταν την εξουσία των αντρών, τους οποίους δεν ανέχονταν ανάμεσά τους παρά ως σκλάβους ή «γεννήτορες»!

Όταν γεννούσαν αρσενικό παιδί, το σκότωναν ή το έκαναν σκλάβο. Όσο για τα κορίτσια, σύμφωνα με το θρύλο οι Αμαζόνες τούς έκοβαν το στήθος, έτσι ώστε να μην τους εμποδίζει στην τοξοβολία...

Οι σύγχρονες αμαζόνες είναι πολύ λιγότερο επικίνδυνες... Διακρίνονται είτε για την ιππική τους δεινότητα είτε για τη μαχητικότητά τους. Σήμερα το AMAZON είναι site του Ίντερνετ, μέσα από το οποίο αγοράζεις βιβλία από κάθε γωνιά του πλανήτη.

Οι γυναίκες αυτές έχουν τη στόφα της Αντιγόνης. Αγέρωχες και ωραίες ως το τέλος, δεν επιζητούν το θάνατο, αλλά αν πρέπει να διαλέξουν ανάμεσα σ' αυτόν και την ελευθερία, προτιμούν την ελευθερία. Η Αντιγόνη καταδικάστηκε σε θάνατο επειδή δεν μπορούσε να πάει κόντρα στη συνείδησή της, προτιμώντας να θάψει τον αδερφό της και να σεβαστεί τους άγραφους νόμους της ταφής των νεκρών παρά την α- παγόρευση του βασιλιά Κρέοντα. Στην ομώνυμη τραγωδία του Σοφοκλή η Αντιγόνη υψώνεται πάνω από τη μετριότη- τα των ανθρώπων, αντιστέκεται στον παραλογισμό και πε- θαίνει επειδή αρνείται να αγνοήσει τη συνείδησή της.

Η φιλόλογός μου, η κυρία Γαριφαλιά Καλαμπόκη, και ο αρ- χιμανδρίτης Διονύσιος ήταν οι πρώτοι που μου αποκάλυψαν τον πλούτο των αρχαίων ελληνικών και την αξία της τραγωδίας του Σοφοκλή, στο ελληνικό σχολείο του Σατενέ Μαλαμπρί, νό- τια του Παρισιού, όπου με είχαν γράψει οι γονείς μου για να εμ- βαθύνω στη γλώσσα. Τους χρωστάω πολλά, όπως και στο μη- τροπολίτη Ιερεμία. Κάθε βράδυ μαζευόμασταν στην εστία της οδού Ντε Βινιέ, όπου ήμασταν οικότροφοι, για να κάνουμε τις εργασίες του γαλλικού σχολείου και στη συνέχεια να παρακο- λουθήσουμε το μάθημα των νέων ελληνικών. Ένας πραγματι- κός μαραθώνιος! Τους φίλους μου στην τάξη των ελληνικών τούς έλεγαν Λεωνίδα, Επαμεινώνδα, Μιλτιάδη, Οδυσσέα, Θεό- δωρο, Παπντό (από το Παπαδόπουλος). Τα κορίτσια άκουγαν σε πιο τρυφερά ονόματα –Σοφία, Ελένη, Αντιγόνη, Ηλέκτρα– και ενσάρκωναν στα μάτια μου την ξεγνοιασιά της εφηβείας, το μαξιλαροπόλεμο στη μέση της νύχτας, την τυφλόμυγα στο πάρκο του Σο, το πρώτο κλεμμένο φιλί από τη Σοφία πίσω από το σπίτι του Σατωβριάνδου. Τα καλύτερά μου χρόνια. Αγνά. Οι μικρές μου συμμαθήτριες μεγάλωσαν. Έγιναν οι σημερινές Ελληνίδες. Οι γυναίκες που συναντάμε στους δρόμους της Αθήνας, κομψές, ντυμένες σύμφωνα με την τελευταία λέξη της μόδας, σέξι. Μια ιδέα μοιραίες, μ' εκείνο το βλέμμα αλά Ειρήνη Παπά και το ίσιο προφίλ των προγόνων τους.

Οι νεαρές Ελληνίδες της εποχής μας ακούν Μαράια Κάρεϊ, χορεύουν στους ρυθμούς του Νταβίντ Γκετά και οδηγούν Ρενό καμπριολέ στις τέσσερις τα ξημερώματα στην Ποσειδώνος. Με μίνι φούστες ή εφαρμοστά παντελόνια, οι τίγρεις αυτές φλερτάρουν και λικνίζονται όρθιες πάνω στα τραπέζια των

Αντιγόνη ή τιμή γένους θηλυκού

Θυγατέρα του Οιδίποδα, η Αντιγόνη είναι επίσης αδερφή του Ετεοκλή και του Πολυνείκη. Κάποια στιγμή οι δύο τελευταίοι ανοίγουν πόλεμο μεταξύ τους και σκοτώνονται. Ο θείος τους, ο βασιλιάς Κρέοντας, απαγορεύει να ταφεί ο Πολυνείκης κατά τα ειωθότα, δεδομένου ότι ήταν εκείνος που επιτέθηκε πρώτος στον αδερφό του. Η διαταγή αυτή όμως αντιβαίνει στον ηθικό νόμο σύμφωνα με τον οποίο κάθε νεκρός δικαιούται να ταφεί με αξιοπρέπεια. Και καθώς η Αντιγόνη είναι η μόνη που τολμά να αψηφήσει τη βασιλική διαταγή, το πληρώνει με τη ζωή της.

Ακριβώς σε ανάμνηση εκείνης της τραγικής ηρωίδας αποκαλούμε σήμερα σύγχρονη Αντιγόνη μια ασυμβίβαστη γυναίκα, η οποία επαναστατεί απέναντι σε νόμους και κοινωνικές συμβάσεις που αντίκεινται στους κανόνες της ηθικής.

«Νενικήκαμεν!»

Το 490 π.Χ. ένας αγγελιαφόρος έκανε τρέχοντας τα 40 χιλιόμετρα που χωρί-
ζουν τον Μαραθώνα από την Αθήνα για να αναγγείλει στους Έλληνες τη νίκη
επί των Περσών. Μόλις πέτυχε το σκοπό του, ξεψύχησε από την εξάντληση.
    Ευτυχώς δε συμβαίνει το ίδιο με τους σημερινούς μαραθωνοδρόμους που δια-
νύουν τα 42,195 χιλιόμετρα. Αλλά ούτε και μ' εκείνους τους λιγότερο αθλητι-
κούς τύπους, οι οποίοι μιλούν για μαραθώνιο όταν πρέπει να φέρουν σε πέρας
πάρα πολλά πράγματα σε περιορισμένο χρόνο...

νυχτερινών κέντρων όπου τραγουδούν δημοφιλή αστέρια, ό-
πως ο Σάκης, ο Πλούταρχος, η Βανδή ή ο Ρέμος. Μερικές ώ-
ρες αργότερα, να τες στο γραφείο, σικάτες και καλοβαλμένες,
συγκεντρωμένες στη δουλειά τους, με ένα φραπέ με γάλα και
τέσσερα φακελάκια ζάχαρη ακουμπισμένο δίπλα σ' ένα φο-
ρητό υπολογιστή τελευταίας γενιάς και δύο κινητά. Καλό εί-
ναι να μην έχετε ψευδαισθήσεις και να ξέρετε τι θέλετε όταν
βγαίνετε με μια Ελληνίδα. Μπορώ να σας το βεβαιώσω. Από
τις προγόνους τους με το πλεκτό μαύρο σάλι αυτές οι νεαρές
έχουν κληρονομήσει μια εκπληκτική προσαρμοστικότητα και
μια απίστευτη δύναμη χαρακτήρα.
    Πάνω απ' όλα όμως η Ελληνίδα είναι μια παθιασμένη
γυναίκα. Την πιο παθιασμένη απ' όλες είχα την ευκαιρία να
τη συναντήσω μερικές βδομάδες πριν από το θάνατό της, το

Δεκέμβρη του 1993. Η Μελίνα Μερκούρη, τότε υπουργός Πολιτισμού, με δεχόταν στο σπίτι της στον Λυκαβηττό για μια τηλεοπτική συνέντευξη που θα μεταδιδόταν από το Euronews. Νωχελικά καθισμένη σ' έναν καναπέ, με το α- σπρογάλαζο χρώμα του να θυμίζει το Αιγαίο, έκρυβε πίσω από το πλατύ της χαμόγελο και την ξανθιά της χαίτη τον πόνο της αρρώστιας. Κάτω από το μακιγιάζ μπορούσα να μαντέψω τις άυπνες νύχτες. «Μοτέρ, πάμε!» με ειδοποιεί ο καμεραμάν μου, ο Ζαν-Λικ. Πέντε, τέσσερα, τρία, δύο, ένα. Η Μελίνα Μερκούρη δεν έχει πια ηλικία. Το βλέμμα της γυναίκας που δεν υπέκυψε ποτέ στον εκβιασμό και το φόβο είναι μια πρόκληση. Πρέπει να κάνω τις σωστές ερωτήσεις σύντομα, η Μελίνα δε σηκώνει μετριότητες. Εκείνη μου μι- λάει για «τα Μάρμαρα του Παρθενώνα που έκλεψαν οι Άγγλοι από την Ελλάδα», τον «παντοτινό της φίλο, τον Ζακ Λανγκ», τον πόλεμο, την ειρήνη, το τελευταίο της σχέδιο με τον τίτλο «Αρχιπέλαγος», που φιλοδοξεί να αξιοποιήσει την πολιτιστική κληρονομιά των νησιών του Αιγαίου, τα χρόνια της εξορίας «στο Παρίσι ή αλλού», τον έρωτα της ζωής της, τον Αμερικανό σκηνοθέτη Ζιλ Ντασέν, τα αρχαία ελληνικά και τον κλασικό πολιτισμό, που «θα έπρεπε να διδάσκονται από το δημοτικό, με διασκεδαστικό και ευχάριστο τρόπο...». Η Μελίνα αγωνίζεται μέχρι τέλους. Χωρίς να εκφράσει το παραμικρό παράπονο, μου δίνει ένα μάθημα ζωής. Είναι η τελευταία της συνέντευξη σε ξένο κανάλι. Ούτε εκείνη ούτε εγώ το ξέρουμε. Στο τέλος της συνάντησης με παίρνει στην αγκαλιά της και, αναστενάζοντας βαθιά, μου λέει: «Αγόρι μου, ευχαριστώ!» Η Μελίνα υπουργός, η Μελίνα βουλευτής, τραγουδίστρια, ηθοποιός, εξόριστη, η Μελίνα που οι δικτάτορες της στέρησαν την υπηκοότητα, η Μελίνα η ηγερία των *Παιδιών του Πειραιά*, αυτή η Μελίνα κουβαλούσε μέσα της ένα κομμάτι από την ψυχή όλων των Ελληνίδων για τις οποίες σας μίλησα. Για να φωτίζω τις μέρες μου, όταν ο γκρίζος παρισινός ουρανός κυλάει μολυβένιος στη διάθεσή μου, ξυπνάω συχνά μετά μουσικής με το τραγούδι που της έγραψαν το 1971 οι Τζο Ντασέν και Πιερ Ντελανοέ, με τον τίτλο *Είμαι Ελληνίδα!*:

Si tu aimes
Les aubaines
Les problèmes
Les èchecs
Prends le risque
Et viens vite
Je t'invite
Je suis grecque
Je vais te tirer les cartes
Et dans ta vie je vois
Des voyages des nuages
Des orages avec moi
Chez moi là-bas au bord de l'eau
On joue toute la nuit
Chez moi des hommes jeunes et beaux
Parfois parient leurs vies...

(Αν σ' αρέσουν
οι εξόριστες,
τα προβλήματα,
οι αναποδιές,
πάρε το ρίσκο
κι έλα γρήγορα,
σε προσκαλώ,
είμαι Ελληνίδα.
Θα σου ρίξω τα χαρτιά,
μες στη ζωή σου βλέπω
ταξίδια σύννεφα,
θύελλες μαζί μου.
Στον τόπο μου στην ακροθαλασσιά
παίζουμε όλη νύχτα,
στον τόπο μου οι άντρες νέοι κι όμορφοι
στοιχηματίζουν καμιά φορά τη ζωή τους...)

Υπάρχει μια γυναίκα χωρίς την οποία δεν μπορώ να φανταστώ τη ζωή μου. Η σύντροφος αυτή, ελεύθερη και αγέρωχη σαν την Αντιγόνη, ωραία και σκανδαλιάρα σαν την Ελένη, λίγο πιο ψηλή από τη μητέρα μου, παθιασμένη σαν τη Μελίνα, γενναία σαν την Μπουμπουλίνα, πολύγλωσση σαν τις παρουσιάστριες της Γιουροβίζιον, έξυπνη και διακριτική σαν τη γιαγιά μου, λαχταριστή, ουρανόσταλτη θαρρείς για να συμπληρώσει το άλλο μισό του παζλ μου, σαγηνευτική σαν την Αφροδίτη της Μήλου –αλλά με χέρια, για να με αγγίζουν–, τσαχπίνα και πεισματάρα, εκνευριστική όταν αλλάζει θέση στους πίνακές μου, μια γυναίκα που με φωνάζει «Νίκο μου» και την αυγή ξυπνάει στο πλευρό μου. Η ειρήνη της ψυχής μου.

ΟΡΦΕΑΣ ΚΑΙ ΕΥΡΥΔΙΚΗ

Ή

*Πώς να αγαπάς τον άλλο
για να ξαναβρείς τον εαυτό σου*

Το μέτρο της αγάπης είναι να αγαπάς χωρίς μέτρο.

ΑΓΙΟΣ ΑΥΓΟΥΣΤΙΝΟΣ

 ΣΤΗΝ ΕΛΛΑΔΑ η αγάπη ήταν ανέκαθεν εθνικό σπορ. Αν και δεν περιλαμβάνεται στα... ολυμπιακά αθλήματα, η αναζήτησή της συγκαταλέγεται ανάμεσα στις πρώτες προτεραιότητες των Ελλήνων. Ζωή χωρίς αγάπη δεν έχει νόημα. «Ζωή χωρίς αγάπη τι να την κάνω;» τραγουδάει η ωραία Χάρις Αλεξίου με γλυκιά και αισθησιακή φωνή. Ακόμα και σήμερα ο σκληρόκαρδος εργένης που βεβαιώνει ότι δεν ενδιαφέρεται για τα της καρδιάς θεωρείται σχεδόν ύποπτος, τόσο από τα κορίτσια όσο και από τα αγόρια.

Στην αρχαιότητα ένα πρόσωπο μόνο του είναι ένα ατελές, μη ολοκληρωμένο πλάσμα. Η αγάπη προϋποθέτει τόλμη, τρέλα, θυσίες. Δύσκολο να συνδυάσει κανείς αυτά τα τρία γνωρίσματα χωρίς να κάνει λάθος στις νότες. Ένας ξεχωριστός μουσικός ωστόσο το πέτυχε – σχεδόν. Αξεπέραστος ποιητής, πνεύμα που ήξερε να κυριαρχεί στις λέξεις, μοναδικός εραστής, ο άντρας αυτός δε δίστασε να έρθει αντιμέτωπος ακόμα και με τον Άδη. Όμως ένα μόλις δευτερόλεπτο ήταν αρκετό για να τιναχτούν τα πάντα στον αέρα. Αν έπρεπε να κρατήσω μόνο μία ιστορία αγάπης από την ελληνική μυθολογία, θα ήταν σίγουρα η δική του, η ιστορία της αγάπης του Ορφέα για την Ευρυδίκη. Εύθραυστη όπως όλα τα σπάνια πράγματα.

Η Ελλάδα των Ελλήνων...

Παρόλο που στο εξωτερικό η Ελλάδα είναι γνωστή ως Greece, Grèce, Grecia, Griechenland κ.λπ. (από το Γραικία), η επίσημη ονομασία της χώρας είναι Hellas.

Η ονομασία Έλληνας, κατά μία εκδοχή, προέρχεται από το μυθικό ήρωα Έλληνα.

Ο Ορφέας είναι ένας ωραίος άντρας που διαθέτει επιπλέον το ταλέντο να γοητεύει και να μαγεύει κάθε πρόσωπο, ζώο ή πράγμα που συναντάει στο δρόμο του. Είναι ένας αοιδός της περιοχής της Θράκης, ένας τροβαδούρος βιρτουόζος της άρπας και της λύρας που μελοποιεί τα δικά του ποιήματα. Όταν τραγουδάει, ο χρόνος σταματά, τα λουλούδια ανθίζουν, τα κλαδιά γέρνουν για να τον ακούσουν καλύτερα, τα βουνά σκίζονται στα δύο για να τον αφήσουν να περάσει. Ώσπου μια μέρα συναντάει μια γοητευτική κοπέλα που ονομάζεται Ευρυδίκη. Ο έρωτάς τους είναι κεραυνοβόλος. Αλλά τη μέρα του γάμου τους ένα φίδι δαγκώνει την καημένη την Ευρυδίκη και τη στέλνει πρόωρα στον κάτω κόσμο. Ο Ορφέας είναι απαρηγόρητος, ο πόνος του απερίγραπτος. Ο ποιητής τραγουδά την απελπισία του, αλλά κανείς δεν μπορεί να τον βοηθήσει. Και

134

Επίσκεψη στον Άδη

Σύμφωνα με την ελληνική μυθολογία, ο Άδης αποτελεί έναν πραγματικά παράλληλο κόσμο.

Είναι ο τόπος διαμονής των νεκρών και χωρίζεται σε δύο χώρους: τα Ηλύσια Πεδία, όπου κατοικούν οι ψυχές των δικαίων, και τα Τάρταρα, όπου συνωστίζονται οι ψυχές των αδίκων.

Τους δύο κόσμους, των νεκρών και των ζωντανών, χωρίζει ένα τρομερό ποτάμι, στις όχθες του οποίου περιμένει την ψυχή ο Χάροντας για να την περάσει απέναντι.

Στον κόσμο των νεκρών βασιλεύουν ο Άδης (αδερφός του Δία και του Ποσειδώνα) και η Περσεφόνη. Οι τρεις πρώτοι μοιράζονται ολόκληρο το σύμπαν: στον Δία ανήκει ο ουρανός και η γη, στον Ποσειδώνα οι θάλασσες και στον Άδη ο κάτω κόσμος.

τότε είναι που επιλέγει να πάρει την κατάσταση στα χέρια του. Αρνούμενος να δεχτεί μια τέτοια μοίρα, αποφασίζει να πάει ο ίδιος στον άλλο κόσμο και να φέρει πίσω τη γυναίκα του. Το ταξίδι είναι μακρύ και εξαιρετικά επικίνδυνο, ελάχιστα πλάσματα έχουν επιστρέψει σώα από τα έγκατα της γης. Με μοναδικά του εφόδια τη λύρα του και τη βαθιά του αγάπη για την Ευρυδίκη, ο Ορφέας ακολουθεί με γενναιότητα το ελικοειδές μονοπάτι που οδηγεί στις πύλες του Άδη. Εκεί, ο Κέρβερος, το αδυσώπητο κτήνος που φρουρεί την είσοδο του βασιλείου των νεκρών, μαγεύεται από τον αοιδό και του επιτρέπει να περάσει. Όλα τα πλάσματα του θλιβερού εκείνου κόσμου συνεπαίρνονται από το υπερκόσμιο μέλος του Ορφέα· ακόμα και οι πιο διάσημες προσωπικότητες του Άδη ξεχνούν το μαρτύριό τους στο άκουσμα του τραγουδιού του ποιητή. Θα 'λεγε κανείς πως βρίσκονται μπροστά σε ένα θαύμα: ο βράχος που ο Σίσυφος σπρώχνει ως την κορυφή ενός βουνού σταματάει να κυλάει, ακόμα και η πείνα που κατατρώει από καταβολής κόσμου τον Τάνταλο υποχωρεί... Ο Ορφέας έχει καταφέρει, ως εκ θαύματος, να αλλάξει την πορεία των πραγμάτων.

Να τος λοιπόν μπροστά στο βασιλιά Άδη (το γνωστό Πλούτωνα) και την Περσεφόνη, που τον ακούν με προσοχή. Οι προθέσεις του αξιοσέβαστες, ο βασιλιάς και η βασίλισσα του κάτω κόσμου πείθονται από τον Ορφέα, γεγονός πρωτοφανές, αφού κανένας λόγος θνητού μέχρι τότε δεν έχει καταφέρει να τους συγκινήσει. Επιτρέπουν στον ποιητή να επιστρέψει στον κόσμο των ζωντανών μαζί με τη γυναίκα του, αλλά υπό έναν όρο: ο Ορφέας θα πρέπει να πάρει ήσυχα το δρόμο του γυρισμού, με τη σκιά της Ευρυδίκης να τον

Κέρβερος, ο φύλακας του Άδη

Ο Κέρβερος είναι ένας τρομερός σκύλος με τρία κεφάλια, ουρά φιδιού και ραχοκοκαλιά όπου φιγουράρουν κεφάλια οχιάς.

Τρομοκρατεί τις ψυχές που μπαίνουν στο βασίλειο των νεκρών και εμποδίζει όποια θελήσει να βγει από αυτό.

Σε ανάμνηση εκείνου του ελάχιστα συμπαθητικού ζώου, ένας κέρβερος σήμερα μπορεί να είναι κάποιος θυρωρός ή φύλακας με υπερβάλλοντα ζήλο...

ακολουθεί. Μόνο όταν ξαναβρεθούν κοντά στους ζωντανούς θα ανακτήσει η Ευρυδίκη τη χαρά και το ανθρώπινο σώμα της. Μικρή διευκρίνιση, μεγάλης όμως σημασίας: ο Ορφέας δεν έχει το δικαίωμα να στραφεί και να κοιτάξει τη σύζυγό του, παρά μόνο αφού βγουν από τον Άδη. Το πράγμα είναι τόσο απλό, που ο Ορφέας δέχεται χωρίς τον παραμικρό δισταγμό. Και παίρνει το δρόμο του γυρισμού. Η καρδιά του χτυπάει σαν τρελή. Σε ελάχιστο χρόνο θα μπορεί επιτέλους να ακουμπήσει τα χείλη του στους γλυκούς κροτάφους της πολυαγαπημένης του, να χαϊδέψει τα μαλλιά της, να τη σφίξει στην αγκαλιά του, να κάνει έρωτα μαζί της. Η έξοδος δεν είναι πια πολύ μακριά. Αισθάνεται την παρουσία της Ευρυδίκης πίσω του, αλλά δεν την ακούει. Είναι λίγο παράξενο, σκέφτεται. Κι αν όλη αυτή η ιστορία δεν είναι παρά μια ψευδαίσθηση; Αν ο Άδης και η Περσεφόνη τού τα είπαν όλα αυτά για να τον ξεφορτωθούν πιο εύκολα; Ο Ορφέας διακρίνει την άκρη του τούνελ, το φως της μέρας τον θαμπώνει. Έχει φτάσει σχεδόν στο τέλος της διαδρομής, η λύτρωση είναι κοντά, αλλά αισθάνεται κουρασμένος, ο εφιάλτης που έζησε τον έχει εξαντλήσει. Η αμφιβολία τον βασανίζει. Μην αντέχοντας άλλο, γυρίζει απότομα για να πιάσει τη γυναίκα του και να επιστρέψει στο σπίτι! Μόνο που γυρίζει ένα δευτερόλεπτο νωρίτερα απ' ό,τι έπρεπε! Ίσα που θα προλάβει να ρίξει μια τελευταία απελπισμένη ματιά στην όμορφη Ευρυδίκη. Το ζοφερό σκοτάδι θα καταπιεί τη μορφή της, αυτή τη φορά για πάντα. Ορισμένοι λένε ότι το μόνο που πρόλαβε εκείνη να ψιθυρίσει ήταν «Αντίο!». Όλα τέλειωσαν.

137

Αυτή η ιστορία αγάπης με συγκινεί περισσότερο απ' ό-λες. Η βιαιότητα της στιγμής με συναρπάζει, το δευτερόλε-πτο όπου φτάνει κανείς σε ένα σημείο χωρίς επιστροφή, ό-που τα πάντα ανατρέπονται. Μια στιγμή αμφιβολίας, α-προσεξίας, αδυναμίας, και η αγάπη γίνεται καπνός. Ακόμα και σήμερα φιλόσοφοι και λόγιοι ασχολούνται διεξοδικά με την περίπτωση του Ορφέα προσπαθώντας να ερμηνεύσουν το συμβολισμό της. Υπάρχουν χιλιάδες τρόποι για να εξη-γήσει κανείς ένα μύθο. Ο καθένας μπορεί να διαλέξει τον δι-κό του. Όσο για μένα, κρατώ κυρίως την αίσθηση του εύ-θραυστου που απορρέει από αυτή την ιστορία. Μια αγάπη τόσο όμορφη, τόσο πολύτιμη και τόσο ευαίσθητη μας κάνει λιγότερο ματαιόδοξους. Η τρομακτική σκέψη ότι αρκεί μια κουταμάρα, ένα κλάσμα του δευτερολέπτου για να χάσει κανείς οριστικά την αγάπη με αναγκάζει να ελπίζω καθη-μερινά ότι κάποτε θα μπορώ να πω στα μελλοντικά μου παι-διά «Τη μάνα σας την αγαπάω ακόμα».

Παρ' όλα αυτά, ό,τι κι αν λέει η Ρίτα Μιτσούκο, στο τραγού-δι *Les histoires d'amour finissent mal en général*, δεν τελειώνουν άσχημα όλες οι ιστορίες αγάπης. Απόδειξη, η ιστορία της Ευρώπης. Πριν γίνει μια γηραιά ήπειρος και μια ισχυρή πο-λιτική και οικονομική οντότητα με μία σημαία, ένα Κοινο-βούλιο και περίπου 380 εκατομμύρια κατοίκους, η Ευρώπη δεν ήταν παρά μια αθώα κοπελίτσα που έπαιζε στην ακρο-γιαλιά με τις φιλενάδες της. Αλλά αυτό δεν κράτησε πολύ.

Ο μακρύς κατάλογος των κολασμένων

Ορισμένοι από τους ήρωές μας έχουν μάλλον άσχημο τέλος... Καταδικασμένοι να σαπίζουν στα Τάρταρα, υποβάλλονται σε φοβερές δοκιμασίες χωρίς τελειωμό.

Τάνταλος: Δολοφόνος του γιου του, τον οποίο σέρβιρε γιαχνί στους θεούς για να τους χλευάσει, καταδικάστηκε σε αιώνια πείνα και δίψα, την ώρα που δίπλα του υπήρχε και φαγητό και νερό.

Όταν σήμερα λέμε για κάποιον ότι ζει το μαρτύριο του Ταντάλου, εννοούμε ότι έχει μπροστά του κάτι που πραγματικά λαχταράει αλλά δεν μπορεί να το οικειοποιηθεί.

Ιξίωνας: Τιμωρημένος από τον Δία για κάποιο παράπτωμα στο οποίο είχε υποπέσει, περνούσε τον καιρό του δεμένος σε έναν πύρινο τροχό που δε σταματούσε να γυρίζει.

Δαναΐδες: Έχοντας δολοφονήσει τους συζύγους τους, οι σαράντα κόρες του –καρπερότατου!– βασιλιά Δαναού καταδικάστηκαν να γεμίζουν αενάως με νερό ένα πιθάρι χωρίς πάτο.

Σε ανάμνησή τους σήμερα ένας πίθος των Δαναΐδων υποδηλώνει μια δουλειά που δεν τελειώνει ποτέ – ο γυναικείος νους θα πήγαινε μάλλον εύκολα στο συγγύρισμα του σπιτιού και στο μαγείρεμα...

Σίσυφος: Αυτός ο δύστυχος, που μεταχειρίστηκε όλα τα κόλπα για να ξεφύγει από τον Άδη, καταδικάστηκε να ανεβάζει στην κορυφή ενός βουνού έναν τεράστιο βράχο που, μόλις έφτανε εκεί, κατρακυλούσε και πάλι κάτω, αναγκάζοντάς τον να ξαναρχίζει φτου κι απ' την αρχή!

Το να προσπαθείς σήμερα να φέρεις σε πέρας ένα σισύφειο έργο είναι σαν να προσπαθείς να γεμίσεις τον... πίθο των Δαναΐδων!

Η ακαταμάχητη ομορφιά της κόρης του βασιλιά της Φοινίκης Αγήνορα δεν άφηνε κανέναν αδιάφορο. Θνητοί και θεοί πολιορκούσαν την Ευρώπη, ως τη μέρα που ένας υπέροχος λευκός ταύρος έκανε την εμφάνισή του στην ακροθαλασσιά. Η Ευρώπη και οι φίλες της κοίταξαν γεμάτες θαυμασμό το επιβλητικό ζώο. Έδειχνε τόσο ήμερο και χαριτωμένο, που η κοπέλα υπέκυψε στη γοητεία του και δεν άντεξε στον πειρασμό να ανέβει στη ράχη του. Αχ, μικρή απρόσεκτη! Δεν ξέρεις ότι δεν καβαλάμε ποτέ έναν ταύρο που δε γνωρίζουμε; Μόλις η Ευρώπη κάθισε στην πλάτη του, το ζώο ξεχύθηκε πάνω από τη θάλασσα για ώρες πολλές, ώσπου έφτασε στην Κρήτη, προς μεγάλη έκπληξη του νεαρού κοριτσιού, που δεν είχε συνειδητοποιήσει ακόμα πως την είχε απαγάγει ένας ταύρος. Στο τέρμα αυτής της μικρής κρουαζιέρας η Ευρώπη και ο λευκός ταύρος –που δεν ήταν άλλος από τον Δία, ο οποίος είχε μεταμορφωθεί για να πλησιάσει πιο εύκολα τη λεία του– συνευρέθηκαν στη ρίζα ενός δέντρου (ο μύθος μιλάει για έναν τεράστιο πλάτανο).

Να μια ερωτική ιστορία διόλου συνηθισμένη που κρύβεται πίσω από την προέλευσή μας. Ευρωπαίοι, ευρώ, ευρωπαϊστές, ευρωσκεπτικιστές, ευρωβαρόμετρο κι ένα σωρό άλλες λέξεις είναι άρρηκτα συνδεδεμένες με τη σαρκική ικανοποίηση μιας νεαρής γυναίκας που άκουγε στο όνομα Ευρώπη. Ποιος το θυμάται αυτό; Ποιος ασχολείται; Εγώ τη σκέφτομαι συχνά όταν στέκομαι στον έλεγχο διαβατηρίων του αεροδρομίου κάποιας μη ευρωπαϊκής χώρας. Ο υπάλληλος με ρωτάει αν είμαι Ευρωπαίος, εγώ απαντάω περήφανα ναι,

Οι μεταμορφώσεις του Δία

Οι κατακτήσεις του Δία μεταξύ του γυναικείου πληθυσμού είναι αμέτρητες, είτε πρόκειται για θεές είτε για κοινές θνητές. Για να μπορεί να πλησιάσει αυτές τις τελευταίες χρειαζόταν συχνά να μεταμορφώνεται, εξαντλώντας όλη του τη φαντασία.

Για να σμίξει με τη Λήδα, πήρε τη μορφή κύκνου.

Για να πλησιάσει τη Δανάη, που ο πατέρας της την κρατούσε φυλακισμένη, μεταμορφώθηκε σε χρυσή βροχή και γλίστρησε κοντά στο κορίτσι από μια χαραμάδα που υπήρχε στην οροφή.

Για να μοιραστεί το κρεβάτι της ενάρετης Αλκμήνης, πήρε τα χαρακτηριστικά του συζύγου της, του Αμφιτρύωνα.

Όταν ο Δίας ερωτεύτηκε ένα αγόρι, τον Γανυμήδη, μεταμορφώθηκε σε αετό, για να τον αρπάξει και να τον οδηγήσει στην κατοικία του στον Όλυμπο.

αλλά εκείνος αγνοεί ότι μέσα μου αποτίω φόρο τιμής στον Δία για την ευρηματικότητά του, στην Ευρώπη για τη φλόγα της και στον πλάτανο γιατί βρέθηκε στο δρόμο τους!

«Κοντά στο δέντρο μου ζούσα ευτυχισμένος», τραγουδούσε ο φίλος Ζορζ Μπρασέν. Είναι σαν να λες στα ελληνικά «Ιτιά, ιτιά, λουλουδιασμένη»... Ας σταθούμε μια στιγμή στο κεφάλαιο της αγάπης στη σκιά εκείνων των δέντρων, για να δούμε από πιο κοντά, και επιτρέψτε μου να σας εμπιστευτώ παρεμπιπτόντως μια παλιά οικογενειακή ιστορία. Το να κάνεις έρωτα κάτω από, πάνω σε, κρεμασμένος από ή ακουμπισμένος σε ένα δέντρο δεν έχει σχέση με αυτοσχεδιασμό. Πρόκειται για μια σπουδαία τέχνη υπό εξαφάνιση, μια παλιά παράδοση για την οποία μόνο ο παππούς μου ο Σπύρος μου μιλούσε. Για τους υπόλοιπους ήταν ένα θέμα ταμπού! Το δέντρο, έλεγε, δίνει ενέργεια, ορμή και δύναμη. Όλα εξαρτώνται φυσικά από το δέντρο. Αποφύγετε τους άγριους κορμούς, που μπορεί να σας πληγώσουν το κορμί, καθώς επίσης και τη συκιά, η οποία φέρνει γρουσουζιά· ούτε όμως και η κλαίουσα ιτιά ενδείκνυται, διότι ρουφάει πολλή ενέργεια· όσο για τα πεύκα, τραβάνε τους κεραυνούς. Όχι, σύμφωνα με τον Σπύρο, ο οποίος, κατά την άποψή μου, είχε κάνει «διδακτορική διατριβή» επί του θέματος, καθότι αγρότης, βασιλιάς των δέντρων παραμένει η ελιά. Το ιερό δέντρο της σοφής θεάς Αθηνάς, σύμβολο ειρήνης, γονιμότητας και εξαγνισμού.

Έχετε αισθανθεί ποτέ την παράξενη γαλήνη που σου δίνει ένας ελαιώνας; Το πολυετές αυτό δέντρο, που τρέφει αθόρυβα την ανθρωπότητα και αντέχει στις πιο ακραίες κλιματολογικές συνθήκες, προσφέρει παράλληλα προστασία και καταφύγιο στους ερωτευμένους. «Όποιος δεν έχει προσφέρει ποτέ ικανοποίηση στον ίσκιο μιας ελιάς δεν έχει ιδέα από έρωτα», μου είπε ο Σπύρος ένα απόγευμα του Νοέμβρη που με μυούσε στο μάζεμα των ελιών, ανάμεσα σε δύο φράσεις κατά το ήμισυ ακατάληπτες. Σήμερα υποθέτω ότι το νεαρό της ηλικίας μου τον εμπόδισε να μου πει περισσότερα... Χρειάστηκε να περάσουν αρκετά χρόνια για να μάθω, από μια αδιακρισία της θείας μου της Ελευθερίας (πάλι αυτή!), ότι και η δική μου σύλληψη πρέπει να έγινε κάτω από μια ελιά έναν Αύγουστο! Αυτό εξηγεί ίσως την αδυναμία ορισμένων σύγχρονων Ελλήνων ζωγράφων, όπως είναι ο Μποκόρος και ο Ξένος, που ζωγραφίζουν λιόδεντρα, ελιές, λάμπες λαδιού, στεφάνια και κλαδιά ελιάς. Αυτό εξηγεί ίσως κι αυτό το αίσθημα θείας χάρης και δύναμης που με πλημμύρισε τις τρεις φορές που είχα την τιμή να βαφτίσω ένα παιδί σε ορθόδοξη εκκλησία. Τη στιγμή που άλειφα με λάδι το κορμάκι της Εμνό, του Μάνου και του Αλέξανδρου ένιωθα να γίνομαι ένα μαζί τους ενώπιον του Θεού. Είτε το θέλω είτε όχι (δυσκολεύομαι κάπως να φανταστώ τους γονείς μου κάτω από την ελιά...), είμαι ο καρπός μιας αγάπης που ολοκληρώθηκε κάτω από το ιερό δέντρο των προγόνων μου.

Ο Έρως πέρασε σίγουρα από κει. Όχι, όχι ο Έρος Ραματσότι, ο Eros που γνωρίζουν οι Γάλλοι, ο άλλος, ο αληθινός, ο

Ελιά, η ιερή...

Η ελιά είναι ιερή όχι μόνο γιατί σύμφωνα με το θρύλο φυτεύτηκε για πρώτη φορά από την Αθηνά στην Ακρόπολη· λέγεται ότι και στην Ολυμπία ο Ηρακλής, ιδρυτής των Ολυμπιακών Αγώνων, έμπηξε το ρόπαλό του στο χώμα κι αυτό μεταμορφώθηκε σε μια τεράστια ελιά, τα κλαδιά της οποίας έπλεξε για να στεφανώσει τους νικητές, μετατρέποντάς τη σε σύμβολο ισχύος, ρώμης και νίκης.

Σίγουρα αυτός είναι ο λόγος που η δάδα των Ολυμπιακών Αγώνων του 2004 στην Αθήνα θα έχει σχήμα ελιάς και που το έμβλημα των ίδιων αγώνων είναι ένα στεφάνι καμωμένο από κλαδιά ελιάς.

πρώτος Έρως της ανθρωπότητας, ο θεός της ερωτικής επιθυμίας, της σεξουαλικής έλξης, της αισθηματικής προσέγγισης, όλων αυτών για τα οποία μιλάει τόσο σωστά ο Ζακ Λακαριέρ στο *Ερωτικό Λεξικό της Ελλάδας:* «Όταν τα άστρα και οι φωτοχυσίες συναντιούνται και μερικές φορές εξαφανίζονται από τον ουρανό, αυτό είναι Έρως! Όταν στην αρχή της άνοιξης ο χυμός ανεβαίνει στην καρδιά των δέντρων, αυτό είναι Έρως! Όταν δυο πλάσματα συναντιούνται και χάνονται το ένα μέσα στο άλλο, για μια ώρα ή για μια ολόκληρη ζωή, αυτό είναι σίγουρα Έρως! Πόσο θλιβερή θα ήταν η ύπαρξη χωρίς αυτόν! Μπορούμε στην ανάγκη να μην ταξιδέψουμε στους αιθέρες, όπως έκανε ο Ίκαρος, αλλά δεν μπορούμε να ζήσουμε με πληρότητα χωρίς τον Έρωτα».

Περί πλατωνικού έρωτα...

Σήμερα με την έκφραση «πλατωνικός έρωτας» εννοούμε μια μορφή αγάπης που τρέφεται αποκλειστικά από αγνά συναισθήματα και δεν επιδιώκει οποιαδήποτε σαρκική ή σεξουαλική επαφή.

Αν ο Πλάτωνας έδωσε το όνομά του σ' αυτή τη μορφή αγάπης, είναι γιατί αντιλαμβανόταν τον έρωτα σαν μια αναζήτηση του ιδεώδους. Για το φιλόσοφο, ο σαρκικός έρωτας δεν ήταν παρά το πρώτο, και λιγότερο σημαντικό, σκαλοπάτι στην κλίμακα που εξυψώνει την ψυχή οδηγώντας τη μέχρι το Ωραίο, ως κάτι το αιώνιο και απόλυτο.

Ο Έρωτας έρχεται για να καθοδηγήσει τις καρδιές μας, να ξυπνήσει τις αισθήσεις μας. Ο Έλληνας φιλόσοφος Πλάτωνας τον περιγράφει στο *Συμπόσιο*, ένα από τα πιο γνωστά του έργα, σαν έναν επικίνδυνο κυνηγό που δε σταματά να στήνει παγίδες, σαν έναν απαράμιλλο παίκτη που ευθύνεται για τα πιο απίστευτα ερωτικά μπερδέματα, αλλά που τελικά αποδεικνύεται θεραπευτής και ευεργέτης της ανθρωπότητας. Μια τέτοια άποψη αξίζει, νομίζω, για να αυτοπροσκληθούμε κι εμείς σ' εκείνο το «συμπόσιο», όπου δε μιλούν παρά για τον έρωτα. Στην πραγματικότητα, το εν λόγω θέμα είναι για το φιλόσοφο ένα από τα πιο σοβαρά αλλά και τα πιο ενδιαφέροντα. Για τον Σωκράτη, η ερωτική πράξη επιτρέπει στον άνθρωπο να υπερβεί την ομορφιά του κορμιού («Λατρεύω τα καπούλια σου...»), μέχρι να φτάσει στο επίπεδο της ψυχής («...και την κάθε σου λέξη»), μέχρι να ανακαλύψει την απόλυτη ομορφιά και το απόλυτο καλό. Ο Έρωτας είναι ένας ενδιάμεσος μεταξύ θεών και ανθρώπων που επιτρέπει στους τελευταίους να ικανοποιήσουν την επιθυμία τους για αθανασία. Οι άντρες και οι γυναίκες ενώνονται κι από την αγάπη τους γεννιούνται μερικές φορές παιδιά, που διαιωνίζουν το ανθρώπινο είδος. Αλλά κι αν δε φτάσουμε στα μπιμπερό και τις πάνες, δε χρειάζεται πανικός! Η αναζήτηση αυτή του ιδεώδους που ονομάζουμε έρωτα είναι πρωτίστως η αναζήτηση του ιδανικού συντρόφου, του άλλου μας μισού. Παρατηρήστε προσεκτικά τους ερωτευμένους – μοιάζουν! Η γιαγιά μου η Μαρία Μπακοδήμου δεν είχε διαβάσει ποτέ της Πλάτωνα, αλλά μιλούσε συχνά για το ψάξιμο που χρειάζεται για να βρει κανείς το συμπλήρωμά του (έστω κι αν παραδεχόταν πολλές φορές πως όλα αυτά ήταν ένα «τυχερό λαχείο»). Η Μαρία καυχιόταν ότι είχε παντρευτεί από έρωτα, πραγματικό κατόρθωμα για τις αρχές του περασμένου αιώνα, όταν οι περισσότερες γυναίκες της επαρχίας παντρεύονταν με προξενιό. Ο γάμος είχε γίνει στην πλατεία της Σταμνάς, στην εκκλησία του Αγίου Νικολάου. Οι μουσικοί δεν είχαν έρθει στην ώρα τους για το γλέντι που θα ακολουθούσε μετά την τελετή και οι νιόπαντροι χρειάστηκε να αυτοσχεδιάσουν. Αυτά συνέβησαν κάποιο Ιούνιο. Η Σταμνά ευωδίαζε μύρο και οι γυναίκες είχαν ετοιμάσει ένα παρασκεύασμα με βάση το φασκόμηλο, για να είναι η πρώτη νύχτα του ζευγαριού γλυκιά και καρπερή (το φασκόμηλο χρησιμοποιούνταν στην αρχαιότητα ως δραστικό τονωτικό και για να ενισχύει την αναπαραγωγική ι- κανότητα). Ο Νίκος και η Μαρία στάθηκαν μπροστά στις οικογένειές τους, ήπιαν μαζί μια γουλιά γλυκό κρασί κι ύστερα τραγουδώντας έπιασαν έναν κυκλικό χορό που κράτησε μια ολόκληρη ζωή. Όσοι έγιναν μάρτυρες εκείνης της σκηνής μί- λησαν για έναν αξέχαστο καλαματιανό, με τα πρόσωπα των νεονύμφων να φωτίζονται από αγάπη και να έχουν την ίδια ακριβώς έκφραση. Μία ψυχή, μία έκφραση.

Ο Πλάτωνας το είχε γράψει σχεδόν δυόμισι χιλιάδες χρό- νια πριν: «Ο έρωτας [...] προσπαθεί να συγχωνεύσει τα δύο άτομα, να τα κάνει ένα και να θεραπεύσει την ανθρώπινη φύση. [...] Το είδος μας δε θα μπορούσε να είναι ευτυχισμέ- νο παρά μόνο υπό έναν όρο: την πραγμάτωση της ερωτικής επιθυμίας, τη συνάντηση του καθενός με το άλλο του μισό».

Μια πολύ φλύαρη Νύμφη...

Η Ηχώ, πριν ερωτευτεί τον Νάρκισσο, είχε τη φήμη του πολύ φλύαρου θηλυκού. Επειδή δεν έβαζε γλώσσα μέσα της, είχε αναλάβει να απασχολεί την Ήρα, έτσι ώστε η τελευταία να μην ανακαλύπτει τις απιστίες του συζύγου της. Κάποτε όμως η θεά κατάλαβε το παιχνίδι που παιζόταν πίσω απ' την πλάτη της και καταδίκασε την Ηχώ να μην ξαναμιλήσει ποτέ πρώτη και να μην μπορεί παρά να επαναλαμβάνει τις τελευταίες λέξεις όσων άκουγε.

Να γιατί η εν λόγω Νύμφη έδωσε το όνομά της στο φυσικό φαινόμενο της επανάληψης των ήχων. Ομολογώ ότι κάθε φορά που αντηχεί η φωνή μου σκέφτομαι εκείνο το δόλιο θηλυκό...

Επειδή μιλάμε για αγάπη, επιτρέψτε μου τελειώνοντας να σας διηγηθώ το μύθο εκείνου του δυστυχισμένου νέου με την υπερβολική σιγουριά στον εαυτό του που πέθανε επειδή δε θέλησε να ψάξει για το άλλο του μισό. Είναι η ιστορία του Νάρκισσου. Επικίνδυνα ωραίος, ο νέος αυτός ασκούσε σε ό-σους τον συναντούσαν, αγόρια ή κορίτσια, μια ακαταμάχη-τη έλξη, ενέπνεε ένα απίστευτο πάθος. Ωστόσο δεν έκανε τί-ποτα γι' αυτό, δεν έδινε την παραμικρή προσοχή στις ραγι-σμένες καρδιές που άφηνε πίσω του. Σίγουρα έκρινε πως ό-λοι αυτοί δεν άξιζαν τον κόπο, πως δεν ήταν αρκετά καλοί γι' αυτόν. Κατά τον ίδιο τρόπο, δεν έριξε ούτε ένα βλέμμα στην Ηχώ, την όμορφη Νύμφη του δάσους. Άρρωστη από α-

147

γάπη, εκείνη αδυνάτιζε κι έλιωνε, ώσπου δεν έμεινε παρά η παραπονιάρικη φωνή της. Παρ' όλα αυτά, σε μια στιγμή οργής, το θύμα της περιφρόνησης του Νάρκισσου αναφώνησε: «Εύχομαι να αγαπήσει κι εκείνος κάποιον που δε θα μπορέσει ποτέ να αποκτήσει». Την ευχή έσπευσε να πραγματοποιήσει η Νέμεση, θεά της εκδίκησης: μια μέρα που ο Νάρκισσος επέστρεφε από το κυνήγι, σταμάτησε σε μια πηγή για να ξεδιψάσει. Έσκυψε και μέσα στο νερό συνάντησε το είδωλό του. Συνεπαρμένος από την ίδια του την ομορφιά, προσπάθησε μάταια να πιάσει εκείνη την εικόνα. Μα κάθε φορά που τα χέρια του άγγιζαν το υγρό στοιχείο, η εικόνα παραμορφωνόταν και χανόταν. Ο Νάρκισσος, ερωτευμένος με τον ίδιο του τον εαυτό χωρίς να το ξέρει, πέθανε από απελπισία. Μεταμορφώθηκε σε λουλούδι, το νάρκισσο, σύμβολο κατά τους αρχαίους του πρόωρου θανάτου.

ΕΚΣΤΑΣΗ ΚΑΙ ΑΠΙΣΤΙΕΣ
ΣΤΟΝ ΟΛΥΜΠΟ

Ή

Πώς το σεξ είναι ένας ακόμα δρόμος
προς τη σοφία

Με τον ερωτισμό επιδιώκουμε υποσυνείδητα να βγούμε από τα όριά μας, να ξεπεράσουμε τον εαυτό μας.

ΖΟΡΖ ΜΠΑΤΑΪΓ

 ΜΗ ΜΟΥ ΠΕΙΤΕ πως δεν περιμένατε αυτή τη στιγμή, γιατί δε θα σας πιστέψω. Ήρθε η ώρα να καταπιαστούμε με ένα πολύ σοβαρό ζήτημα, το σεξ. Θα πούμε τα πράγματα με το όνομά τους, θα μιλήσουμε χωρίς ταμπού, αλλά και χωρίς να υποβιβάσουμε το θέμα.

Όπως ήδη διαπιστώσαμε, τα παιχνίδια του έρωτα και της τύχης διέπουν την καθημερινότητα των αρχαίων Ελλήνων· μπροστά τους, πρέπει να το ομολογήσουμε, οι *Επικίνδυνες Σχέσεις* του Λακλό, το *Βασικό Ένστικτο* ή μερικά λίγο «καυτά» τραγούδια του Γκέινσμπουργκ μάλλον ωχριούν. Η λέξη «ερωτισμός» παραπέμπει στον Έρωτα, τον παιχνιδιάρη για τον οποίο σας μίλησα παραπάνω και του οποίου το όνομα σημαίνει, ακριβέστερα, αισθησιακή επιθυμία.

Στην αρχαία Ελλάδα ο έρωτας είναι ένα είδος ψυχαγωγίας που ξετρελαίνει τους Έλληνες, ανθρώπους και θεούς.

151

Ανά δύο, ομαδικά, μεταξύ αντρών, μεταξύ γυναικών, μεταξύ άντρα και γυναίκας, υπάρχει για όλο τον κόσμο και για όλα τα γούστα. Κανείς δεν επικρίνει κανέναν, διότι ο καθένας βιώνει τη σεξουαλικότητά του χωρίς κόμπλεξ και ανοιχτά, στο φως της μέρας. Στη μυθολογία τα πάντα είναι αποδραματοποιημένα, διασκεδάζουμε, κλαίμε, γελάμε. Ο Δίας δίνει πρώτος το παράδειγμα, με τις αμέτρητες ερωμένες του και τα εξίσου αμέτρητα νόθα παιδιά του. Η κατάσταση αυτή εκνευρίζει λίγο τη σύζυγό του, την Ήρα (η οποία εκτός από θεά του υμεναίου είναι και η πιο κερατωμένη γυναίκα του Ολύμπου), με αποτέλεσμα να εκδικείται με αδυσώπητο τρόπο τόσο τις φιλενάδες όσο και τα εξώγαμα του θεϊκού συζύγου της μόλις ο τελευταίος γυρίσει την πλάτη του. Σαπουνόπερα αλά *Ντάλας* ο Όλυμπος...

Άλλο αφροδισιακό και άλλο... αφροδίσιο!

Έχοντας δανειστεί την ονομασία της από την ερωτική Αφροδίτη, αφροδισιακή αποκαλείται μια ουσία ικανή να ξυπνήσει τη σεξουαλική επιθυμία. Έτσι, ορισμένοι θεωρούν αφροδισιακά τα σπαράγγια, το κρέας της στρουθοκαμήλου, το τζίνσενγκ, το κέρατο του ρινόκερου ή το σπέρμα του ελαφιού... Το Βιάγκρα δεν υπήρχε τότε.

Προσοχή όμως! Γιατί άλλο τα αφροδισιακά κι άλλο τα αφροδίσια... Ευτυχώς για την εποχή μας η πρόοδος μας έχει εξοπλίσει με κάτι που δε διέθεταν οι Έλληνες της αρχαιότητας: το προφυλακτικό. Βγείτε λοιπόν ραντεβού, αλλά αρματωμένοι!

Η μυθολογία δε μασάει τα λόγια της. Οι εικόνες της μπορεί να είναι ποιητικές, επικές, κοινότοπες, εξωπραγματικές, αλλά ποτέ ρηχές. Όταν διηγούμαστε στους νεότερους πως ο Κρόνος έκοψε τους όρχεις του πατέρα του Ουρανού (που κρατούσε φυλακισμένα τα παιδιά του από φόβο μήπως του πάρουν μια μέρα το θρόνο), κινούμαστε σαφώς στο πεδίο της ψυχανάλυσης: ο γιος σκοτώνει τον πατέρα. Πόσο μάλλον όταν μια μέρα ο Κρόνος θα εκθρονιστεί με τη σειρά του από έναν εκ των γιων του. Αταβισμός είπατε; Ό,τι κι αν είναι, τα γεννητικά όργανα του άτυχου Ουρανού έπεσαν στη θάλασσα (κάπου κοντά στην Κύπρο). Κι από τον αφρό τους γεννήθηκε η θεά της ομορφιάς, του έρωτα και της γονιμότητας, η Αφροδίτη (μητέρα του Έρωτα, που ευθύνεται για πλήθος γάμπες στον αέρα και αφροδισιακά φίλτρα, προδρόμους του Βιάγκρα). Όσο για τις σταγόνες αίματος που έσταξαν στη γη από την πληγή, ο διαπρεπής ελληνιστής Ζαν-Πιερ Βερνάν μάς εξηγεί στην πραγματεία του σχετικά με τους μύθους με τίτλο *Το Σύμπαν, οι Θεοί, οι Άνθρωποι* ότι είναι η πηγή των δεινών του κόσμου: «Από το αίμα της πληγής του Ουρανού γεννιούνται οι Ερινύες, οι θεότητες της εκδίκησης, που αντιπροσωπεύουν το μίσος, την ανάμνηση και τη μνησικακία [...], αλλά και οι Γίγαντες και οι Μελίες. Τρεις διαφορετικοί χαρακτήρες που ενσαρκώνουν τη βία, την τιμωρία, τη μάχη, τον πόλεμο και την αιματοχυσία». Ο ευνουχισμός του Ουρανού λοιπόν είναι πολύ πιο σημαντικός για την ανθρωπότητα απ' ό,τι φαίνεται εκ πρώτης όψεως.

Τι γίνεται όμως με την πανέμορφη Αφροδίτη; Όπως κι ο Δίας, η θεά του έρωτα δεν είναι υπόδειγμα πίστης και αφοσίωσης. Ο σύζυγός της ο Ήφαιστος είναι ο ασχημότερος απ' όλους τους ολύμπιους θεούς! Δε λένε πως ο έρωτας είναι τυφλός; Ο Ήφαιστος είναι λοιπόν άσχημος, κουτσός, μες στην κάπνα και με βρόμικα χέρια, δεδομένου ότι εργάζεται στο σιδηρουργείο του Ολύμπου. Ούτε ίχνος γκλαμουριάς, ώστε να μπορεί να κρατήσει στο σπίτι την πιο όμορφη γυναίκα του κόσμου. Έτσι, η Αφροδίτη δικαιούται να έχει και κάποιες εξωσυζυγικές σχέσεις. Τα φτιάχνει με τον Άρη, με τον οποίο κάνει τον Έρωτα και ένα κορίτσι, την όμορφη Αρμονία. Στη συνέχεια πέφτει στην αγκαλιά του Ερμή, με τον οποίο αποκτά τον Ερμαφρόδιτο. Ακολουθεί ο Διόνυσος, που της χαρίζει τον Πρίαπο, μια θεότητα με μικρή σωματική διάπλαση, πλην όμως μ' έναν τεράστιο φαλλό – ο Ρόκο Σιφρέντι της εποχής με λίγα λόγια, ο γνωστός πορνοστάρ. Ακόμα και σήμερα συναντά κανείς αγάλματα του μικροκαμωμένου αυτού θεού στην ελληνική ύπαιθρο, εκεί όπου καλλιεργούνται αμπέλια. Αυτά τα μικροκαμωμένα πλάσματα κρατούν με το ένα χέρι το κλαδευτήρι και με το άλλο το... όργανό τους· υποτίθεται ότι απομακρύνουν από τα κτήματα τα κακά πνεύματα και τους περίεργους. Πρέπει ωστόσο να πούμε ότι μια από τις βασικές δουλειές του Πριάπου σήμερα είναι να διασκεδάζει τους τουρίστες. Ανάμεσα στις καρτ ποστάλ που πουλιούνται στην Αθήνα, στην περιοχή της Πλάκας ή στο αεροδρόμιο των Σπάτων, θα βρείτε σίγουρα κι αυτή που απεικονίζει τον ήσσονος σημασίας θεό με τον ξεδιάντροπα ανυψωμένο φαλλό. Οι εν λόγω κάρτες, πιστέψτε με, πουλιούνται όσο κι εκείνες που εικονίζουν τον Πύργο του Άιφελ! Διόλου παράξενο. Τον ουρανό στοχεύει ο Πύργος του Άιφελ, τον ουρανό στοχεύει, με το δικό του τρόπο, κι ο Πρίαπος... Προσοχή μόνο μην μπερδέψετε τους φακέλους καθώς θα στέλνετε καρτ ποστάλ από την Ελλάδα. Γιατί η φωτογραφία ενός σατύρου σε στύση μπορεί να μην εκτιμηθεί και τόσο από τον καθηγητή των αγγλικών ή το αφεντικό σας!

Δύο σε ένα...

Μια μέρα που ο Ερμαφρόδιτος λούζεται στα νερά μιας λίμνης, τον βλέπει μια Νύμφη, τον ερωτεύεται και τον παίρνει στην αγκαλιά της. Τρελή από έρωτα, ι-κετεύει τους θεούς να μην τους αφήσουν να χωρίσουν ποτέ. Η παράκλησή της εισακούεται και έκτοτε τα δύο πλάσματα γίνονται ένα.

Στην εποχή μας ερμαφρόδιτο λέγεται το πλάσμα που διαθέτει χαρακτηριστικά και των δύο φύλων (όπως, για παράδειγμα, το σαλιγκάρι).

Αλλά για να επιστρέψουμε στον Διόνυσο, ο ευτυχής μπαμπάς του Πριάπου είχε με τι να ξελογιάσει τη νεαρή θεά που έπληττε στο σπίτι της. Διότι είναι ο θεός του οίνου και της μέθης, ο προστάτης των αμπελιών. Προς τιμήν του οργανώνονταν γιορτές, τα Βακχεία (που πέρασαν στο ρωμαϊκό κόσμο ως Βακχανάλια), που, αν και θρησκευτικές, δε χαρακτηρίζονται ούτε από ευλάβεια ούτε από εγκράτεια. Όσο διαρκούσαν εκείνες οι ιεροτελεστίες οι διαφορές ανάμεσα σε άντρες και γυναίκες, ανθρώπους και ζώα, θεότητες και θνητούς καταργούνταν· όλοι, μεθυσμένοι και γυμνοί, ενώνονταν σε ένα λυτρωτικό παροξυσμό. Με την προστασία που χαρίζει μια μάσκα, επιδίδονταν σε ένα πραγματικό όργιο, πίνοντας και κάνοντας έρωτα ως την αυγή. Με σύγχρονους όρους, πρόκειται για όργια σαν κι αυτά που περιλαμβάνει η ταινία του Στάνλεϊ Κιούμπρικ *Μάτια Ερμητικά Κλειστά*.

Ο Διόνυσος είναι για την ελληνική μυθολογία ένας θεός λιγάκι παραμερισμένος. Είναι εκείνος που έδωσε στους ανθρώπους το ποτό που διώχνει τις έγνοιες (το κρασί) και απελευθερώνει τις συνειδήσεις. Στις γιορτές προς τιμήν του επιτρέπεται να εκφραστεί η αταξία που η πόλη δεν ανέχεται σε καμιά άλλη περίπτωση. Όπως το σημερινό καρναβάλι, τα Βακχεία είναι μια στιγμή εκτός χρόνου, όπου όλοι οι κοινωνικοί κανόνες καταργούνται και όλα επιτρέπονται. Όταν η γιορτή τελειώνει και όλοι έχουμε ξεδώσει αρκετά, επιστρέφει η τάξη. Η κανονική ζωή ξαναβρίσκει το συνηθισμένο της ρυθμό. Και ο Διόνυσος γυρίζει ξανά στον οίκο του, επικεφαλής μιας πομπής

Η αρρώστια του Πριάπου

Λόγω του υπερμεγέθους πέους του, ο Πρίαπος, θεός της γονιμότητας, φύλακας των κήπων και των αγρών, έδωσε το όνομά του σε μια αρρώστια, τον πριαπισμό, η οποία προκαλεί έντονες, παρατεταμένες και συχνά επώδυνες στύσεις.

απαρτιζόμενης από παράξενα πλάσματα. Πρώτα πρώτα πηγαίνουν οι Βάκχες, ιέρειες σε κατάσταση υστερίας, που περιφέρονται γυμνόστηθες χορεύοντας και τραγουδώντας. Ακολουθούν οι Σάτυροι, σωστοί δαίμονες με ανθρώπινο σώμα, κερατάκια στο κεφάλι, μυτερά αφτιά, μακριά ουρά και πόδια τράγου. Μην έχοντας στο νου τους άλλο

Βακχεία και Βακχανάλια

Ο όρος Βακχανάλια προέρχεται από το άλλο όνομα του Διονύσου, Βάκχος. Τα Βακχεία, που μεταφέρθηκαν στη Ρώμη, έδωσαν την ευκαιρία για τέτοιες κραιπάλες, που τελικά απαγορεύτηκαν.

Η ανάμνηση όμως που άφησαν έκανε σήμερα τα Βακχανάλια συνώνυμο των οργίων.

από το σεξ, έδωσαν το όνομά τους στους σημερινούς κυρίους που κυνηγούν μικρούλες στο δρόμο για να τους κάνουν ανήθικες προτάσεις: αποφύγετέ τους πάση θυσία!

Ο Διόνυσος, θεός της έκστασης, τον 20ό αιώνα έγινε προστάτης των ροκ συγκροτημάτων. Σήμερα στη Γαλλία δεν απεικονίζεται πια σε κούπες και κεραμικά βάζα· έγινε εξώφυλλο του ροκ περιοδικού *Inrockuptibles* και φιγουράρει στα περίπτερα μαζί με τις εφημερίδες. Σήμερα Dionysos (Διόνυσος) ονομάζεται ένα γαλλικό ποπ ροκ συγκρότημα που γεννήθηκε στη Βαλάνς το 1993. Πρόκειται για τολμηρά ποπ τραγούδια, κιθάρες που γρατζουνάνε, ποιητικές ακροβασίες, μπαρόκ καταστάσεις και ροκ ενέργεια – τίποτα περισσότερο. Κι όμως, όλα αυτά δεν απέχουν και πολύ από τον Έλληνα θεό και ο δημοσιογράφος του περιοδικού για ροκάδες το γνωρίζει καλά: «Σε μια συναυλία του γκρουπ Dionysos –σας τη συνιστούμε ανεπιφύλακτα!– κανείς δε σας υποχρεώνει να βαράτε παλαμάκια, να πίνετε μπίρα σε πλαστικά ποτήρια ή να ξεφωνίζετε "Ροκ εν ρολ!"». Απλώς τα πόδια σας θα αρχίσουν να κάνουν περίεργες φιγούρες, σε μια προσπάθεια να ακολουθήσουν εκείνα του τραγουδιστή, ενώ ένα χαμόγελο ευδαιμονίας θα σχηματιστεί στα χείλη σας. Το θέμα της μπίρας ωστόσο θέλει κάποια προσοχή, γιατί σύμφωνα με τη μυθολογία οι λάτρεις του Διονύσου, που φέρνει τη χαρά και την ξεγνοιασιά, έρχονται σε επαφή με τη θεότητά τους μέσω της μέθης. Και τι σημασία έχει το μπουκάλι...»

Στην αρχαία Ελλάδα όμως ο Διόνυσος δεν είναι ροκ. Είναι χέβι μέταλ. Αυτά τα θεϊκά ξεπορτίσματα και τα όργια μεταξύ θνητών φανερώνουν ότι το σεξ θεωρείται κάτι σημαντικό, ιλαρό και σοβαρό μαζί. Για να καταλάβουμε καλύτερα το πνεύμα των αρχαίων, πρέπει να ξαναδιαβάσουμε το *Συμπόσιο* του Πλάτωνα, στο οποίο αναφέρθηκα ήδη στο κεφάλαιο περί έρωτα (για τον κοινό θνητό, το σεξ και ο έρωτας έχουν κάποια απροσδιόριστη σχέση, έτσι δεν είναι;). Οι συνδαιτυμόνες λοιπόν εντρυφούν στο θέμα του έρωτα, στα γιατί και στα πώς του. Ένας από αυτούς εξηγεί από πού έρχεται, με ποιο τρόπο γεννιέται:

Αρχικά οι άνθρωποι δεν ήταν εμφανισιακά όπως σήμερα. Ήταν ολοστρόγγυλοι, με ένα μόνο κεφάλι, αλλά με δύο πρόσωπα, τέσσερα πόδια, τέσσερα χέρια και δύο φύλα. Μια άλλη διαφορά ήταν πως χωρίζονταν σε τρία είδη: τους άντρες-άντρες, προικισμένους με δύο αρσενικά φύλα, τις γυναίκες-γυναίκες, που είχαν δύο θηλυκά φύλα, και τους ά-ντρες-γυναίκες (ένα φύλο αρσενικό και ένα θηλυκό). Αυτό το τελευταίο είδος ήταν το ανδρόγυνο. Προφανώς με διπλά-σια δύναμη απ' όση διαθέτουμε σήμερα, οι πρώτοι εκείνοι άντρες θέλησαν να πάρουν την εξουσία από τους θεούς και να κατακτήσουν τον Όλυμπο. Τότε ο Δίας αποφάσισε να τους παίξει ένα άσχημο παιχνίδι. Τους έκοψε στα δύο και δημιούργησε έτσι ένα ανθρώπινο είδος όπως το ξέρουμε σή-μερα. Παράλληλα, δημιούργησε τον έρωτα, νοσταλγική ανα-ζήτηση της παλιάς μας φύσης και του χαμένου μας μισού.

Και το σεξ πού χωράει σ' όλα αυτά; Ιδού λοιπόν: ο πλα-τωνικός μύθος εξηγεί ότι λόγω των τριών αρχικών ανθρώ-πινων κατηγοριών ορισμένοι άντρες προτιμούν να συνευρί-σκονται μόνο με άντρες –είναι εκείνοι που το άλλο τους μι-σό ήταν αρσενικό–, ορισμένες γυναίκες ορέγονται, με το ί-διο σκεπτικό, μόνο γυναίκες, ενώ οι υπόλοιποι δεν έχουν μάτια παρά για το αντίθετο φύλο. Σας το είχα πει, απ' όλα έχει ο μπαξές! Εδώ θα πρέπει να πούμε ότι ο Πλάτωνας υ-περαμύνεται της ομοφυλοφιλίας, θεωρώντας τη μια από τις πιο ευγενείς μορφές έρωτα: «Όσοι προέρχονται από τη δι-αίρεση ενός καθ' ολοκληρίαν αρσενικού, αναζητούν το αρ-σενικό [...] και είναι οι καλύτεροι, γιατί είναι εκ φύσεως οι πιο αρσενικοί [...]. Είναι λάθος να τους θεωρούμε ακόλα-στους· δεν είναι η ακολασία που τους ωθεί στην αναζήτηση αυτού που τους μοιάζει, αλλά η τόλμη, η ανδρεία, το θάρ-

ρος, και να μια καλή απόδειξη: όταν ολοκληρώνεται η α-
νάπτυξή τους, είναι οι μόνοι που ασχολούνται με την πολι-
τική· στην ακμή της ηλικίας τους αγαπούν τα αγόρια, κι αν
σκέφτονται να παντρευτούν, να κάνουν παιδιά, δεν οδη-
γούνται αυθόρμητα σ' αυτό, αλλά υπό την πίεση των καθιε-
ρωμένων ηθικών αντιλήψεων. Οι προτιμήσεις τους τους ο-
δηγούν να ζουν μάλλον μεταξύ τους και χωρίς γάμο». Ας με
συγχωρέσουν τα απανταχού της γης θηλυκά, το μόνο που
κάνω είναι να παραθέτω τις απόψεις ενός αξιοσέβαστου φι-
λοσόφου, νεκρού εδώ και αιώνες...

Για να είμαι ειλικρινής, μέχρι που διάβασα αυτά τα φι-
λοσοφικά κείμενα δεν καταλάβαινα γιατί όταν μιλούσα για
τις ρίζες μου στο σχολείο και αργότερα στο πανεπιστήμιο
με κορόιδευαν με την ακόλουθη διάσημη για τους Γάλλους
ατάκα: «Άντε πηδήξου στους Έλληνες!» Οι σημερινοί Έλλη-
νες αγνοούν ότι οι άλλοι Ευρωπαίοι τούς χλευάζουν επικα-
λούμενοι τη σεξουαλικότητα των προγόνων τους. Τα αστεία
για το σαπουνάκι που δεν πρέπει ποτέ να μαζεύεις στη Μύ-
κονο ή ακόμα και για τις κατσίκες που μια γυναίκα δεν πρέ-
πει να παρουσιάζει ποτέ στο σύζυγό της τους είναι άγνωστα
(στη Γαλλία μάς σατιρίζουν ως «ζωόφιλους» τσοπάνους...).

Αυτό που ξέρω εγώ για τη σεξουαλικότητα των συμπα-
τριωτών μου είναι λίγο διαφορετικό. Σαν γνήσια παιδιά της
Μεσογείου, τα σημερινά «αρσενικά» της Ελλάδας έχουν πά-
θος με τον ποδόγυρο. Τα ξαδέρφια μου ο Δήμος, ο Βαλάντης
και ο Κώστας υπήρξαν πολύ καιρό καμάκια, με ειδικότητα
στις ξανθές Σκανδιναβές. Με μπρούντζινη επιδερμίδα και χρυ-

Λεσβιακοί έρωτες

Η Σαπφώ γεννήθηκε στη Μυτιλήνη της Λέσβου γύρω στα 650 π.Χ. Είναι η πρώτη γυναίκα ποιήτρια που γνώρισε η ανθρωπότητα. Η φήμη της όμως δεν οφείλεται μόνο στο ποιητικό της ταλέντο, αλλά και στο ότι υπήρξε ε-λεύθερη γυναίκα, πράγμα πολύ ασυνήθιστο εκείνη την εποχή.

Ο θρύλος περί ομοφυλοφιλικών ερώτων της Σαπφώς τροφοδοτήθηκε από τα ποιήματα που αφιέρωνε στα νεαρά κορίτσια με τα οποία συζούσε και τα οποία μυούσε στη μουσική και το τραγούδι.

σή αλυσίδα στο λαιμό, αυτές οι αυθεντίες στο κλείσιμο του ματιού και του «Ψιττττ... να σου πω» περνούν τη μέρα τους στις υπαίθριες καφετέριες, παρακολουθώντας τη λεία που θα καμακώσουν το ίδιο βράδυ σε κάποιο μπαράκι. Ο χρυσός κα-νόνας για ένα καμάκι είναι να προσφέρει ικανοποίηση στις νε-αρές γυναίκες, να παίρνει κι αυτός το μερτικό του και να μην πέφτει ποτέ θύμα του έρωτα. Στις αρχές της δεκαετίας του '90 ξανθές τουρίστριες με πλούσια στήθη κατέβηκαν στους δρό-μους της Ρόδου διαμαρτυρόμενες για την «αποχή» από την πλευρά των καμακιών, πανικόβλητων από την εξάπλωση του AIDS. Όπως και να 'χει, όσο κι αν οι τρεις μου ξάδερφοι καυ-χιόνταν στο τέλος του καλοκαιριού για τις κατακτήσεις τους, εγώ διέκρινα πάντα στο βάθος της καρδιάς τους μια ανεπαί-σθητη πικρία, ένα αίσθημα μοναξιάς, που ο Βαλάντης το έ-

161

χασε τη μέρα που παντρεύτηκε το άλλο του μισό. Όσο για τις ωραίες τουρίστριες, επέστρεφαν στην πατρίδα τους κατευχαριστημένες αλλά και με μια γερή δόση αμνησίας, λες κι έφευγαν απ' τη χώρα των Λωτοφάγων, όπου είχαν γευτεί το φρούτο που σε κάνει να ξεχνάς τα πάντα. Ο Έλληνας συγγραφέας που μιλάει καλύτερα γι' αυτό είναι ο Βασίλης Βασιλικός (ο σημαντικότατος Έλληνας λογοτέχνης που έγραψε, μεταξύ άλλων, το μυθιστόρημα Ζ στο οποίο βασίστηκε η ομότιτλη περίφημη ταινία του Κώστα Γαβρά), σε ένα βιβλίο με τίτλο *Τα Καμάκια*. Διαβάστε το και θα μάθετε τα πάντα για το θέμα.

Αλλά ούτε και οι Ελληνίδες έχουν ιδιαίτερες αναστολές. Η νυχτερινή ζωή της Αθήνας είναι πλούσια σε πικάντικες ιστορίες. Τα συστατικά που απαιτούνται γι' αυτές είναι α-

Οι Λωτοφάγοι

Το διάστημα που ο Οδυσσέας αγωνιζόταν να επιστρέψει στην Ιθάκη αγκυροβόλησε σε ένα άγνωστο νησί. Το νησί εκείνο κατοικούνταν από τους Λωτοφάγους, που τρέφονταν με άνθη λωτού. Το φυτό αυτό έχει την ιδιότητα να κάνει τον άνθρωπο απείρως ευτυχισμένο, αλλά παράλληλα του αφαιρεί τη μνήμη.

Σύμφωνα με ορισμένους μελετητές του έργου του Ομήρου, το εν λόγω μέρος θα μπορούσε να είναι το νησί Τζάρμπα (ή Τζέρμπα) της Τυνησίας, όπου σήμερα συρρέουν πολλοί τουρίστες για να ξεχαστούν απ' τα προβλήματά τους.

162

Οι Νύμφες

Η ελληνική μυθολογία βρίθει από γλυκύτατα πλάσματα που ονομάζονται Νύμφες. Οι νεαρές αυτές θεότητες είναι θυγατέρες του Δία. Είναι επίσης η προσωποποίηση της γονιμότητας και της ζωντάνιας της φύσης. Πραγματικό χάρμα οφθαλμών, κυκλοφορούν μισόγυμνες στις εξοχές και τα δάση.

Πώς λοιπόν να μην εξάφουν τη φαντασία των αντρών σε βαθμό ώστε να χαρακτηρίζουν σήμερα μια σεξουαλικά ακόρεστη γυναίκα νυμφομανή;

πλά και στην Ελλάδα υπάρχουν εν αφθονία: θάλασσα, ζέστη που σε υποχρεώνει να κοιμάσαι γυμνός, πρωινός αναζωογονητικός ήλιος. Τα καλέσματα αυτά στην ηδονή αποτελούν μέρος της καθημερινότητας των Ελλήνων από καταβολής κόσμου. Μοναδική διαφοροποίηση –έτσι το θέλουν οι καιροί–, το προφυλακτικό που σώζει. «Πάνω απ' όλα η απόλαυση», ιδού η φράση που σίγουρα αποδίδει καλύτερα αυτό που σημαίνει ερωτικό παιχνίδι για τον Έλληνα. «Να τα περνάμε καλά». Μια απόλαυση που δε θα πρέπει να συγχέεται μ' εκείνη που ορισμένοι προξενητάδες έχουν μετατρέψει σε επικερδέστατη επιχείρηση. Όχι, εδώ πρόκειται για απόλαυση που κάνει καλό και στο κορμί και στην ψυχή, μια ευχαρίστηση που, όπως λέει ο Πλάτωνας, δεν είναι παρά μια αναζήτηση της ομορφιάς σε όλες της τις μορφές.

Τι σημασία έχει λοιπόν να ξέρουμε αν οι Έλληνες είναι περισσότερο ή λιγότερο ομοφυλόφιλοι από τους άλλους λαούς της Ευρώπης; Ανόητα διλήμματα. Οι Έλληνες της Μυκόνου δεν είναι περισσότερο γκέι από εκείνους που κατοικούν στο Μαρέ του Παρισιού, ούτε από εκείνους που παρελαύνουν με στρινγκ στο Βερολίνο πάνω σε ροζ άρματα, ούτε α- πό εκείνους που παντρεύονται ενώπιον του δημάρχου στην Ολλανδία, ούτε από εκείνα τα δύο κορίτσια που περπατάνε χέρι χέρι κατά μήκος του καναλιού Σεν Μαρτέν και φιλιούνται μπροστά σ' όλο τον κόσμο. Είναι λογικό να θέλουμε να κολλήσουμε οπωσδήποτε ετικέτες στην πλάτη των ανθρώπων; Στο έργο του με τίτλο *Για Όλη την Αγάπη των Αντρών* ο Μισέλ Λαριβιέρ εξηγεί ότι οι Έλληνες της αρχαιότητας α- πέρριπταν τις ετικέτες: «Κατά το χρυσό αιώνα οι Έλληνες αγνοούσαν τη διαστροφή. Δεν μπορούμε να πούμε ότι είχαν ροπή προς την ομοφυλοφιλία. Το θέμα της επιλογής α- νάμεσα στα δύο φύλα δεν ετίθετο, γιατί δεν μπορούσαν να συλλάβουν τη διαφορά μεταξύ ετεροφυλοφιλίας και ομοφυλοφιλίας. Για εκείνους, η σεξουαλικότητα δεν κρινόταν σε συνάρτηση με το φύλο του συντρόφου, αλλά μόνο σε συνάρτηση με την έλξη που ασκούσε η ομορφιά, με τη λαχτάρα για ένα κορμί ανεξαρτήτως φύλου. Οι Έλληνες ήταν ασυνείδητα αμφισεξουαλικοί, χωρίς να έχουν προσδιορίσει την έννοια του όρου».

Το ηθικό δίδαγμα της ιστορίας που μας διδάσκουν οι αρχαίοι ημών πρόγονοι δεν είναι ότι ο καθένας είναι ελεύθερος να ζήσει τη σεξουαλικότητά του όπως επιθυμεί σ' όποια εθνικότητα κι αν ανήκει; Ομοφυλοφιλία, ετεροφυλοφιλία, αμφιφυλοφιλία ή ό,τι άλλο θέλετε, όλα είναι θέμα προσωπικής αξιοπρέπειας και σεβασμού του άλλου. Αυτό που τελικά διδάσκουν οι φιλόσοφοι είναι, κατά τη γνώμη μου, η ανοχή, με άλλα λόγια το ότι «στον κόσμο υπάρχει θέση για όλους». Όποιος κι αν είναι ο σύντροφος ή η σύντροφος με την οποία αποφασίζετε να πορευτείτε, ψηφίστε ευτυχία. Έτσι απλά. Χωρίς κόμπλεξ, χωρίς ντροπή, χωρίς πόνο. Απολαύστε με σεβασμό έναν έρωτα ευγενικό, διασκεδαστικό και κατεργάρη. Αυτό ήταν πάντα η δική μου επιδίωξη. Όλα τ' άλλα δεν είναι παρά άσκοπος θόρυβος.

Η ΓΙΟΡΤΗ ΤΗΣ ΑΓΙΑΣ ΑΓΑΘΗΣ

Ἤ
Πῶς ὁ χορός θεραπεύει τις ψυχές

ΞΕΚΙΝΑΩ ΑΥΤΟ το κεφάλαιο για το ξεφάντωμα ακούγοντας τις *Γυμνοπαιδιές* του Ερίκ Σατί. Μπορεί να μην είναι ιδανικές για να το ρίξεις στο χορό, αλλά μου αρέσει ο ρυθμός τους. Μυστήριος, γλυκόπικρος και μαγευτικός. Με συνεπαίρνει το γεγονός ότι ο συνθέτης εμπνεύστηκε από έναν αρχαίο πολεμικό χορό της Σπάρτης για να βαφτίσει τις μελωδίες του. Με τέσσερις νότες ο μυστηριώδης Σατί εγκαθίσταται στο σπίτι σου με την ίδια φυσικότητα που μια ηλιαχτίδα χαϊδεύει τη γωνιά της δρύινης βιβλιοθήκης του διαμερίσματός μου. Από τους Έλληνες προγόνους μου κληρονόμησα αυτό το καλό, που είναι κοινό σε όλους τους λαούς της Μεσογείου: την τέχνη να δίνω χρόνο στο χρόνο, τη δυνατότητα να

Ο χρόνος δεν είναι χρήμα,
είναι χρυσός

«Ο χρόνος είναι το πολυτιμότερο αγαθό για
όποιον φιλοδοξεί να κάνει μεγάλα έργα».
Αυτό μας διδάσκει ο Έλληνας συγγρα-
φέας Πλούταρχος, που έζησε τον 1ο μ.Χ.
αιώνα.

επωφελούμαι από την κά-
θε στιγμή, από όλα εκείνα
τα δευτερόλεπτα που είναι
καμωμένα από μικρά τί-
ποτα. Μου αρέσουν οι λευ-
κές νύχτες στη Μονμάρτη
που τελειώνουν στην οδό
Λεπίκ, στο διάσημο καφέ
της Αμελί Πουλέν· μου α-
ρέσει επίσης η γεύση του
παγωτού βατόμουρο στη
βεράντα του Ιλ Σεν Λουί,
ο χαβαλές με τον Γιόχαν και τις «ξαδέρφες» του στο πλωτό ε-
στιατόριο Λε Καλίφ που μένει αγκυροβολημένο κοντά στην
Παναγία των Παρισίων, τα ξενύχτια στη μυθική μπουάτ Κα-
στέλ, τα δείπνα στο Ζορζ με θέα το Παρίσι και το βαθύ ντε-
κολτέ της σερβιτόρας, οι ανατολίτικοι χοροί του Νιρβάνα, η
κάπνα του Κλοζερί ντε Λιλά που εισπνέω παρέα με τη φίλη Σίλ-
βια, μια συναυλία της Νταϊάνα Κρολ στο Ολυμπιά, όπου την
ακούω να τραγουδάει *I've got you under my skin* λες και το κά-
νει μόνο για μένα.

Η διασκέδαση είναι ζωτική ανάγκη. Από αυτή αντλώ την ε-
νέργεια που με ανεβάζει. Αυτή με βοηθά να διώχνω το γκρίζο,
τόσο το απέξω όσο κι εκείνο που κυριεύει καμιά φορά την ψυ-
χή μου. Σαν καλός Έλληνας, θεραπεύομαι με το χορό. Ο Έλλη-
νας χορεύει από την ώρα που θα γεννηθεί. Χορεύει το μωρό στα
πόδια του πριν ακόμα το μάθει να περπατάει. Ο παππούς μου

ο Σπύρος με έπαιρνε συχνά να χορέψουμε, έτσι, χωρίς κανένα ιδιαίτερο λόγο, μόνο και μόνο για να με μυήσει στο ρυθμό, στη χαρά της κίνησης του κορμιού. Ήδη από την αρχαιότητα ο χορός θεωρούνταν απαραίτητος για την καλή ισορροπία του ατόμου. Ο Πλάτωνας, ο Σωκράτης και ο Αριστοτέλης πίστευαν ότι ο χορός έπρεπε να αποτελεί μέρος της εκπαίδευσης των νέων, δεδομένου ότι επέτεινε τη φυσική ομορφιά και εξασφάλιζε την αρμονία σώματος και πνεύματος. Όσοι από σας έχουν κάνει τη στρατιωτική τους θητεία θα εκπλαγούν ίσως ακούγοντας ότι η εκπαίδευση των μελλοντικών στρατιωτών της αρχαίας Ελλάδας περιλάμβανε και... χορό, πράγμα ελάχιστα διαδεδομένο στους σύγχρονους στρατώνες! Βέβαια, οι στρατιώτες δε χόρευαν ούτε βαλς ούτε μενουέτο, αλλά έναν πολεμικό χορό που μιμούνταν τις κινήσεις της μάχης, τον πυρρίχιο. Για να σας δώσω μια ιδέα, σας λέω ότι η χορογραφία ήταν κάτι μεταξύ της βραζιλιάνικης καποέιρα και του φάιτ πάουερ.

Οι Έλληνες χόρευαν επίσης προς τιμήν των θεών τελετουργικούς χορούς εμπνευσμένους από τη Μούσα του χορού, την Τερψιχόρη. Κάθε φορά που φαντάζομαι αυτή τη Μούσα, έρχεται αμέσως στο νου μου η Μία Φράι στην ταινία *The Dancer*, όπου υποδύεται την κωφάλαλη χορεύτρια. Τη βλέπω χωρίς φωνή να βομβαρδίζει το κενό με την ασίγαστη ενέργειά της, παραδομένη στο έλεος της κίνησης. Όπως φαντάζομαι και τον Θησέα (για τον οποίο σας μίλησα στην αρχή του βιβλίου), καθώς ο θρύλος λέει ότι, αφού σκότωσε τον Μινώταυρο, ξεκίνησε ένα θριαμβευτικό χορό που μιμούνταν τους μαιάνδρους του λαβυρίνθου.

Οι εννιά Μούσες

Οι εννιά αυτές θεότητες, κόρες του Δία και της Μνημοσύνης, εκπροσωπούν το σύνολο των αρχαιοελληνικών τεχνών:
Η Καλλιόπη την επική ποίηση.
Η Κλειώ την ιστορία.
Η Ερατώ την ερωτική ποίηση (και τις ερωτικές σχέσεις – άλλη τέχνη αυτή...).
Η Ευτέρπη την αυλητική τέχνη, δηλαδή τη μουσική.
Η Μελπομένη την τραγωδία.
Η Πολύμνια τη μιμική τέχνη.
Η Τερψιχόρη τη χορική και ορχηστρική ποίηση και το χορό.
Η Θάλεια την κωμωδία.
Η Ουρανία την αστρονομία.

Σταματώ για μια στιγμή το CD του Ερίκ Σατί. Ο μονότονος ρυθμός των *Γυμνοπαιδιών* με έκανε να χάσω τον ειρμό των σκέψεών μου. Οι λέξεις χορεύουν στη σελίδα. Οι γάμπες μου μυρμηγκιάζουν. Είναι πολύ αργά. Πρέπει να σταματήσω.

Νυστάζω. Καληνύχτα.

Τα πρώτα χορευτικά βήματα μπροστά σε κόσμο τα έκανα παρά τη θέλησή μου. Ντρεπόμουν, δεν ήθελα να συμμετά-

172

σχω στη γιορτή. Προτιμούσα να μείνω στη γωνιά μου και να παρακολουθώ τους άλλους, που χειρονομούσαν προς κάθε κατεύθυνση. Και ξαφνικά, χωρίς να το έχω επιδιώξει, βρέθηκα από την κατάσταση του ακίνητου παρατηρητή σ' ε-κείνη του λικνιζόμενου χορευτή, παρασυρμένος σ' έναν κυκλικό χορό μπροστά μου, διότι δεν μπορούσα να εμποδίσω τον εαυτό μου να κινηθεί. Ήταν πάνω απ' τις δυνάμεις μου. Θαρρείς κι ο βροντερός, υπόκωφος ήχος του νταουλιού έβαζε σε κίνηση και το τελευταίο κύτταρο του κορμιού μου. Λες και τα γονίδιά μου είχαν μνήμη, κάποιο κρυμμένο κώδικα

Η Αγία Αγάθη

Γεννημένη στη Σικελία τον 3ο μ.Χ. αιώνα, η Αγάθη μαρτύρησε επειδή ήταν χριστιανή και αρνιόταν να παντρευτεί ένα Ρωμαίο ύπατο. Ανάμεσα στα άλλα βασανιστήρια που της έκαναν, της ξερίζωσαν και τα στήθη.

Η Αγία Αγάθη είναι προστάτιδα των μοδιστρών, των κεντηστρών και των γυναικών που θηλάζουν. Έχει επίσης τη δύναμη να επηρεάζει τη γονιμότητα της γης. Κατά τους χριστιανούς, η αγία γιορτάζεται κανονικά στις 5 Φεβρουαρίου, αλλά στην περιοχή της Σταμνάς οι κάτοικοι έχουν επιλέξει να τιμούν στις 22 Αυγούστου την προστάτιδα του βουνού που δεσπόζει στο χωριό, αποτίοντας παράλληλα φόρο τιμής στους Έλληνες οπλαρχηγούς της επανάστασης, που συγκεντρώθηκαν κρυφά στην εκκλησία της Αγίας Αγάθης για να καταστρώσουν τα σχέδιά τους για το Μεσολόγγι. Εκεί συμμετέχουν σήμερα κι άλλοι πανηγυριστές από όλη την περιοχή, κυρίως από το γειτονικό Αιτωλικό.

που είχε ενεργοποιηθεί στο άκουσμα εκείνων των προγονικών ρυθμών.

Βρισκόμαστε στα τέλη του Αυγούστου, στο χωριό Σταμνά, γη των προγόνων μου από την πλευρά του πατέρα. Είμαι δέκα χρονών και μιλάω σπαστά ελληνικά με γαλλική προφορά. Τρώω το ένα στα δύο ρο, δεν τονίζω ποτέ σωστά τις λέξεις και είμαι άσπρος σαν το χιόνι, με χαρακτηριστική παριζιάνικη επιδερμίδα. Είναι η εποχή που οι άντρες του χωριού έχουν φορέσει την παραδοσιακή τους ενδυμασία, δηλαδή τη φουστανέλα με το χρυσοκέντητο γιλέκο, τη φαρδυμάνικη κατάλευκη πουκαμίσα, το λευκό καλτσόν και τα τσαρούχια. Ντυμένοι έτσι, αποτίουν φόρο τιμής στους αγωνιστές του 1821, που έχυσαν το αίμα τους για να απελευθερωθεί ο τόπος από τους Οθωμανούς, και στους καπεταναίους της περιοχής, που έδωσαν όρκο συμφιλίωσης πριν από την έξοδο του Μεσολογγίου. Είναι η γιορτή της Αγίας Αγάθης. Επί τρία μερόνυχτα όλες οι οικογένειες της Σταμνάς και του Αιτωλικού έρχονται εδώ για να χορέψουν, να τραγουδήσουν, να γιορτάσουν. Μια χαρούμενη πομπή διασχίζει τους δρόμους του χωριού. Τη μέρα αυτή θα περάσουν μπροστά από το σπίτι μου. Τους βλέπω να ανηφορίζουν το κακοτράχαλο δρομάκι, ακούω τη φασαρία που κάνουν στο μεθύσι τους. Καμιά πενηνταριά άτομα σχηματίζουν μια πολύχρωμη και θορυβώδη συντροφιά, με τσιγγάνους να βαράνε τα νταούλια πάνω σε διαπεραστικές μελωδίες, που ορίζουν πίπιζες ή ζουρνάδες. Σε λίγο τελειώνουν οι διακοπές, στο τέλος της βδομάδας επιστρέφουμε στο Παρίσι κι εγώ κοιτάζω αμήχανα αυτούς τους

174

ανθρώπους, τους βγαλμένους, θαρρείς, από πίνακα του περασμένου αιώνα, που πλησιάζουν το σπίτι μου. Οι μεγαλύτεροι πετάνε λουλούδια και μικρά κλωνάρια βασιλικού στα κορίτσια, ενώ οι νεότεροι κάνουν σάλτα στον αέρα. Προχωρούν γλιστρώντας μέσα σ' ένα περιτύλιγμα χαράς και σε κάθε τους πήδημα τα μεταλλικά άρματα που έχουν κρεμασμένα στο γιλέκο τους κουδουνίζουν. Περιέργως, ο επίμονος ρυθμός του νταουλιού δε μου είναι ξένος. Παρ' όλα αυτά, προτιμώ να μη δώσω σημασία, δεν ξέρω να χορεύω. Καλύτερα να μπω στο σπίτι. Η πομπή σταματά απότομα. Όλα τα μάτια στρέφονται στο Ελληνόπουλο από τη Γαλλία. Το πορφυρό λάβαρο της Αγίας Αγάθης, περήφανο. Η παρέα μού κάνει νόημα, αλλά εγώ δεν καταλαβαίνω αν αυτό σημαίνει «Καλημέρα» ή «Έλα μαζί μας». Αρχικά προσποιούμαι ότι τους αγνοώ κάνοντας ένα βήμα προς τα πίσω. Το κεφάλι μου βουίζει, τα πόδια μου τρέμουν και θέλω να γυρίσω στο Παρίσι. Πίσω μου ο πατέρας μου καπνίζει καθισμένος αναπαυτικά σε μια πολυθρόνα από λυγαριά, με τα μανίκια του ανασηκωμένα και τη γραβάτα του λυτή. Το πανηγύρι ουδέποτε ήταν κάτι που τον ξετρέλαινε και ο παππούς μου ο Νίκος δεν είχε πάρει ποτέ μέρος. Ο τελευταίος που είχε φορέσει φουστανέλα στην οικογένεια ήταν ο προπάππος μου. Είμαι δέκα χρονών, κατουριέμαι, είμαι εντυπωσιασμένος, αλλά... Στο διάβολο οι φόβοι και οι αμφιβολίες! Ξεχύνομαι μπροστά...

Ακόμα και σήμερα δεν ξέρω τι μ' έπιασε, δεν μπορώ να εξηγήσω λογικά αυτό που συνέβη μέσα μου εκείνη τη μέρα. Εντελώς ξαφνικά βρέθηκα να χορεύω μαζί με τους άλλους,

γιατί ένιωθα την ανάγκη. Εγώ, το Γαλλάκι που μιλούσε χά-
λια τη γλώσσα των γονιών του, που φοβόταν τις μύγες, που
έφτυνε κρυφά τις τηγανητές μελιτζάνες της θείας Ελευθε-
ρίας, μπήκα σε έναν ξέφρενο χορό χωρίς να γνωρίζω κανέ-
ναν από τους κανόνες του. Από ένστικτο. Τελικά, δεν εξου-
σιάζουμε εμείς τη γη μας, αλλά εκείνη εμάς, για πάντα.

Έχουν περάσει είκοσι πέντε περίπου χρόνια από εκεί-
νη τη μαγική στιγμή. Τώρα έμαθα να χορεύω και να δια-
σκεδάζω σε άλλους ρυθμούς. Από τα τηλεοπτικά πλατό μέ-
χρι τις πίστες των ντισκοτέκ, η απόσταση δεν είναι παρά έ-
να βήμα. Το βήμα ενός δεκάχρονου πιτσιρικά. Έχω χορέ-
ψει σε ανατολίτικους ρυθμούς στο παραδοσιακό χωριό Σί-
ντι Μπου Σαΐντ για να τιμήσω ένα ζευγάρι από την Τυνη-
σία που παντρευόταν, έχω χορέψει στο Τελ Αβίβ στο ρυθ-
μό των παραδοσιακών τραγουδιών γίντις, έχω χορέψει στα
βήματα του τανγκό σε τουριστικό εστιατόριο του Μπουένος
Άιρες, έχω πιει όλη τη μελαγχολία ενός παλιού σλάβικου
χορού μια νύχτα στο Βελιγράδι παρέα με τους Γιουγκο-
σλάβους φίλους μου, έχω μοιραστεί με έναν Τούρκο συνά-
δελφο το ζεϊμπέκικο της φιλίας σε κάποιο τεκέ της Κων-
σταντινούπολης κατεβάζοντας τόνους ρακί, έχω ζήσει ένα
καταπληκτικό μεταμεσονύκτιο «φεστιβάλ» σάλσα στην Ίμπι-
ζα, με τα πόδια στο νερό για σαράντα οχτώ ώρες, έχω χο-
ροπηδήσει αδέξια μια αρμένικη βραδιά στο Αλφορβίλ. Έχω
χορέψει και καλά και κακά, μερικές φορές με ακρίβεια και
άλλες σαν μπουνταλάς, μα πάνω απ' όλα έχω χορέψει για
να μοιραστώ τα συναισθήματά μου, να εκφράσω τη συγκί-

νησί μου. Έχω χορέψει με τρελούς, τρελούς της ζωής, ανέμελους και ελεύθερους.

Αυτό έμαθα ένα απόγευμα του Αυγούστου σε ηλικία δέκα χρονών όταν μυήθηκα στο νόημα του ξεφαντώματος από μια παρέα τρελών. Από εκείνη τη μέρα, κάθε χρόνο στις 22 Αυγούστου στη Σταμνά ασπάζομαι τους προγόνους μου ξαναφορώντας την παραδοσιακή τους ενδυμασία. Το πανηγύρι κρατάει τρεις μέρες και τρεις νύχτες. Εκεί έμαθα να στέκομαι για αρκετή ώρα στο ένα πόδι για να μπορώ να χορεύω το τσάμικο. Ο αργός αυτός χορός του γενναίου πολεμιστή απαιτεί ευλυγισία, δύναμη στα χέρια και τα πόδια, αλλά και απόλυτο έλεγχο του χρόνου. Δε βιαζόμαστε, διηγούμαστε μια ιστορία με το κορμί μας, με ηρεμία και ένταση, με το στήθος ελαφρά προτεταμένο, τα γόνατα λυγισμένα τόσο πολύ και το κορμί γερμένο προς τα πίσω, ώστε τα μαλλιά να αγγίζουν το έδαφος, θαρρείς για να αποτίσουν φόρο τιμής στη μάνα γη. Όταν η καρδιά οδηγεί τα βήματα, το σώμα δε λύνεται, όπως το καλάμι, που λυγίζει αλλά δε σπάει. Μια κίνηση που περικλείει τη ζωή, μια πρόκληση στη βαρύτητα. Χορεύω, άρα υπάρχω. Μέσα στον ιερό κύκλο της ζωής γυρίζω επί τόπου και γύρω από τον εαυτό μου σαν κομήτης. Κάθε σύσπαση των μυών με κάνει να ξεχνάω τον πόνο που μου προκαλούν τα θεόστενα τσαρούχια, το βάρος της φορεσιάς, την κούραση της νύχτας που κρατάει ακόμα. Κάτω από τον υπεραιωνόβιο πλάτανο νιώθω ασήμαντος, σκόνη ευτυχισμένη και ελεύθερη μέσα στο σύμπαν. Το υπνωτιστικό ξερό χτύπημα του νταουλιού κάνει τα μέλη μου ανάλαφρα, χορεύω με γυναίκες και άντρες που δε γνωρίζω. Δεν αναγνωρίζω πια τα πρόσωπα που με κοιτάζουν, αλλά ο συνεχής αυτός ίλιγγος μου προξενεί μια παράξενη γαλήνη, μου ξαλαφρώνει την καρδιά.

Όταν φέξει η μέρα, ρόδινη πάνω από το περίγραμμα των βουνών, τα αρνιά που ψήνονταν στη σούβλα κομματιάζονται με τα χέρια. Εγώ περιμένω με ανυπομονησία τη βαθιά γαβάθα με τον πατσά, βάλσαμο για το άδειο μου στομάχι. Πληροφορώ τους αμύητους ότι το βουκολικό αυτό πρόγευμα αξίζει όσο το πιο μεγαλοπρεπές πρωινό του πιο σικ ξενοδοχείου! Λίγο κρασί για να δροσιστεί το λαρύγγι, λίγο νερό απ' την πηγή για να ξεπρηστούν τα βλέφαρα. Τσουγκρίζουμε τα ποτήρια κι ευχόμαστε «Και του χρόνου!». Ο καπετάνιος της παρέας μάς λέει πως είναι ώρα να πάμε να ανάψουμε ένα κερί στην εκκλησιά. Τα πόδια μου δε με βαστάνε πια, τα θυμιάματα με μαγεύουν όσο και οι βυζαντινές ψαλμωδίες του παπά Νίκου, η κάψα του Αυγούστου μεταμορφώνει τις λαμπάδες πάνω στους τεράστιους μπρούντζινους πολυέλαιους σε κέρινα γλυπτά. Οι ψάλτες ψέλνουν. Μονάχα οι άγγελοι δε φοβούνται τον ίλιγγο. «Κύριε ελέησον, Κύριε ελέησον, Κύριε ελέησον...» Ο ιερέας μού δίνει ένα κλωνί βασιλικό κι εγώ του φιλώ το χέρι. Ο ήλιος τώρα χτυπάει κατακέφαλα. Τα ρούχα μυρίζουν αλκοόλ και ιδρώτα. Το σβέρκο είναι βαρύ. Αλλά ο Μήτσος, ο τσιγγάνος με τα τέσσερα δάχτυλα, ξαναπιάνει περήφανα το νταούλι και τις βέργες του. Μπουμ μπάμπα μπουμ, ένας νέος γύρος ξεκινά. Η παρέα ξαναπιάνει το χορό στον ίσκιο των πλατάνων. Ένα χορό καθαρτήριο, που ξεπλένει το πνεύμα από όλες του τις φοβίες, τις αμφιβολίες, τις μνησικακίες και τις απογοητεύσεις... Ο Παντελής εκτελεί ένα αργό αυτοσχέδιο τσάμικο υπό το βλέμμα των νεότερων· η αδερφή μου η Μαρία, εξαιρετική χορεύτρια, με ακολουθεί σε έναν παθιασμένο ηπειρώτικο ρυθμό· ο Κωλομπάτσος έχει αποκοιμηθεί κοντά στην πηγή έχοντας πάρει ένα αστείο ύφος· οι ηλικιωμένοι καπεταναίοι επιθεωρούν τις ενδυμασίες των νέων χορευτών· ο Τά-

Η μάνα γη

Για τους αρχαίους, μάνα γη είναι η Δήμητρα (δα [= γη] + μήτηρ), θεά της φύσης και της γονιμότητας. Η Δήμητρα προστατεύει επίσης τις καλλιέργειες, που εξασφαλίζουν τροφή στον άνθρωπο. Προσφέροντάς τους το σιτάρι και τα δημητριακά, τους βοήθησε να ξεφύγουν από την άγρια κατάσταση στην οποία βρίσκονταν και να περάσουν στον πολιτισμό.

Ο θρύλος λέει ότι η Δήμητρα απέκτησε μια κόρη, την Περσεφόνη, με τον αδερφό της τον Δία. Ο Άδης, θεός του κάτω κόσμου, ερωτεύτηκε τόσο σφοδρά το νεαρό κορίτσι, που το έκλεψε και το παντρεύτηκε. Απελπισμένη η Δήμητρα εγκατέλειψε τον Όλυμπο κι άρχισε να ψάχνει για την κόρη της. Τότε τα πάντα μαράθηκαν στη γη. Οι άνθρωποι και τα ζώα άρχισαν να αφανίζονται. Καθώς ο Άδης επέμενε να κρατά την Περσεφόνη, παρενέβη ο Δίας για να δώσει κάποια λύση: στο εξής η Περσεφόνη θα μοίραζε το χρόνο της μεταξύ του συζύγου και της μητέρας της. Έτσι, κάθε άνοιξη, που το κορίτσι επιστρέφει στη μητέρα του, η Δήμητρα, ευτυχισμένη, κάνει τα πάντα να ανθίζουν· κι όταν κατεβαίνει στον κάτω κόσμο για να βρει το σύζυγό της, η γη γνωρίζει την ερήμωση του χειμώνα. Να πώς εξηγούσαν οι αρχαίοι τον κύκλο των εποχών.

κης ετοιμάζει μια τεράστια χωριάτικη σαλάτα φροντίζοντας
να κόβει συμμετρικά τα κομμάτια της φέτας· ο Μπράνης δέ-
νει τα μακριά του μαλλιά για να βλέπει καλύτερα τα τεκται-
νόμενα· ο Δήμος λέει ανέκδοτα και πειράζει τους κουρα-
σμένους, ενώ ο ποιητής Άσος Σταμούλης απαγγέλλει, έχο-
ντας βρεθεί σε οίστρο, μερικούς στίχους του Καρούζου:

Τραγουδώ τους πεσμένους προπάτορες
είμαι των άστρων ο σκύλος
με τα μάτια κοιτάζω ψηλά
με τα χέρια γιορτάζω τη λάσπη.

Κι ύστερα σιωπή. Μόνο τζιτζίκια.
Όλοι συγκεντρώνονται γύρω από το τραπέζι, κάνουν το
σταυρό τους κι αρχίζουν να τρώνε. Είναι το συμπόσιο της
φιλίας. Όχι εκείνο του Πλάτωνα, αλλά εκείνο της μοιρασιάς
και της συντροφικότητας. Κανείς δε σηκώνεται απ' το τρα-
πέζι χωρίς να έχει τραγουδήσει:

Τώρα τα πουλιά
τώρα τα χελιδόνια
τώρα οι πέρδικες...

Στην Ελλάδα ανέκαθεν τραγουδούσαν, γιατί η μουσική
αποκαθιστά την εσωτερική αρμονία. Οι αρχαίοι Έλληνες
είχαν εφεύρει μια μουσική επιστήμη σύμφωνα με την ο-
ποία σε κάθε σεβντά της ψυχής αντιστοιχούσε μια μελωδία

180

προορισμένη να τον θεραπεύει. Χάρη στην ελεγεία, εξέφραζαν τη θλίψη και τη μελαγχολία τους με μοναδική συνοδεία έναν αυλό. Κάτω από τα πλατάνια της Αγίας Αγάθης οι πίπιζες έχουν αντικαταστήσει τον αυλό και η ελεγεία έχει παραχωρήσει τη θέση της στο τραγούδι του Γιώργου και στην όμορφη, γλυκιά και παραπονιάρικη φωνή του: «Σ' αγαπώ, σ' αγαπώ γιατί είσαι ωραία, σ' αγαπώ γιατί είσαι εσύ». Τα ανθρώπινα συναισθήματα που κυριαρχούσαν εδώ και διακόσια ή δύο χιλιάδες χρόνια σ' αυτά τα ίδια βουνά δεν έχουν αλλάξει και πολύ, ούτε ο τρόπος που εκφράζονται. Οι καρδιές ανυψώνονται, τα κορμιά υψώνονται κι εγώ ονειρεύομαι. Χιλιάδες αρώματα, εικόνες και νότες βομβαρδίζουν το κορμί μου, δεν έχω πια φωνή, είμαι εξουθενωμένος, αλλά ευτυχισμένος ως τα τρίσβαθα της ψυχής μου. Σε μερικές ώρες θα βγάλω τη φορεσιά των προγόνων μου και θα πάρω το δρόμο για την Αθήνα. Μετά αεροδρόμιο και πτήση 206 της Ολυμπιακής. Τη Δευτέρα στο Παρίσι έχω την πρώτη σύσκεψη της σεζόν. Εννιά η ώρα το πρωί στα γραφεία του TF1 για τη συνέντευξη Τύπου του νέου προγράμματος. Μέσα μου κρυφά ο υπόκωφος ήχος του νταουλιού οδηγεί ακόμα τα βήματά μου. Η ζωή είναι μια μεγάλη γιορτή.

ΟΙ ΟΛΥΜΠΙΑΚΟΙ ΑΓΩΝΕΣ

Ή

Πῶς οι Έλληνες ξεπερνούσαν τον εαυτό τους

Από την αρχαιότητα οι Ολυμπιακοί Αγώνες ήταν τόσο από σωματικής όσο και πνευματικής άποψης η γιορτή της ανθρώπινης φύσης, του θαύματος που λέγεται ανθρώπινη ύπαρξη. Στην πραγματικότητα, οι αγώνες αυτοί δεν είναι παρά η γιορτή της ζωής.

MAPTIN ΣΚΟΡΤΣΕΖΕ

 ΠΑΝΕ ΓΥΡΩ ΣΤΑ ΔΕΚΑ ΧΡΟΝΙΑ που περνάω ένα Σαββατοκύριακο το χρόνο στην Ολυμπία. Η ξαδέρφη μου η Καλλιόπη μένει στην ιστορική αυτή πόλη της Πελοποννήσου από τότε που παντρεύτηκε τον αγαπημένο της Κώστα, έναν κοσμηματοπώλη της περιοχής. Στην Ολυμπία οι κάτοικοι ζουν κυρίως από τον τουρισμό. Η πόλη, φωλιασμένη στην καρδιά μιας εύφορης τοποθεσίας, πλούσιας σε βλάστηση, θεωρείται η κοιτίδα των Ολυμπιακών Αγώνων. Εκεί βρίσκει κανείς το Αρχαιολογικό Μουσείο, με πλούσια εκθέματα, το Μουσείο Σύγχρονων Ολυμπιακών Αγώνων και τη Διεθνή Ολυμπιακή Ακαδημία, καθώς και ένα μικρό στάδιο που κρύβει όλα τα μυστικά των αρχαίων. Δεν είμαι ειδικός στην ιδιαίτερα σύνθετη

185

ασιατική τέχνη (πολύ της μόδας στα σύγχρονα σαλόνια) που λέγεται Φενγκ Σούι και συνίσταται στην οργάνωση του χώρου με τέτοιο τρόπο ώστε να διευκολύνει τη ροή της κοσμικής ε- νέργειας, αλλά αυτό που εκπέμπει το αρχαίο στάδιο, διαστά- σεων μόλις 200 × 30 μέτρων περίπου, σε αναζωογονεί εκπλη- κτικά και σε γαληνεύει. Σ' εκείνο τον αρχαίο τόπο λατρείας του Δία υπάρχει διάχυτο ένα απίστευτο αίσθημα ευφορίας. Σί- γουρα επειδή, όταν οι Έλληνες ανέγειραν τους ναούς και τα άλλα τους οικοδομήματα, ενδιαφέρονταν πρωτίστως για το φυσικό περιβάλλον. Η επιλογή της κατάλληλης τοποθεσίας, οι διαστάσεις, οι κοσμικές και οι γήινες δυνάμεις, τα μαγνητικά πεδία και η έκθεση στον αέρα και το νερό ήταν καθοριστικής σημασίας για την επιτυχία του όλου έργου.

Στην Ολυμπία ανακάλυψα την ευχαρίστηση του να τρέ- χω ξυπόλυτος. Όχι όπως τρέχουμε στα καυτά βότσαλα της παραλίας, με μια πετσέτα του μπάνιου στον ώμο, την κοιλιά

Τι νούμερο παπούτσι φορούσε ο Ηρακλής;

Ο θρύλος θέλει να οφείλονται στον Ηρακλή όχι μόνο οι Ολυμπιακοί Αγώνες, αλλά και οι διαστάσεις του ομώνυμου σταδίου.

Λέγεται μάλιστα ότι προκειμένου να ορίσει το μήκος του τελευταίου τοπο- θέτησε 600 φορές τα πέλματά του το ένα μπροστά από το άλλο. Λαμβάνοντας υπόψη ότι το μήκος του σταδίου είναι ακριβώς 192,27 μέτρα, οδηγούμαστε στο εύλογο συμπέρασμα ότι ο ήρωάς μας φορούσε 48 νούμερο παπούτσι!

ρουφηγμένη, το στήθος προτεταμένο και με ύφος δήθεν α-
νέμελου πλεϊμπόι. Όχι, εδώ θέλω να σας μιλήσω για εκείνη
τη μοναδική αίσθηση που σου δίνει το τρέξιμο στο στίβο ε-
νός σταδίου χτισμένου πριν από δύο χιλιάδες οχτακόσια
χρόνια. Στην Ολυμπία λοιπόν επιδόθηκα για πρώτη φορά
στην άσκηση πριν από μερικά χρόνια, στο τέλος κάποιου
Σεπτέμβρη, γύρω στις πέντε το πρωί. Έχοντας ξυπνήσει κα-
ταμεσής της νύχτας, ούτε κι εγώ ξέρω για ποιο λόγο, βγήκα
να περπατήσω, για να ξεμουδιάσω το σώμα και το πνεύμα
μου. Περνώντας μπροστά από το στάδιο, μου φάνηκε πως
δέχτηκα ένα κάλεσμα. Τίποτα το υπερφυσικό, μάλλον ένα
σωματικό κάλεσμα, κάτι σαν μαγνητική έλξη. Χωρίς να ξέ-
ρω γιατί, ξεπαπουτσώθηκα μέσα στο άδειο στάδιο και βάλ-
θηκα να τρέχω ήρεμα με μικρές δρασκελιές. Μοναδική μου
συντροφιά, ο έναστρος ουρανός, που γινόταν όλο και πιο
φωτεινός καθώς βαφόταν από τα αχνά χρώματα της αυγής.
Όλοι μου οι μύες μπήκαν σιγά σιγά σε λειτουργία κι είχα την
αίσθηση ενός χαδιού στις πατούσες μου: μικρά σημάδια ευ-
γνωμοσύνης εκ μέρους αυτής της γης όπου αιώνες τώρα ά-
φηναν τα ίχνη τους εκατομμύρια ανθρώπινες υπάρξεις. Εκεί-
νο το πρωινό άκουσα το κορμί μου για πρώτη φορά. Κάθε
μου νεύρο, κάθε τένοντας, κάθε μυς, κάθε ανάσα και κάθε
χτύπος της καρδιάς μου απαντούσε στο κάλεσμα αυτής της
γης. Ήμουν ένας ασήμαντος κόκκος άμμου κι όλη η ιστο-
ρία του κόσμου βρισκόταν κάτω απ' τα πόδια μου. Μια σιω-
πηλή γη ποτισμένη με ιδρώτα και αίμα.

Σ' αυτά ακριβώς τα χώματα οι αρχαίοι επιχειρούσαν να ξεπεράσουν τα όριά τους. Κάθε τέσσερα χρόνια οι αθλητές, που έπρεπε να είναι ελεύθεροι πολίτες και να μην είχαν βρεθεί ποτέ αντιμέτωποι με τη δικαιοσύνη, ξανασυναντιόνταν εδώ για να δοκιμαστούν σε διάφορα αγωνίσματα: την ιππασία, την πάλη, τη δισκοβολία, τον ακοντισμό, το τρέξιμο κ.λπ. Οι αθλητές ήταν γυμνοί (κάτι που δε θα άρεσε στους σημερινούς σπόνσορες!), γεγονός που ίσως εξηγεί το γιατί οι γυναίκες δεν είχαν δικαίωμα συμμετοχής στους αγώνες. Η έννοια της εβραιοχριστιανικής αιδώς δεν ήταν ακόμα γνωστή και η λατρεία του σώματος έφτανε στο απόγειό της εκείνες τις λίγες μέρες στην Ολυμπία. Όσο αφορά τους νικητές, τους απονεμόταν ο κότινος, είχαν το δικαίωμα να δουν τον εαυτό τους απαθανατισμένο από τους μεγαλύτερους γλύπτες της εποχής και έπαιρναν ένα εισιτήριο για την αιωνιότητα, χάρη κυρίως στο λυρικό ποιητή Πίνδαρο, του οποίου οι ωδές αναφέρονται σε πολλά αθλητικά επιτεύγματα. Όσο για τους ζαβολιάρηδες που παρέβαιναν τους κανόνες, αυτοί αποβάλλονταν από τους αγώνες και υποχρεώνονταν να πληρώσουν βαρύτατα πρόστιμα, με τα χρήματα των οποίων κατασκευάζονταν αγάλματα του Δία, που στήνονταν στην είσοδο του σταδίου.

Οι αγώνες όμως δεν ήταν αφιερωμένοι αποκλειστικά στον αθλητισμό. Καθώς διεξάγονταν στην Ολυμπία, που είχε προστάτη τον Δία, δινόταν πρωτίστως η ευκαιρία να τιμηθεί ο θεός· αξίζει να σημειωθεί ότι για να έχει ένας αθλητής το δικαίωμα να συμμετάσχει στους αγώνες έπρεπε να μην είχε δια-

πράξει ποτέ ιεροσυλία α-
πέναντι στους θεούς. Στο
περιθώριο των αγώνων γί-
νονταν επίσης διαγωνισμοί
ποίησης, ρητορικής και φι-
λοσοφίας, καθώς και θυ-
σίες και ιεροτελεστίες, οι
οποίες φανέρωναν ότι για
τους αρχαίους ο αθλητι-
σμός είχε και θρησκευτική
διάσταση.

Η γύμνια χωρίς ταμπού

Η γύμνια στην αρχαία Ελλάδα δεν ήταν ταμπού. Οι αθλητές αγωνίζονταν γυμνοί και είναι ακριβώς από τη λέξη «γυμνός» που έλκουν την καταγωγή τους λέξεις όπως «γυμναστική», «γυμνάσιο», «γυμναστής» κ.λπ.

Σ' αυτή τη θρησκευτική διάσταση ωστόσο ερχόταν να προστεθεί και μια πολιτική. Γιατί τα Ολύμπια, που γίνονταν κάθε τέσσερα χρόνια, έδιναν την ευκαιρία στις ελληνικές πόλεις-κράτη, που συχνά βρίσκονταν σε πόλεμο μεταξύ τους, να σταματήσουν τις εχθροπραξίες και να κηρύξουν ανακωχή. Στο πλαίσιο της ιερής αυτής ανακωχής αναστελλόταν ντε φάκτο κάθε πολεμική δραστηριότητα, πράγμα που ε-πέτρεπε στους αθλητές και στους ανθρώπους των γραμμά-των και των τεχνών να ταξιδέψουν στην Ολυμπία με ασφά-λεια. Εκείνη η «ολυμπιακή ειρήνη» διαρκούσε από έναν ως τρεις μήνες, ανάλογα με τις εποχές, και γινόταν γενικά σε-βαστή από όλους.

Η ιδέα του αθλητισμού ως φορέα ειρήνης και μη βίας δεν είναι καινούρια, έστω κι αν το κάλεσμα σε ολυμπιακή ανακω-χή (που επανήλθε στο προσκήνιο με την ευκαιρία των χειμε-ρινών Ολυμπιακών Αγώνων του Λίλεχαμερ της Νορβηγίας το

1994) παραμένει νεκρό γράμμα για τις περισσότερες χώρες ή εμπόλεμες περιοχές. Πριν από μερικούς αιώνες άνθρωποι που δε γνώριζαν πως μια μέρα θα περπατούσαμε στο φεγγάρι φρόντιζαν να εξασφαλίζουν την εκεχειρία, από αγάπη και σεβασμό στον αθλητισμό. Πρόσφατα διάβασα μια σοφή δήλωση του κυρίου Κόφι Ανάν, γενικού γραμματέα του ΟΗΕ, της οποίας το πνεύμα είναι πολύ κοντά στη φιλοσοφία των Ελλήνων: «Ο αθλητισμός έχει προ πολλού αποδείξει ότι είναι ικανός να γεφυρώσει τις εθνικές, τις πολιτικές, τις φυλετικές και τις πολιτισμικές διαφορές. Ο αθλητισμός είναι ένα μέσο που ενθαρρύνει την κατανόηση μεταξύ των λαών, ένα παιδαγωγικό μέσο ανοιχτό σε όλο τον κόσμο. Μπορεί να αποδειχτεί ιδιαίτερα αποτελεσματικό όταν χρησιμοποιείται για να εμφυσήσει στα παιδιά και τους νέους τις οικουμενικές αξίες της ανοχής και του σεβασμού προς τον πλησίον. Αποτελεί επίσης ένα εξαιρετικό όπλο στη μάχη κατά των διακρίσεων και της βίας».

Αφού λοιπόν δεν μπορούμε να πείσουμε εκείνους τους άπληστους αρχηγούς κρατών και κυβερνήσεων να κάνουν κάτι για να μην αλληλοσκοτώνονται οι λαοί τους, αφού δεν μπορούμε να αλλάξουμε τον κόσμο, ας μην αφήσουμε τουλάχιστον τη βία να μας αλλάξει. Ας μάθουμε στα παιδιά μας να σέβονται το ένα το άλλο στην αυλή του σχολείου και στη γειτονιά τους, στους μικρόκοσμους που αποτελούν το πρώτο αντιπροσωπευτικό δείγμα της κοινωνίας, με τις χαρές και τα βάσανά της. Ένας χαμένος νέος, που δεν τα 'χει καλά με τον εαυτό του, μπορεί να απειλήσει τους συμμαθητές του, να σπάσει διακόσια κεφάλια και να κάψει άλλα τόσα αυτοκίνητα –

τίποτα δε θα σβήσει το μίσος που βασανίζει την καρδιά και το πνεύμα του. Αν όμως μπορεί να ξεπεράσει τον εαυτό του στο κακό, μπορεί να τον ξεπεράσει και στο καλό.

Οι Έλληνες σκότωναν το μίσος με την προσπάθεια. Ήταν μια από τις βασικές αρχές της διαπαιδαγώγησής τους. Το να εκπαιδεύεις ένα παιδί στην αρχαία Ελλάδα σήμαινε κυρίως να το προετοιμάζεις για το χρίσμα του πολίτη σε μια δημοκρατική πολιτεία. Ένας τέτοιος πολίτης έπρεπε να είναι καλός καγαθός και υπό αυτό το πρίσμα ο αθλητισμός έπαιζε σημαντικότατο ρόλο. Γιατί η άσκηση δεν επιδρά ευεργετικά μόνο στο σώμα (δύναμη, αρμονική ανάπτυξη), αλλά και στο πνεύμα (αυτοπειθαρχία, αυθυπέρβαση).

Σήμερα, όπως και στο παρελθόν, ο αθλητισμός συνιστά ιδανικό μέσο για την εκτόνωση της βίας. Πρέπει να μάθουμε τα παιδιά να κατεβαίνουν στην αρένα, όπου το να συμμετέχουν είναι πιο σημαντικό από το να κερδίζουν· όπου το να ξεπερνούν τον εαυτό τους είναι πιο σημαντικό από το να εξουδετερώνουν τον αντίπαλο με κάθε τρόπο. Δείξτε τους πώς να ξυπνήσουν τη δύναμη που έχουν μέσα τους και δεν το ξέρουν, μάθετέ τα να ακούν κάθε χτύπο της καρδιάς τους, να χρησιμοποιούν κάθε τους μυ και το μυαλό τους, να αγωνίζονται για να νιώσουν την ευχαρίστηση όντας καλά με τον εαυτό τους. Πείτε τους πως μπορούν να έχουν τη δική τους θέση στον αγώνα της ζωής και πως στον κόσμο αυτό υπάρχει θέση για όλους. Ανάψτε τη δάδα που θα τα κρατήσει σε εγρήγορση, που

191

θα αναμοχλεύσει την περιέργειά τους, που θα τα βοηθήσει να μη χαθούν στην ομίχλη. Ας θυμούνται πως ο Προμηθέας έκλεψε τη φωτιά από τους θεούς για να γίνει κύριος του εαυτού του.

Ο Σπύρος ήταν εκείνος που μου μίλησε πρώτος για τον Προμηθέα. Μία φορά το χρόνο, συνήθως στο τέλος του χειμώνα, όταν η σκοτεινιά και οι αγωνίες αρχίζουν να εγκαταλείπουν τη γη, όταν ο ήλιος ξαναπαίρνει την ανοδική του πορεία και οι μέρες μεγαλώνουν, ο παππούς μου άναβε στην καρδιά της νύχτας μια μεγάλη φωτιά, για να τιμήσει εκείνον που την έφερε στους ανθρώπους – τον Προμηθέα. Και μια μέρα που του έλεγα ότι στο σχολείο μού είχαν μάθει πως η πρώτη σπίθα είχε παραχθεί κατά τύχη από πιθηκάνθρωπους, που έτριβαν τσακμακόπετρες και χαλίκια στο βάθος της προϊστορικής τους σπηλιάς, ο Σπύρος ξέσπασε σε γέλια. Πολλοί άνθρωποι φοβούνται την αλήθεια, μου εξήγησε, και τους βολεύει να πιστεύουν στο τυχαίο. «Οι Έλληνες ωστόσο δεν άφηναν τίποτα στην τύχη», πρόσθεσε. Σήμερα είμαι βέβαιος πως πράγματι ο Προμηθέας έκλεψε τη φωτιά από τους θεούς για να μας τη φέρει. Δεν είδα ποτέ τον Σπύρο να χορεύει γύρω από την πυρά που άναβε παρέα με τους καλύτερούς του φίλους, δεν τον είδα ποτέ να πηδάει πάνω από τις φλόγες, μεθυσμένο απ' το κρασί και το αίσθημα της ελευθερίας. Αλλά τον φαντάζομαι να χαϊδεύει τις πύρινες γλώσσες, να εξαγνίζει την ψυχή του και να ρουφάει τη ζωή ως την τελευταία της σταγόνα. Έτσι ζούσε ο παππούς μου.

Ο Προμηθέας πάντως δε βρίσκεται σ' αυτό το σημείο τυχαία. Αν τον επικαλέστηκα, τόσο εκείνον όσο και τη φωτιά του, είναι λόγω της Ολυμπιακής Φλόγας, αυτής της ιερής φλόγας που έκαιγε στο βωμό της θεάς Εστίας στην Ολυμπία καθ᾽ όλη τη διάρκεια των αγώνων. Η Ολυμπιακή Φλόγα είναι μια από εκείνες τις εικόνες που έχουμε την εντύπωση ότι μας ήταν ανέκαθεν γνωστές χάρη στην τηλεόραση. Κι όμως, θα χρειαστούν αιώνες μέχρι να ξανανάψει. Μόλις το 1896 ο βαρόνος Πιερ ντε Κουμπερτέν αποφασίζει με τη βοήθεια του Δημητρίου Βικέλα να αναβιώσει τους αγώνες της αρχαιότητας και οργανώνει τους πρώτους σύγχρονους Ολυμπιακούς Αγώνες. Αλλά θα χρειαστεί να περιμένουμε μέχρι το 1928 και τους αγώνες του Άμστερνταμ για να ξαναδούμε τη φλόγα να καίει σ᾽ όλη τη διάρκεια της διοργάνωσης. Όσο για την πρώτη αφή και μεταφορά της όπως την ξέρουμε σήμερα, έγινε το 1936, πριν από την έναρξη των Ολυμπιακών του Βερολίνου.

Οι εικόνες αρχείου εκείνων των αγώνων, τρία χρόνια πριν ξεσπάσει ο Β΄ Παγκόσμιος πόλεμος, έχουν μια απίστευτη δύναμη: ο Χίτλερ, υπεροπτικός μέσα στη στρατιωτική του στολή, ο άριος χαιρετισμός του παραληρούντος πλήθους, το ανυπότακτο βλέμμα απέναντι στο δικτάτορα ενός μαύρου αθλητή, του Τζέσε Όουενς, που

Όταν έκαιγε η φλόγα...

Στην Αθήνα, κατά τη διάρκεια της γιορτής των Παναθηναίων, γινόταν λαμπαδηδρομία – κάτι σαν σκυταλοδρομία με πυρσούς, που ξεκινούσε από το ιερό του Προμηθέα και τερμάτιζε στο ναό της Αθηνάς στην Ακρόπολη. Σαράντα νέοι έπαιρναν διαδοχικά τη λαμπάδα, φροντίζοντας να μη σβήσει η φλόγα της αγνότητας.

αγωνίζεται λυσσαλέα αποσπώντας τέσσερα μετάλλια από τις ναζιστικές χώρες. Ωθούμενος από μια άνευ προηγουμένου δίψα για ελευθερία, ο αθλητής ταπεινώνει τον Χίτλερ επιδεικνύοντας τη σφιγμένη γροθιά του.

Δεν ήξερα πια πόση ώρα έτρεχα ξυπόλυτος στο αρχαίο στάδιο της Ολυμπίας. Όταν σταμάτησα, ήμουν μούσκεμα στον ιδρώτα. Τα ασημένια φύλλα των λιόδεντρων, σκεπασμένα με δροσοσταλίδες, άστραφταν στον ήλιο. Δεν αισθανόμουν πλέον τα πόδια μου, αλλά ήμουν ευτυχισμένος. Είχα ονειρευτεί έναν άλλο κόσμο, όπως στο τραγούδι των Téléphone, «Όπου η γη θα ήταν στρογγυλή και το φεγγάρι θα ήταν ξανθό...».

Μερικά χρόνια αργότερα, το 2000, παραβρέθηκα στην τελετή αφής της Ολυμπιακής Φλόγας που θα έπαιρνε το δρόμο για το Σίντνεϊ. Είναι η ίδια τελετή που θα γίνει στα τέλη Μαΐου 2004, ακριβώς εξήντα μέρες πριν από την έναρξη των αγώνων της Αθήνας. Η επιστροφή του ολυμπισμού στην ιστορική του κοιτίδα είναι ένα ραντεβού που δεν πρέπει να χάσει κανείς. Φαντάζομαι ήδη τη βραδυκίνητη πομπή των ιερειών με το προσηλωμένο βλέμμα και τους κρεμ πτυχωτούς μανδύες· τις ακούω να απαγγέλλουν σε αρχαία ελληνικά, συνοδευόμενες από το μεθυστικό ρυθμό του τυμπάνου· τις βλέπω να κάνουν επικλήσεις στον ήλιο, ανάμεσα στα ερείπια του Ηραίου. Η φλόγα θα ανάψει χάρη σε μια πηγή θερμότητας που εξασφαλίζει η αντανάκλαση του ήλιου

194

πάνω σε ένα κοίλο κάτοπτρο. Η ολυμπιακή δάδα, σε σχήμα φύλλου ελιάς, θα μεταφέρει με τη βοήθεια χιλίων πεντακοσίων λαμπαδηδρόμων την ουρανόπεμπτη φλόγα και στις πέντε ηπείρους, μια ιστορική πρεμιέρα. Στις 13 Αυγούστου 2004 το ταξίδι της θα φτάσει στο απόγειό του με το άναμμα της ιερής φλόγας στο Ολυμπιακό Στάδιο της Αθήνας, που θα σηματοδοτήσει την έναρξη των 28ων Ολυμπιακών Αγώνων, της πρώτης ολυμπιακής διοργάνωσης της νέας χιλιετίας. Μια ανάσα ειρήνης σε έναν τρελό κόσμο, μια σπίθα ελπίδας μέσα στην καταχνιά της ματαιοδοξίας.

Οι Έλληνες θα είναι όλοι εκεί. Ενωμένοι. Οργανωμένοι. ΑΙΣΙΟΔΟΞΟΙ. Γιατί είναι χρέος μας απέναντι στην ιστορία, ως άξιων επιγόνων αυτών των γυμνών αθλητών που έτρεχαν για να ξεπεράσουν τα όριά τους...

Σ Κ Ε Ψ Η

Το να υπάρχεις και το να σκέφτεσαι δεν είναι παρά ένα και το αυτό.
ΠΑΡΜΕΝΙΔΗΣ

Η ΑΛΛΗΓΟΡΙΑ ΤΗΣ ΣΠΗΛΙΑΣ

Ή

Πώς να περάσεις από τη σκιά στο φως

Εφήμεροι· τι είναι κανείς και τι δεν είναι;
Ίσκιος ονείρου ο άνθρωπος.
Μα σαν τον βρει αίγλη θεόσταλτη,
φέγγος λαμπρό τον αγκαλιάζει,
κι είναι γλυκύτατη η ζωή του ανθρώπου. *
ΠΙΝΔΑΡΟΣ

ΤΗ ΝΥΧΤΑ ο Ζευς βγαίνει μεταμφιεσμένος. Περνάει ξυστά απ' τους τοίχους της πόλης έχοντας κρυμμένα σπρέι κάτω από το παλτό του. Προσοχή όμως, ο Ζευς δεν είναι ούτε κομμωτής ούτε συναχωμένος. Τα σπρέι του περιέχουν χρώματα, με τα οποία βάφει κρυφά τα πεζοδρόμια και τους τοίχους. Γιατί ο Ζευς είναι ένας σύγχρονος καλλιτέχνης που κλέβει τις σκιές της πόλης. Ο άνθρωπος αυτός, που φέρει το όνομα του πατέρα των θεών, μεταμορφώνεται όπως εκείνος σε ζώο, με ένα χαμηλό καπελάκι λεοπάρ στο

---

* Πίνδαρος, *Επίνικοι*, τόμ. Α', «Πυθιόνικοι», μτφ. Γιάννη Οικονομίδη, εκδ. Βάνια. (Σ.τ.Ε.)

201

κεφάλι. Ίχνη μέσα στη νύχτα, ζωγραφική υπό την επήρεια της αδρεναλίνης. Ο Ζευς ζωγραφίζει σκιές, όχι γκράφιτι (ό- ρος που προέρχεται από το ελληνικό γράφω). Δεν είδατε ποτέ σε παρισινό πεζοδρόμιο τη ζωγραφισμένη με ασημί χρώμιο σκιά ενός φαναριού, ενός σκουπιδοτενεκέ ή ενός στέγαστρου στάσης λεωφορείου;

Εγώ άρχισα να παρατηρώ αυτά τα άψυχα αντικείμενα α- πό τη στιγμή που ανακάλυψα τη σκιά τους ζωγραφισμένη στο έδαφος. Ο Ζευς, χωρίς να το ξέρει, με έμαθε να βλέπω δια- φορετικά την πόλη, τις γωνίες της, τις λεπτομέρειές της. Δε δίστασε να «περιποιηθεί» ακόμα και τη Γέφυρα Καρουσέλ, με αποτέλεσμα ο δήμος να χρειαστεί πέντε μέρες για να την καθαρίσει από τις μπογιές. Μένουν ακόμα κάποια ίχνη – θυ- μηθείτε το την επόμενη φορά που θα περάσετε από κει. Αιχ- μαλωτίζοντας τη σκιά του Πύργου του Άιφελ, ο Ζευς θα κα- ταταγεί σίγουρα από τις υπηρεσίες καθαριότητας του Πα- ρισιού στους πιο καταραμένους καλλιτέχνες της πόλης.

Σαν γιος του Κρόνου και της Ρέας, ο Παρισινός Ζευς υ- πογράφει με τον κεραυνό του: ένα νέφος από μεταλλική α- νεξίτηλη μπογιά, συνοδευόμενο από ένα Ζ (από το Ζευς, ό- χι από το Ζορό...). Ατράνταχτη απόδειξη ότι ο καλλιτέχνης έχει περάσει από κει. Το ελληνικό του όνομα εξηγεί ότι το χρωστάει σ' εκείνο το προαστιακό τρένο που παραλίγο να τον κάνει αλοιφή μια μέρα που διέσχιζε απρόσεκτα ένα τού- νελ. Το μεταλλικό θηρίο εφορμούσε ανελέητο καταπάνω του, αλλά εκείνος πρόλαβε να διακρίνει το όνομά του, γραμ- μένο με φωτεινούς ψηφιακούς χαρακτήρες στο ύψος της μηχανής: ZEUS. Αυτό θα πει να αγγίξεις το θάνατο. Ο θεός του κεραυνού τον γλίτωσε ίσως εκείνη τη μέρα, αλλά άφησε πάνω του τη σφραγίδα του για όλη την υπόλοιπη ζωή του.

Ο Ζευς δεν είναι ένα συνηθισμένο ψώνιο που παίζει κρυφτούλι με την αστυνομία. Ο Ζευς «γράφει» σκιές για να πολεμήσει το γκρίζο του πολιτικά ορθού. Οι σκιές του Δία δεν είναι ψυχές χαμένες σε μια πόλη-φάντασμα. Τα έργα αυτού του αυθάδους και μοναχικού εικοσιπεντάχρονου άντρα με κάνουν να σκέφτομαι τις σκιές για τις οποίες μιλάει ο Πλάτωνας στο μύθο της σπηλιάς: αντανακλάσεις των ονείρων και των ψευδαισθήσεών μας, ίχνη ενός άλλου κόσμου, εφήμερα φαινόμενα.

Την αλληγορία της σπηλιάς την ανακάλυψα στο μάθημα της φιλοσοφίας, στο λύκειο Εμανουέλ Μουνιέ στο Σατενέ Μαλαμπρί. Πρόκειται για μια ιστορία που μας διηγείται ο Πλάτωνας για να μας κάνει να συλλογιστούμε σχετικά με την κατάστασή μας: «Φαντάσου ανθρώπους σε μια υπόγεια κατοικία που να μοιάζει με σπηλιά και να έχει σε όλη της το πλάτος μια είσοδο ανοιχτή στο φως. Οι άνθρωποι αυτοί βρίσκονται εκεί από τα παιδικά τους χρόνια, δεμένοι από τα πόδια και το λαιμό, έτσι ώστε να μένουν ακίνητοι και να μην μπορούν να κοιτάξουν παρά μόνο μπροστά τους, καθώς η αλυσίδα τούς εμποδίζει να γυρίσουν το κεφάλι. Το φως τους έρχεται από μια φωτιά αναμμένη σε κάποιο ύψωμα, που βρίσκεται μακριά πίσω τους». Η φωτιά κάνει να προβάλλουν σκιές στα τοιχώματα της σπηλιάς. Είναι εκείνες των αντικειμένων που έχουν τοποθετηθεί μεταξύ της φωτιάς και των αλυσοδεμένων ανθρώπων.

Οι σκιές αυτές είναι το μόνο πράγμα που διακρίνουν οι φυλακισμένοι. Αλλά μην έχοντας δει ποτέ τα αντικείμενα από τα ο- ποία σχηματίζονται, τις συγχέουν με τα ίδια τα αντικείμενα και πιστεύουν ότι δεν υπάρχει τίποτ' άλλο για να δουν.

Για να συντομεύω και για ν' αποφύγω την κατά λέξη ερμη- νεία του κειμένου, που θα τη βρίσκατε ενδεχομένως βαρετή, αυ- τό που κατά τη γνώμη μου πρέπει να κρατήσει κανείς από αυ- τή την ιστορία είναι το ακόλουθο: οι φυλακισμένοι είναι θύματα της ψευδαίσθησης που δοκιμάζουν, όπως εμείς είμαστε θύ- ματα του φαίνεσθαι και των προκαταλήψεων. Οι αλυσίδες τους συμβολίζουν τα στερεότυπα που μας εμποδίζουν να προσεγγί- σουμε άλλες πηγές πληροφόρησης και μας κρατούν στην ά- γνοια. Οι βεβαιότητές μας, έστω κι αν έχουν κάτι το καθησυ- χαστικό, απέχουν πολύ από το να είναι πάντα σωστές κι εμείς, σαν τους κρατούμενους της σπηλιάς, καταλήγουμε συχνά δέ- σμιοι της φαινομενικότητας, την οποία συγχέουμε με την πραγ- ματικότητα. Ο φιλόσοφος μας καλεί να θεωρήσουμε τις σκιές απλώς και μόνο σκιές, τίποτα περισσότερο και τίποτα λιγότε- ρο. Μας καλεί επίσης να αποδεσμευτούμε από τις αλυσίδες μας με τη βοήθεια της αμφιβολίας και της περιέργειας.

Για να είμαι απόλυτα ειλικρινής, οι εικόνες αυτές που παρελαύνουν πάνω σ' έναν τοίχο και που δεν είναι παρά ει- κόνες μού υπενθυμίζουν ότι κι αυτό που βλέπετε στην τηλε- όραση δεν είναι παρά εικόνες. Μην τους δίνετε ούτε μικρό- τερες ούτε μεγαλύτερες διαστάσεις, δίνετέ τους την αξία που πραγματικά έχουν. Θα υπογραμμίσω μόνο τον εφήμερο χαρακτήρα τους, την παροδικότητά τους, το ότι η καθε-

Ζευς, ο Παντοδύναμος

Κατά τον Όμηρο, ο Δίας είναι ο πατέρας των θεών και των ανθρώπων, ο από-
λυτος κυρίαρχος. Για να κατακτήσει όμως την εξουσία χρειάστηκε να πολεμή-
σει τον ίδιο του τον πατέρα, τον Κρόνο.
Αυτός ο τελευταίος είχε φροντίσει να φάει όλα του τα παιδιά, επειδή κά-
ποιος μάντης τού είχε πει ότι ένα από αυτά θα τον εκθρόνιζε. Γλίτωσε μόνο ο
Δίας, τον οποίο πρόλαβε να κρύψει η μητέρα του. Κι όταν ο τελευταίος ενηλι-
κιώθηκε, υποχρέωσε τον Κρόνο να ξεράσει όλους τους αδερφούς και τις αδερ-
φές του – φαίνεται πως, παρά το μεγάλο χρονικό διάστημα που είχε μεσολα-
βήσει, ο στοργικός πατέρας δεν είχε προλάβει να χωνέψει τα βλαστάρια του...

μιά αντικαθίσταται, με τρόπο ανελέητο, από μια άλλη, πιο πρόσφατη, καλή ή κακή, αναλόγως. Έχω δουλέψει πολύ καιρό πίσω από μηχανήματα που φτιάχνουν εικόνες και γνωρίζω καλά τι απαιτείται για να τις γυρίσεις, να τις μαγνητοσκοπήσεις, να τις μοντάρεις, να τις σχολιάσεις. Η εικόνα μ' έχει ξαφνιάσει, μ' έχει πληροφορήσει, αλλά εξίσου συχνά μ' έχει εξαπατήσει. Μην εντυπωσιάζεστε από τη σοβαροφάνεια των παρουσιαστών και μην παραλείπετε να βλέπετε συγκεκριμένες τηλεοπτικές εκπομπές όπου το λόγο έχουν οι εικόνες – είναι πάντα πολύ διδακτικές. Εν καιρώ πολέμου το πρώτο θύμα είναι η εικόνα. Χτυπήματα «ακριβείας» στο Κόσοβο, παράπλευρες απώλειες στην πρώην Γιουγκοσλαβία, ομαδικοί τάφοι στην Τιμισοάρα, εκτελέσεις δικτατόρων στο

Η φιλοσοφία κατά τον Πλάτωνα

«Αν ρωτάμε σωστά, κάνοντας τις σωστές ερωτήσεις, οι άνθρωποι ανακαλύπτουν μόνοι τους την αλήθεια για το καθετί».

Για τον Πλάτωνα (428-347 π.Χ.), από τον οποίο δε σταμάτησε ποτέ να ε-μπνέεται η δυτική σκέψη, η φιλοσοφία δεν είναι άλλο από μια ανοδική πορεία προς την αλήθεια, που ωστόσο σχετίζεται λιγότερο με την κατάκτηση γνώσης και περισσότερο με την ανακάλυψη της αλήθειας που κατοικεί μέσα μας.

Κατά τον Πλάτωνα η ψυχή είναι αθάνατη και έχει ασχοληθεί και σε προη-γούμενη ζωή με τις αιώνιες αλήθειες, που ο ίδιος αποκαλεί Ιδέες. Στόχος λοι-πόν της φιλοσοφίας είναι η ανάκληση της ανάμνησης εκείνων των αληθειών.

Βουκουρέστι, επιπτώσεις από τους βομβαρδισμούς στο Ιράκ κινηματογραφημένες με υπέρυθρη κάμερα, ο χρόνος και τα γεγονότα μάς απέδειξαν πολλές φορές ότι η εικόνα μπορού-σε να γίνει ένα προπέτασμα καπνού, μια οφθαλμαπάτη. Μια εικόνα μπορεί να κρύβει άλλες. Σε μας εναπόκειται να πά-ρουμε τις αποστάσεις που πρέπει για να εκτιμήσουμε σωστά τα πράγματα και να μην παραπλανηθούμε. Δική μας δουλειά είναι να ελευθερωθούμε από τα δεσμά και να αποκτήσουμε πρόσβαση στη γνώση.

Δεν έγινα παρ' όλα αυτά πιο καχύποπτος απ' ό,τι πρέπει με την τηλεόραση. Μονάχα όταν θέλω να επινοήσω μια εικόνα επιβάλλω στον εαυτό μου τη μεγαλύτερη δυνατή διαύγεια. Τις κοιτάζω με ταπεινότητα και επιείκεια, ιδιαίτερα από τη μέρα που ξαναβρέθηκα στη φωλιά του κούκου, τη μέρα που ανακάλυψα τη σκιά του εαυτού μου –τον κύριο που είχε τη φωνή και το πρόσωπό μου στην τηλεόραση–, τη μέρα που συνειδητοποίησα ότι δε μου ανήκα πια, ότι στο εξής ήμουν στο έλεος των εκατομμυρίων ματιών που με παρακολουθούσαν από το σαλόνι τους την ώρα του απεριτίφ. Η εικόνα διχάζει, τρελαίνει, καθησυχάζει, γοητεύει, εξαπατά, πετσοκόβει, υπνωτίζει, μαγεύει, πλην όμως δεν είναι παρά μια εικόνα. Πρέπει ωστόσο να ομολογήσω ότι οι εικόνες της τηλεόρασης μου προξενούν ακόμα ρίγος, όταν ένας ειδικός απεσταλμένος βρίσκεται στην άλλη άκρη του πλανήτη για να μας πληροφορήσει, κάτω από συνεχείς βομβαρδισμούς, για τα όσα συμβαίνουν εκεί ή για να μας μεταδώσει ζωντανά το θρίαμβο ενός αθλητή ή μιας αθλήτριας σε μια διεθνή διοργάνωση· με συγκινούν βαθύτατα όταν παραμένουν αξιοπρεπείς και ειλικρινείς. Η τηλεόραση με κάνει ακόμα να ονειρεύομαι και το όνειρο αυτό θα προσπαθώ να το μοιράζομαι με τους άλλους όσο διάστημα θα εργάζομαι για τη μικρή οθόνη.

Υπάρχει όμως ένα πράγμα για το οποίο λυπάμαι πραγματικά. Που ο παππούς μου ο Σπύρος δε βρίσκεται πια μαζί μας για να με δει. Κι αυτό όχι επειδή έχω ανάγκη να αποδείξω στην οικογένειά μου κάτι, οτιδήποτε, σαν το παιδάκι που λαχταράει να δείξει στους μεγάλους ότι ξέρει να βάζει μπροστά το κουρδιστό του τρενάκι. Απλώς θα ήθελα να του μιλήσω με τα μάτια μου, μέσα από την κάμερα, για να ξέρει ότι τον σκέφτομαι μέσα από την καρδιά μου. Η ανακάλυψη της τηλεόρασης από τον Σπύρο είναι στην πραγμα-

τικότητα ένα από τα κλασικά ανέκδοτα της οικογένειας. Βρι-
σκόμαστε στα χρόνια αμέσως μετά τον Εμφύλιο πόλεμο κι
έχει εισαχθεί από την Ιταλία η πρώτη συσκευή τηλεόρασης
της περιοχής. Πρωτιά είχε το χωριό του παππού μου. Ο Σπύ-
ρος έχει πατημένα τα πενήντα και βάλε. Σενιαρίζεται, φοράει
τα κυριακάτικά του, χτενίζει το μουστακάκι του και ξανα-
στρώνει τα πυκνά του φρύδια πριν πάρει το δρόμο για το
καφενείο. Με το που βλέπει την ασπρόμαυρη εικόνα στη μι-
κρή οθόνη, παθαίνει σοκ. Με δάκρυα στα μάτια κάνει ένα
κέρασμα στους φίλους του. Αλλά δεν κουνιέται από την κα-
ρέκλα του. Κάθεται σαν καλός μαθητής, με το στήθος προ-
τεταμένο και το βλέμμα να πετάει σπίθες. Η παρουσιάστρια
είναι όμορφη. Ο Σπύρος (που είχε ιδιαίτερη αδυναμία στις
γυναίκες) θέλει να της αρέσει. Ξαφνικά, η ιδιοκτήτρια του κα-
φενείου ξεσπάει σε γέλια πίσω από τον πάγκο. «Α, μωρ' κα-
κομοίρη Σπύρο, θαρρείς πως η κοπέλα σε βλέπει;» Ο Σπύ-
ρος, φουρκισμένος, θα κάνει χρόνια να ξαναπατήσει σ' ε-
κείνο το καφενείο. Όλοι τού είχαν πει ψέματα, όλοι τον εί-
χαν κοροϊδέψει λέγοντάς του, πριν ανοίξουν τη μαγική οθό-
νη, πως «Η γυναίκα της τηλεόρασης σε βλέπει, Σπύρο, και
σ' ακούει, κοίτα μην πεις καμιά βλακεία!». Και ο Σπύρος δεν
είχε καταλάβει αμέσως πως η εικόνα δεν ήταν παρά μια σκιά.
Αν μπορούσα να γυρίσω πίσω στο χρόνο, θα εμφανιζόμουν
στη φωτεινή οθόνη εκείνου του ταπεινού καφενείου της Λευ-
κάδας μόνο και μόνο για να μπορέσω να του πω «Παππού,
σε βλέπω!». Σήμερα στην οικογένεια όλοι γελάνε ακόμα με
το περιστατικό· κι εγώ πονάω πάντα για εκείνον.

Δυο τελευταίες λέξεις σχετικά με την τηλεόραση, για να σας αποκαλύψω μια από τις μικρές μου απολαύσεις: να μπαίνω στο πετσί του ανώνυμου τηλεθεατή που κάνει ζάπινγκ καθισμένος αναπαυτικά στον καναπέ του, εισπνέοντας συγχρόνως την ωραία μυρωδιά του δείπνου που έρχεται από την κουζίνα. «Είναι έτοιμο!» να λέει εκείνη. «Έφτασα, αγάπη μου», να λέω εγώ, ξανανεβάζοντας τη δεξιά μου κάλτσα και χαμηλώνοντας ταυτόχρονα την ένταση της διαφήμισης που προωθεί κατεψυγμένο μουσακά... Όλοι βράζουμε στο ίδιο καζάνι.

Έχω φάει πάρα πολύ. Ταλιατέλες με φουά γκρα, συνοδευόμενες από ένα καλό Σατό λα Γκρας Ντιε του 1998. Κάθε άλλο παρά ασκητικό. Ένα τόσο βαρύ γεύμα παχαίνει. «Δεν είναι καλό για τη γραμμή σου, δεν είναι καλό για το ίματζ σου», μου λέει συχνά η Κέιτι, η Αγγλίδα ενδυματολόγος μου, η οποία μένει στη σκιά των πλατό. Να την πάλι αυτή, πάντα με ακολουθεί: η δημόσια εικόνα, αυτή που τραβάει τους προβολείς και τα φλας. Εγώ που δεν άντεχα το φως του ήλιου, τόσο εκτυφλωτικό για τα ασυνήθιστα μάτια του μικρού Παριζιάνου. Στην Ελλάδα ο ήλιος είναι πανταχού παρών... με εξαίρεση τη σκιά. Οι Έλληνες έπρεπε πάντα να μαθαίνουν να παίζουν και με το ένα και με το άλλο. «Οι Έλληνες είναι βιρτουόζοι της σκιάς», γράφει ο Άρης Φακίνος στο βιβλίο του *Η Ελλάδα*. Αυτοί, που δεν μπορούν να ζήσουν χωρίς τις αναζωογονητικές ακτίνες του ήλιου, «μετά το μπάνιο τρέχουν να χωθούν κάτω από την πιο κοντινή ομπρέλα, κάτω από ένα

Ο θεός Ήλιος

Ο θεός Ήλιος είναι η... ορντινάντσα του Δία. Κάθε πρωί, με την Ηώ να προπορεύεται, εμφανίζεται στην Ανατολή και διασχίζοντας τον ουρανό με το πύρινο άρμα του, που το σέρνουν τέσσερα φωτεινά άλογα, φτάνει ως τη Δύση.

Το βράδυ ποτίζει τα άλογά του στον Ωκεανό, τον οποίο περνάει με βάρκα (κατά τους αρχαίους ο Ωκεανός περιέβαλλε τη γη), για να ξαναβρεθεί το πρωί στην Ανατολή και να ξαναρχίσει από την αρχή το ταξίδι του.

πεύκο, μια ελιά, μια τέντα. Το καλοκαίρι, την ώρα της ιερής και απαραβίαστης σιέστας, καταφεύγουν σε μέρη προφυλαγμένα από τον ήλιο, στον κήπο τους, στο μπαλκόνι τους, στο υπόγειο, σε στενά περάσματα μεταξύ δύο σπιτιών όπου σχηματίζεται ρεύμα, αναζητώντας λίγη δροσιά». Οι Έλληνες γνωρίζουν τις βλαβερές συνέπειες του ήλιου και παίρνουν τα μέτρα τους. Όσο για τον τουρίστα που ξεροψήνεται από τη μία ως τις πέντε το απόγευμα, τον θεωρούν τρελό. «Τον ήλιο τον τιμούμε και δεν κάνουμε ποτέ αστεία μαζί του. Το υπερβολικό φως σκοτώνει το όνειρο», έλεγε ο Σπύρος, που λάτρευε να αποκοιμιέται στη σκιά της πλατύφυλλης μουριάς του, ενός δέντρου που είχε προσφέρει τον ίσκιο του σε τρεις τουλάχιστον γενιές.

Οι Έλληνες φοβούνται τον ήλιο, αλλά παράλληλα του έχουν και μια μυστική λατρεία. Οι σοφοί και οι μαθηματικοί της αρχαιότητας κατάλαβαν από πολύ νωρίς ότι ο ήλιος ήταν το κλειδί για πάρα πολλά πράγματα και ακριβώς χάρη στον ήλιο ο Θαλής (ξέρετε, εκείνος που διατύπωσε το περίφημο θεώρημα-εφιάλτη των μαθητών στο σχολείο) κατάφερε να μετρήσει μια πυραμίδα, εδώ και δύο χιλιάδες τετρακόσια χρόνια. Βασικά, περίμενε μέχρι το μήκος της σκιάς του ραβδιού του να εξισωθεί με το μήκος του ίδιου του ραβδιού. Και μετρώντας την ίδια ακριβώς στιγμή το μήκος της σκιάς της πυραμίδας, κατάφερε να υπολογίσει το ύψος της. Έπρεπε να σκεφτεί κανείς... Πρόκειται για τον ίδιο Θαλή που, χωρίς δορυφόρους και ηλεκτρονικούς υπολογιστές, προέβλεψε την έκλειψη Ηλίου της 28ης Μαΐου του 585 π.Χ. Λένε επίσης ότι βρίσκεται πίσω από τη διαίρεση του χρόνου σε τέσσερις εποχές και 365 μέρες.

Θαλής: πρακτικό πνεύμα ή «φευγάτος» σοφός;

Σχετικά με τον Θαλή υπάρχουν δύο ανέκδοτα, με το καθένα τους να δίνει και διαφορετική εικόνα του θρυλικού φιλοσόφου:

Το πρώτο αναδεικνύει το πρακτικό του πνεύμα: κάποια χρονιά ο Θαλής κατάφερε να προβλέψει, παρατηρώντας τη φύση, ότι η σοδειά από τις ελιές θα ήταν ιδιαίτερα πλούσια. Αγόρασε λοιπόν όλα τα ελαιοτριβεία της περιοχής και στη συνέχεια έκανε περιουσία νοικιάζοντάς τα στους συμπατριώτες του.

Μια άλλη φορά, πάλι, αποδείχτηκε μάλλον απρόσεκτος: την ώρα που περπατούσε με το κεφάλι ψηλά, για να παρατηρεί τα αστέρια, έπεσε μέσα σ' ένα λάκκο. Και τότε η δούλα που τον ακολουθούσε σχολίασε εύλογα: «Απορώ πώς μπορείτε να λέτε ότι βλέπετε τι υπάρχει στον ουρανό όταν δεν είστε ικανός να δείτε τι υπάρχει κάτω απ' τα ποδάρια σας!»

Μόνος. Τυλιγμένος στο φως της μέρας, μέσα στην απεραντοσύνη του Αιγαίου των Ελλήνων προγόνων μου, όπου ο χρόνος και οι σκιές ακινητούν. Απ' ό,τι θυμάμαι, στο χωριό Όλυμπος, καταφύγιο τριακοσίων ψυχών, ψηλά στα βουνά της Καρπάθου, άρχισα πραγματικά να εκτιμώ τη σύγχρονη ελληνική ποίηση. Οι αχτίδες του ήλιου, ζευγαρωμένες με τους θερμούς ανέμους του Αιόλου, πυρπολούσαν για μέρες τη σάρκα και το πνεύμα μου. Πέρασα δύο βδομάδες χωρίς να μιλάω, βυθισμένος στην ομορφιά του ανοιχτού ορίζοντα, του λευκού και του γαλάζιου, των κυμάτων και του ανέμου, του χρυσού και του ασημένιου, της άμμου και του άλικου. Δεκαπέντε μέρες διαβάζοντας ποίηση στον ίσκιο των λιόδεντρων, κουρνιασμένος μέσα σ' ένα γαλάζιο ξωκλήσι που μοσχοβολούσε λιβάνι, ακόμα και καθισμένος στην άκρη ενός γκρεμού, με τα πόδια στο κενό. Επί δύο βδομάδες ο ήλιος με ξεγύμνωνε σε κάθε μου βήμα κι εγώ προσπαθούσα να κρυφτώ πίσω από ξερολιθιές, στη σκιά ενός σοκακιού στρωμένου με μαρμάρινες πλάκες, κάτω από έναν πελώριο βράχο, μέσα στα φωτεινά μάτια εκείνων των γυναικών με τα σμιχτά φρύδια που ζύμωναν το ψωμί τους σιωπηλά και μου χαμογελούσαν. Το φως με άγγιζε, με διαπερνούσε, με αναγκάζε να κρατώ το ουσιώδες, να πετώ όλα τα άχρηστα στη θάλασσα, να μην αφήνω το λάφυρο για τη δηλητηριώδη σκιά.

Il y a aujourd'hui
Tant de lumière
Que les aveugles assis sur les blocs de pierre
L'ont entendue comme un trille d'oiseau.

Έγινε σήμερα τόσο φως
που οι τυφλοί
καθισμένοι στις πέτρες
τ᾽ ακούν σαν κελάϊδημα.

Θυμάμαι αυτό το ποίημα του Νικηφόρου Βρεττάκου, *Το Φως*, μεταφρασμένο στα γαλλικά από τον Αντρέα Κέδρο, που διάβαζα το πρωί αγναντεύοντας τη θάλασσα, σαν να ήμουν τρελός. Μετά από εκείνη τη σωτήρια απομόνωση, γιατρεύτηκα. «Δε γεννιόμαστε άνθρωποι, γινόμαστε» (Έρασμος). Ήμουν είκοσι χρονών.

Σάββατο, 8 Μαρτίου 2003. Σε δέκα μέρες γιορτάζεται η Παγκόσμια Ημέρα του Ήλιου. Είμαι σχεδόν τριάντα τεσσάρων χρονών. Αθήνα, Πλατεία Συντάγματος. Βρέχει. Καμιά τριακοσαριά άτομα, με τις ομπρέλες ανοιχτές, είναι συγκεντρωμένα μπροστά από ένα μεγάλο λευκό πανί, μήκους δύο μέτρων, τοποθετημένο πάνω σε μια εξέδρα. Σε λίγο θα αρχίσει η παράσταση. Περνούσαμε τυχαία από κει με την αδερφή μου τη Μαρία κι η περιέργεια μας έσπρωξε να ανακατευτούμε με το πλήθος. Η έναρξη γίνεται με τον παραδοσιακό τρόπο, υπό τους ήχους ενός ωραίου καλαματιανού. Πρώτος

Ξέρετε ότι...

...το θέατρο σκιών, εξαιρετικά δημοφιλές στην Ελλάδα, γεννήθηκε στην Κίνα, διέσχισε όλη την Ασία κι έφτασε μέχρι την Τουρκία, απ᾽ όπου το πήραν οι Έλληνες;

Θέατρο, ο κόσμος των ψευδαισθήσεων

Το θέατρο στην αρχαία Ελλάδα ήταν ένας θεσμός βαρύνουσας σημασίας.

Οι παραστάσεις δίνονταν σε καθορισμένο τόπο και χρόνο, στο πλαίσιο θρησκευτικών γιορτών.

Όσο αφορά τη λέξη «τραγωδία», προέρχεται από το τράγος + ωδή, γιατί αρχικά επρόκειτο για διθυράμβους που εκτελούσε χορός Σατύρων, που τους αποκαλούσαν τράγους.

Η λέξη «κωμωδία» προέρχεται από το κώμος + ωδή, όπου κώμος ήταν πομπή φαλλοφόρων αντρών.

Το θέατρο –«μίμησις πράξεως σπουδαίας και τελείας», κατά τον Αριστοτέλη– επέτρεπε στους θεατές να εκτονωθούν ταυτιζόμενοι με τα όσα διαδραματίζονταν επί σκηνής κι έτσι να φτάσουν στην πολυπόθητη κάθαρση.

Θα μπορούσε λοιπόν κανείς να πει ότι το θέατρο δε στόχευε απλώς στην ψυχαγωγία, αλλά και στη διατήρηση της κοινωνικής ισορροπίας και τάξης.

εμφανίζεται ο Καραγκιόζης, με τη μεγάλη καμπούρα του και το μακρύ του χέρι. Το πλήθος, που όλο και μεγαλώνει, τον υποδέχεται με χειροκροτήματα. Ο πρόδρομος του κινηματογράφου, το θέατρο σκιών, παραμένει πάντα ζωντανός. Με το ελληνικό θέατρο σκιών, τον Καραγκιόζη (όνομα που στα τούρκικα σημαίνει μαυρομάτης), γαλουχήθηκε η γενιά των γονιών μου, των παππούδων μου, των προπάππων μου και πάει λέγοντας. Μεγάλοι λαϊκοί καλλιτέχνες, όπως ο Σπαθάρης και ο Χαρίδημος, όργωναν επί χρόνια την Ελλά-

214

δα ψυχαγωγώντας τον πληθυσμό σε πλατείες χωριών, σχολεία και θέατρα. Αυτοί οι αριστοτέχνες των σκιών περνούσαν μέσω των περιπετειών του Καραγκιόζη φιλοσοφικά και πολιτικά μηνύματα, που ποίκιλλαν ανάλογα με τις εποχές. Ο ταλαίπωρος Έλληνας, φτωχοντυμένος, πονηρός και αδέκαρος, τα φέρνει βόλτα όπως όπως. Με τα πενιχρά μέσα που διαθέτει τα κουτσοβολεύει. Παρ' όλα αυτά, καταφέρνει να μη χάνει το κέφι του – και να φτιάχνει το δικό μας. Όταν ένας από τους γιους του του λέει «Μπαμπάκο, πεινάω», εκείνος απαντάει «Ε, φάε, γιε μου». «Μα δεν έχω τίποτα να βάλω στο στόμα μου, μπαμπάκο!» διαμαρτύρεται ο μικρός. «Ε, τότε μην τρως». Κοιτάζω γύρω μου· όλοι γελάνε σαν μικρά παιδιά. Κάτω από τη βροχή, που συνεχίζει να πέφτει, αρχίζω να γελάω κι εγώ. Ο Καραγκιόζης είναι σε μεγάλη φόρμα απόψε, στριφογυρίζει και κινείται πέρα δώθε, πίσω μπρος. Στην Ελλάδα οι μαριονέτες της πληροφορικής διασκεδάζουν στο δρόμο. Η αγορά του λαού. Με την έρρινη φωνή του ο καραγκιοζοπαίκτης σατιρίζει τον Μπιν Λάντεν, τον Τζορτζ Μπους, τον Μέγα Αλέξανδρο, τα μέσα μαζικής ενημέρωσης, ακόμα και το *Big Brother*! Η χάρτινη χρωματιστή φιγούρα παίρνει ζωή. Η σκιά φωτίζει το πρόσωπο εκείνου του μικροσκοπικού Έλληνα που στέκεται δίπλα μου, με μισό μέτρο μπόι, και μου ζητάει να τον πάρω στους ώμους μου, με το χαμόγελό του να δίνει χαρά σ' ολόκληρη την ανθρωπότητα.

215

ΤΟ ΚΥΚΝΕΙΟ ΑΣΜΑ ΤΟΥ ΣΩΚΡΑΤΗ

Ή

Πῶς νὰ μὴ φοβᾶσαι τὸ θάνατο

Κ<small>ΑΘΕ</small> ΤΟΣΟ έχω ανάγκη να πηγαίνω σε νεκροταφεία για να ξαναφορτώσω τις μπαταρίες μου. Όχι από νοσηρότητα, αλλά για να αποτίσω φόρο τιμής σε όσους δεν υπάρχουν πια. Τους δικούς μου, τους κοντινούς μου, τους φίλους μου, αλλά και όλους εκείνους τους αγνώστους που κείτονται κάτω απ' τη γη. Όταν επιστρέφω στο χωριό του πατέρα μου στην Ελλάδα, κρατώ πάντα την πρώτη επίσκεψη για τους νεκρούς. Ξαναβρίσκω τα ονόματά τους χαραγμένα πάνω σε πολυκαιρισμένες μαρμάρινες πλάκες, λεκιασμένες με λάδι ελιάς και λιωμένο κερί· όλους εκείνους στους οποίους δεν πρόλαβα να πω ότι τους αγαπούσα ή ότι δεν τους είχα αγαπήσει αρκετά. Μπόρεσα να συλλάβω την ιδέα του θανάτου από πολύ νωρίς, από τη στιγμή που είδα το όνομά μου –ουσιαστικά επρόκειτο για το όνομα του παππού μου, «ΝΙΚΟΣ ΑΛΙΑΓΑΣ»– σκαλισμένο στην ταφόπετρα

219

με μαύρα κεφαλαία γράμματα. «Ακόμα και νεκρός, έχεις τη θέση σου», μου έλεγε όταν πηγαίναμε να ανάψουμε τα καντήλια στους τάφους της οικογένειας. Σήμερα ανάβω εγώ το δικό του. Μια τόση δα φλογίτσα, που με συνδέει με την *ψυχή εκείνων που μ' έκαναν να περπατάω σήμερα στη γη.* Για μένα, το να τιμώ τους νεκρούς δεν υπήρξε ποτέ υποχρέωση, αλλά ανάγκη· ένας τρόπος για να διατηρώ την ψυχική μου ισορροπία και να απομυθοποιώ την απουσία.

Σύμφωνα με τη μυθολογία, ένας νεκρός δεν είναι ποτέ εντελώς νεκρός. Συνεχίζει να υπάρχει στον κάτω κόσμο, με τη μορφή ενός άυλου αντιγράφου αυτού που ήταν όσο ζούσε. Ορισμένοι ζωντανοί, όπως ο Ορφέας, που πήγε να βρει την Ευρυδίκη του, κατάφεραν να κατέβουν στον Άδη εφοδιασμένοι με εισιτήριο μετ' επιστροφής. Έκαναν το ταξίδι, αλλά επέστρεψαν.

Ο Πλάτωνας εξηγεί σε έναν από τους διαλόγους του, στον *Φαίδωνα*, ότι μερικές *ψυχές* επιστρέφουν από τον κάτω κόσμο για να ζήσουν μια καινούρια ζωή στη γη. Ωστόσο οι ψυχές αυτές δεν έχουν καμιά ανάμνηση της παραμονής τους στο βασίλειο των νεκρών, διότι πριν ξανάρθουν στη γη υποχρεώνονται να πιουν νερό από τη Λήθη, το ποτάμι που περιβάλλει τον Άδη.

Ακόμα και σήμερα ο νεκρός για τους Έλληνες είναι μέρος του κόσμου των ζωντανών. Η επίκληση ενός νεκρού δεν ενέχει τίποτα το τρομακτικό· αντίθετα, πρόκειται για μια καθησυχαστική παρουσία. Μιλάνε στη φωτογραφία του νεκρού, που τους κοιτάζει χαμογελαστός από το σερβάν, τον θυμιατίζουν, του φτιάχνουν κόλλυβα (τα οποία εγώ πασάρω κλασικά στη μικρή μου αδερφή τη Μαρία), μοιράζουν τα ρούχα του στους φτωχούς, οργανώνουν γιορτές στη μνήμη του.

Στην οικογένειά μου δεν κράτησαν ποτέ τα παιδιά μακριά από το θάνατο. Μια από τις πρώτες μου συναντήσεις μαζί του πραγματοποιήθηκε όταν πέθανε ο θείος μου ο Βασίλης, που ήταν και νονός μου. Οι γυναίκες είχαν πλύνει το σώμα του με κρασί και στη συνέχεια είχαν ξυρίσει και ντύσει τον νεκρό με την καλύτερή του φορεσιά. Ο Βασίλης κειτόταν

Οι επισκέπτες του Άδη

Προκειμένου ο Ηρακλής να φέρει σε πέρας τον τελευταίο από τους δώδεκα ά-θλους του, χρειάστηκε να κατέβει στον κάτω κόσμο για να δαμάσει τον Κέρβε-ρο. Επωφελήθηκε μάλιστα από την επίσκεψη αυτή για να απελευθερώσει τον Θησέα.

Αυτό τον τελευταίο τον κρατούσε αιχμάλωτο ο Άδης επειδή είχε θελήσει να του πάρει τη γυναίκα του την Περσεφόνη και να τη δώσει σε έναν από τους φίλους του.

Αλλά και ο Αινείας, την εποχή που κατευθυνόταν στην Ιταλία, όπου έμελ-λε να ιδρύσει τη Ρώμη, έκανε μια στάση στον κάτω κόσμο. Εκεί η σκιά του πα-τέρα του του αποκάλυψε το λαμπρό μέλλον της Ρώμης.

Ο Οδυσσέας, τέλος, κατέβηκε στον κόσμο των νεκρών προκειμένου να συμ-βουλευτεί το μάντη Τειρεσία, ο οποίος του προείπε ότι μια μέρα θα επέστρεφε στην Ιθάκη.

ξαπλωμένος στη μέση του σαλονιού, στο μεγάλο τραπέζι ό-
που άλλοτε δειπνούσαμε όλοι μαζί. Όλοι οι καθρέφτες του
σπιτιού είχαν καλυφθεί με σεντόνια. «Για να μην καθρεφτί-
ζεται ο θάνατος», έλεγε η γειτόνισσά μας, η Μαρία Μπα-
λαγιάννω. Οι άνθρωποι μπαινόβγαιναν και μιλούσαν μπρο-
στά στο άψυχο σώμα. Όλη τη νύχτα μαυροφορεμένες γυ-
ναίκες, που στην πλειοψηφία τους μου ήταν άγνωστες, πα-
ρέλαυναν για να θρηνήσουν και να απευθυνθούν στο νονό
μου, λες και ο δύστυχος ήταν ικανός να τους απαντήσει:
«Γιατί μας άφησες μονάχες, πρίγκιπά μου;», «Μίλα μας, για-
τί δε μας λες τίποτα;», «Οχ, τι πάθαμε! Έφυγε το παλικάρι
μας!», «Πού είσαι, Βασίλη;» και διάφορα τέτοια. Το θέαμα
ήταν εντελώς σουρεαλιστικό, περνώντας από το κωμικο-
τραγικό και φτάνοντας μέχρι το γκροτέσκο. Μου ζήτησαν να
βοηθήσω τα ξαδέρφια μου να τοποθετήσουν ένα δοχείο γε-
μάτο ρύζι και μια κανάτα με μέλι σε ένα τραπέζι στρωμένο
με μαύρο πανί. Ανταποκρίθηκα, χωρίς να κάνω ερωτήσεις.
Μου ζήτησαν επίσης να φιλήσω τον νεκρό, πράγμα που μου
προκάλεσε κάποια αποστροφή, γιατί το μέτωπό του ήταν
παγωμένο (ας με συγχωρέσει ο νονός μου).

Με τον καιρό, έμαθα τη σημασία του τελευταίου ασπα-
σμού. Σήμερα το φιλί της αδελφοσύνης και της αγάπης έχει
αντικαταστήσει το νόμισμα που οι αρχαίοι Έλληνες έβαζαν
μέσα στο στόμα του νεκρού (τον οβολό), για να μπορέσει να
πληρώσει τον Χάροντα, τον πορθμέα, που με τη βάρκα του
μετέφερε τις ψυχές στην άλλη όχθη της Στυγός (ποταμού του
Άδη), όπου βρισκόταν το βασίλειο των νεκρών. Οι πονηροί

Έλληνες είχαν επινοήσει τα διόδια πριν της ώρας τους. Ακόμα κι ένας νεκρός δεν μπορούσε να ταξιδεύει με άδειες τσέπες! Για να μιλήσουμε πιο σοβαρά, ο οβολός θεωρούνταν το τελευταίο συμβολικό δώρο που διευκόλυνε το ταξίδι του θανόντος. Αν η τελετή της κηδείας ολοκληρωνόταν χωρίς να τοποθετηθεί ένα νόμισμα στο στόμα του νεκρού, η ψυχή ήταν καταδικασμένη να περιπλανιέται επί έναν αιώνα χωρίς να βρίσκει τη γαλήνη, μέχρι οι δεσμοφύλακες του Άδη ν' αποφανθούν για την τύχη της. Έτσι καταλαβαίνουμε καλύτερα την επιμονή της Αντιγόνης, στην οποία αναφέρθηκα παραπάνω, να ενταφιάσει τον αδερφό της σύμφωνα με το τελετουργικό που απαιτούσαν οι θεοί. Γιατί ήξερε πως, αν άφηνε το πτώμα στα όρνια όπως την είχε διατάξει ο Κρέοντας, η ψυχή του δε θα γνώριζε ποτέ ανάπαυση.

Μετά την κηδεία του θείου Βασίλη γυρίσαμε στο σπίτι. Πάνω από την πόρτα της εισόδου είχαν κρεμαστεί μοβ και μαύρες κορδέλες. Οι άλλοι μου θείοι φορούσαν μαύρα περιβραχιόνια στο δεξί τους χέρι, ο ήλιος χτυπούσε πλέον κατακέφαλα και οι πενθοφορούσες γυναίκες σέρβιραν κονιάκ στα είκοσι περίπου άτομα που είχαν έρθει για να πιουν ένα τελευταίο ποτηράκι για το μακαρίτη. Πίνουν για την ψυχή εκείνου που ταξιδεύει προς την αιώνια γαλήνη. Ο θάνατος δεν είναι παρά ένας σταθμός. Ο ορθόδοξος ιερέας λέει: «Πού σου, θάνατε, το κέντρον; Πού σου, άδη, το νίκος;» Ακούω ακόμα τον πατέρα μου να απαντάει μέσα απ' τα δόντια του, με μια δόση πικρής ειρωνείας: «Ζωή, πού είναι η δική σου νίκη;»

ΝΙΚΟΣ ΑΛΙΑΓΑΣ

Γιατί ο Αντρέας πάντα φοβόταν το κενό του θανάτου, το χώμα στο οποίο μοιάζει να μετατρέπεται όλη η ζωή. Θυμάμαι τη μέρα που οι νεκροθάφτες έσκαβαν τον οικογενειακό τάφο για να ανοίξουν χώρο για το θείο και νονό μου. Σκάβοντας, είχαν φέρει στην επιφάνεια οστά άλλων μελών της οικογένειας που είχαν ταφεί εκεί. Στ' αφτιά μου ηχεί ακόμα η φωνή του πατέρα μου να μου λέει ταραγμένος: «Το φαντάζεσαι; Μια μέρα ένα δεκάχρονο τσογλάνι θα παίζει μπάλα μέσα στο νεκροταφείο με ένα από τα κόκαλά μου! Πού θα 'χει πάει όλη μου η ζωή;» Η αγωνία του πατέρα μου απέναντι στο θάνατο μπορούσε να εκδηλωθεί και με πιο αστείο τρόπο. Ο Αντρέας, που θα δυσκολευόταν να διαλέξει ανάμεσα στο αυτοκίνητό του και τη γυναίκα του αν ήταν να πάρει μαζί του σε ένα έρημο νησί είτε το ένα είτε το άλλο, μου λέει μια μέρα που περνούσαμε μπροστά από τη βιτρίνα μιας αντιπροσωπίας αυτοκινήτων που εξέθετε τα μοντέλα της αγαπημένης του γερμανικής μάρκας: «Όσο σκέφτομαι πως αυτά τα μοντέλα δε θα τα οδηγήσω ποτέ γιατί θα 'χω φύγει απ' αυτό τον κόσμο...» Το ξέσπασμα γέλιου που μου προκάλεσε η παρατήρησή του ήταν το καλύτερο φάρμακο κατά της θλίψης!

Τρέφω μεγάλη αγάπη για τον πατέρα μου, έστω κι αν μερικές φορές μας ήταν δύσκολο να επικοινωνήσουμε. Καταλαβαίναμε πάντα ο ένας τον άλλο χωρίς να μιλάμε. Πριν από μερικές βδομάδες πήγαινα με ταξί στο αεροδρόμιο. Βυθισμένος στις σκέψεις μου, ξαφνιάστηκα όταν είδα κατά τύχη τον πατέρα μου στο δρόμο, μόλις λίγα μέτρα μακριά μου. Το ύφος του ήταν πιο κουρασμένο απ' ό,τι συνήθως, πιο γε-

ρασμένο και, όσο για την περπατησιά του, θύμιζε Μαστρο-
γιάνι προς το τέλος της ζωής του. Κατέβασα το τζάμι και τον
φώναξα. Το ταξί μόλις είχε αναπτύξει ταχύτητα και δεν μπο-
ρούσε να σταματήσει σ' εκείνο το σημείο. Φώναξα λίγο πιο
δυνατά, αλλά ο Αντρέας δε γύρισε το κεφάλι. Η φωνή μου χά-
θηκε μέσα στην οχλοβοή του δρόμου. Αισθάνθηκα ένα δυ-
νατό τσίμπημα στην καρδιά. Ήταν σαν ο πατέρας μου να μην
ανήκε πια σε τούτο τον κόσμο, σαν να μην μπορούσε πια να
με ακούσει, σαν να ήταν πλέον αργά. Κι άρχισα να κλαίω
σαν μωρό. Με τέτοιους λυγμούς, που είχα να γνωρίσω από
τα παιδικά μου χρόνια. Η σύντροφός μου αμήχανη μου σκού-
πιζε τα δάκρυα, ο ταξιτζής ενοχλημένος με ρωτούσε αν ήμουν
εντάξει, εγώ όμως δεν μπορούσα να αρθρώσω ούτε μια ολο-
κληρωμένη πρόταση για να εξηγήσω το λόγο της λύπης μου.
Ξαφνικά, η ιδέα του θανάτου του πατέρα μου, που ποτέ πριν
δεν είχα σκεφτεί σοβαρά, είχε μισανοίξει την πόρτα της συ-
νείδησής μου. Συχνά ο θάνατος έρχεται την ώρα που κανείς
δεν τον περιμένει. Ο χαμένος χρόνος δεν κερδίζεται. Ας α-
γαπιόμαστε όσο είμαστε ζωντανοί.

Οι ελληνικές παραδόσεις δεν έχουν να προτείνουν κάποιο
μαγικό βοτάνι θεραπευτικό του πόνου και της θλίψης. Όταν
γίνεται ένας ενταφιασμός, οι συγγενείς του νεκρού δε συ-
γκρατιούνται, ουρλιάζουν και τραβάνε τα μαλλιά τους, κάτι
που δεν έχω συναντήσει ποτέ στη Γαλλία. Στην Ήπειρο λυ-
πήθηκα έναν πατέρα που έγδερνε το πρόσωπό του (όπως στην
αρχαιότητα). Οι μοιρολογίστρες με τις διαπεραστικές φωνές
ακολουθούσαν το ανοιχτό φέρετρο σαν πένθιμος χορός βγαλ-

μένος από κάποια τραγωδία του Σοφοκλή. Κι όμως, οι άνθρωποι περνούν εύκολα από το κλάμα στο γέλιο. Η παράδοση θέλει να ρίχνεται λίγο αγιασμένο λάδι μέσα στον τάφο, εν είδει τελευταίας προσφοράς, και μια μέρα είδα έναν παπά να χάνει την ψυχραιμία του πάνω από το φέρετρο, επειδή το βούλωμα του μπουκαλιού είχε σφηνώσει και δεν άνοιγε. Ακολούθησε γενικευμένη κρίση γέλιου – δεν ήξερα πού να κρυφτώ.

Στην Ελλάδα το πένθος μπορεί να πάρει διάφορα πρόσωπα που ξαφνιάζουν. Όταν επαναπατρίστηκε η σορός της Μελίνας Μερκούρη από τη Νέα Υόρκη (όπου είχε πάει για θεραπεία του καρκίνου της) και αφού στο αεροδρόμιο της αποδόθηκαν οι δέουσες τιμές, γίναμε μάρτυρες μιας άνευ προηγουμένου επικήδειας πομπής που συνόδευσε τη νεκρή ως το κέντρο της Αθήνας. Οι Έλληνες ήταν λυπημένοι, αλλά ξεχείλιζαν από περηφάνια. Εκατοντάδες χιλιάδες άντρες, γυναίκες και παιδιά είχαν σχηματίσει ένα «τιμητικό άγημα» πολλών χιλιομέτρων για ν' αποτίσουν ύστατο φόρο τιμής στη Μελίνα. Μια ανθρώπινη αλυσίδα, με μάτια γεμάτα δάκρυα, άρχισε να τραγουδάει *Τα Παιδιά του Πειραιά* και να χειροκροτεί καθώς το φέρετρο περνούσε από μπροστά της τοποθετημένο σε κιλλίβαντα και σκεπασμένο με την ελληνική σημαία. Κι εγώ σάστισα από εκείνο το «Καλό ταξίδι, Μελινάκι» που της απηύθυναν οι άνθρωποι, λες και επρόκειτο για καμιά βασιλομήτορα που χαιρετούσε τα πλήθη καθισμένη στο βασιλικό της θρόνο. Η Μελίνα όμως ήταν παιδί του λαού. Απλοί άνθρωποι είχαν κατέβει στους δρόμους για να ευχηθούν καλό ταξίδι στη δική τους Μελίνα, το τέκνο της Ελλάδας.

Μερικά χρόνια αργότερα, το Μάιο του 1998, χρειάστηκε να μεταφέρω τη σορό του φίλου μου Άρη Φακίνου στην Αθήνα. Το να χάνεις έναν αγαπημένο φίλο είναι αβάσταχτο. Τον συνοδεύσαμε στην πατρίδα του μαζί με τη Ροζαλίν, την πιστή του σύντροφο μέχρι τέλους. Δυσκολευόμουν να πιστέψω ότι ταξιδεύαμε με το ίδιο αεροπλάνο. Ο Άρης αναπαυόταν στο φέρετρό του κάπου στο χώρο των αποσκευών, ενώ εμείς καθόμασταν αναπαυτικά από πάνω του και κοιτάζαμε τη θάλασσα από το φιλιστρίνι του αεροπλάνου. Ήταν το τελευταίο κοινό μας ταξίδι στην Ελλάδα. Στο κοιμητήριο του Αμαρουσίου ο ποιητής θα ξανάβρισκε τον οικογενειακό τάφο όπου αναπαύονταν οι δικοί του. Μετά τα χρόνια της εξορίας ο άνθρωπος που είχε κυνηγηθεί από τη δικτατορία τη δεκαετία του '60 γυρνούσε στο σπίτι του. Ο Άρης ο απροσκύνητος, που μέσα στο μικρό του διαμέρισμα στο Μοντρέιγ με είχε μυήσει στην επικούρεια φιλοσοφία: «Προσπάθησε να εξοικειωθείς με την ιδέα ότι ο θάνατος δεν είναι τίποτα για μας, δεδομένου ότι κάθε καλό και κάθε κακό εδρεύει στις αισθήσεις· και θάνατος σημαίνει ολοκληρωτική στέρηση αυτών των τελευταίων», έλεγε ο Επίκουρος. «Η βεβαιότητα ότι ο θάνατος δεν είναι τίποτα για μας έχει ως συνέπεια να εκτιμάμε περισσότερο τις χαρές που μας προσφέρει η εφήμερη ζωή, καθώς αυτή δεν τους προσδίδει διάρκεια αέναη, αλλά αντίθετα χαλιναγωγεί την επιθυμία της αθανασίας. Στην πραγματικότητα, η κατανόηση του ότι ο θάνατος δεν έχει τίποτα το τρομακτικό καταργεί κάθε έννοια φόβου. Θα πρέπει λοιπόν να θεωρούμε ηλίθιο όποιον λέει ότι φοβόμαστε το θάνατο όχι επειδή μας θλίβει όταν έρχεται, αλλά επειδή υποφέρουμε ήδη στην ιδέα ότι κάποια μέρα θα έρθει. Όποιος διακηρύσσει ότι στον νέο ανήκει το να ζήσει καλά και στο γέρο το να πεθάνει καλά, είναι ανόητος, όχι μόνο επειδή η ζωή αγαπιέται εξίσου από νέους και γέρους, αλλά κυρίως επειδή όταν ζεις καλά πεθαίνεις και καλά. Κι ακόμα πιο ανόητος θα έλεγα ότι είναι εκείνος που ισχυρίζεται πως το καλύτερο θα ήταν να μη γεννιόμασταν καθόλου».

Επικουρισμός: μια φιλοσοφία της απόλαυσης

Ο Επίκουρος —που, μεταξύ άλλων, έχει δανείσει το όνομά του σε πολυάριθμα φαγάδικα ανά τον κόσμο— έζησε τον 4ο π.Χ. αιώνα.

Η φιλοσοφία του μας διδάσκει κυρίως ότι δεν έχουμε τίποτα να φοβηθούμε από το θάνατο, γιατί ο θάνατος είναι ένα τέλειο τίποτα: δεν είναι εκεί όταν εμείς υπάρχουμε και, όταν είναι εκεί, εμείς δεν υπάρχουμε πια.

Από την άλλη πλευρά, η οδός της σοφίας περνά για τον Επίκουρο μέσα από την αναζήτηση της ευχαρίστησης, που είναι το μεγαλύτερο αγαθό που μπορεί να εξασφαλίσει ο άνθρωπος. Η ευχαρίστηση αυτή ορίζεται ως απουσία πόνου και αγωνίας.

Για να είναι λοιπόν κανείς ευτυχής, αρκεί να μπορεί να ικανοποιεί τις πιο βασικές του ανάγκες (την πείνα, τη δίψα κ.λπ.). Πρόκειται για φυσικές ανάγκες, που είναι πολύ εύκολο να ικανοποιηθούν. Αντίθετα, το να κυνηγάμε συνεχώς ένα σωρό μη απαραίτητα πράγματα (πλούτο, ισχύ, δόξα κ.λπ.) δεν οδηγεί παρά στη δυστυχία, αφού, όταν ο άνθρωπος προσκολλάται σ' αυτά, δεν είναι ποτέ ικανοποιημένος.

Σήμερα λέμε για κάποιον ότι είναι επικούρειος όταν έχει ως πρωταρχική επιδίωξη στη ζωή την αναζήτηση της απόλαυσης.

Μου φαίνεται περίεργο που ανασύρω στη μνήμη μου τώρα αυτό το κείμενο του Επίκουρου που μου έδωσε ο Άρης. Εκείνο τον καιρό σίγουρα δε φανταζόμουν τη σημασία που θα μπορούσε να αποκτήσει, ιδιαίτερα σήμερα που ανακαλώ το θάνατο εκείνων που υπήρξαν οι πιο κοντινοί μου άνθρωποι. Δεν ξέρουμε ποτέ τι μας επιφυλάσσει το μέλλον και, δεδομένου ότι είμαστε όλοι περαστικοί, καλό είναι να μην περιμένουμε να φτάσουμε στο νήμα για να δώσουμε τον καλύτερό μας εαυτό. Αρνούμαι να μη ζω εκατό τοις εκατό κάθε στιγμή της ύπαρξής μου. Το να ζούμε πλήρως το κάθε μας όνειρο, σαν να ήταν το τελευταίο, είναι ο μόνος τρόπος για να πολεμήσουμε το τίποτα, το κενό, το γκρίζο. Το να εκτελούμε την κάθε κίνηση, από την πιο καθημερινή ως την πιο σημαντική, με αυτοπεποίθηση και ειλικρίνεια, το να καταπιανόμαστε με κάτι χωρίς να αφήνουμε στους άλλους τη φροντίδα να αποφασίσουν για μας είναι πάντα ένας τρόπος για να ξεχνάμε το θάνατο, που καιροφυλακτεί στο βάθος. Να τον ξεχνάμε για να μας ξεχνάει.

Χωρίς αμφιβολία, αυτός είναι ο λόγος που οι Έλληνες δεν ανέχονται τους ανθρώπους που δεν έχουν άποψη, που αρνούνται να σκεφτούν. Το «Δεν ξέρω» ή το «Δε με αφορά» αντιμετωπίζονται πάντα με βαθιά δυσαρέσκεια. «Όποιος δεν εκφράζει τις ιδέες του είναι ύποπτος», έλεγε ο παππούς μου. Στις συζητήσεις με φίλους οι συνομιλητές μου περιμένουν πάντα από μένα να τοποθετηθώ, να πάρω ξεκάθαρη θέση στην αντιπαράθεση. Μια μέρα σε μια καφετέρια του Κολωνακίου έκανα το λάθος να δηλώσω, σε μια έντονη ποδο-

Ο καθένας με τη μοίρα του

Τρεις αδερφές θεές προσωποποιούν στην ελληνική μυθολογία το πεπρωμένο του καθενός μας. Πρόκειται για τις Μοίρες, που είναι υφάντρες και μετράνε τη ζωή των ανθρώπων με τη βοήθεια ενός μάλλινου νήματος. Τα ονόματά τους: Κλωθώ (η «Υφάντρα»), Λάχεση (η «Τύχη») και Άτροπος (η «Ατέγκτη»), που κόβει το νήμα της ζωής.

σφαιρική συζήτηση, ότι δεν ήμουν ούτε Ολυμπιακός ούτε Παναθηναϊκός... Ακόμα το πληρώνω!

Προσοχή λοιπόν στο αδίκημα της παθητικής ουδετερότητας, είναι συνώνυμο του κενού, κατά συνέπεια και του θανάτου. Προσοχή επίσης όταν μιλάτε πολιτικά με έναν Έλληνα, τα επιχειρήματά σας πρέπει να είναι ατράνταχτα. Από τον ταξιτζή μέχρι τον περιπτερά, θα πρέπει τα σχόλιά σας να είναι εύστοχα όταν σας ρωτάνε τη γνώμη σας για το ένα ή το άλλο θέμα. Στην Ελλάδα η πολιτική είναι πάθος. Όταν είσαι Έλληνας πολίτης, έχεις χρέος να ενδιαφέρεσαι για τα δημόσια πράγματα· απόδειξη ότι ακόμα και σήμερα η ψήφος είναι υποχρεωτική στη χώρα που επινόησε τη δημοκρατία, που είδε τον Σωκράτη να γεννιέται και να πεθαίνει.

Ο Σωκράτης καταδικάστηκε σε θάνατο επειδή οι ιδέες του θεωρήθηκαν επικίνδυνες για την πόλη. Αναζητώντας ακατάπαυστα την αλήθεια, αδιαφορώντας για την εξουσία και τα πλούτη, ξεσήκωσε το μίσος των ισχυρών, των οποίων δε δίσταζε να εκθέσει την άγνοια και την ανικανότητα. Στη δίκη του υπερασπίστηκε τον εαυτό του με σθένος, αλλά υποτάχθηκε

στην ποινή του θανάτου που του επιβλήθηκε, θεωρώντας ό-
τι πρώτιστο καθήκον κάθε πολίτη ήταν ο σεβασμός στους νό-
μους της πόλης. Έτσι, περίμενε με εγκαρτέρηση την ώρα του
θανάτου του.

Η ηρεμία του Σωκράτη απέναντι στο θάνατο έμεινε ι-
στορική, για να θυμίζει στις επόμενες γενιές ότι «Φιλοσοφώ
σημαίνει μαθαίνω να πεθαίνω». Όταν ήρθε η ώρα να πιει
το κώνειο, η γαλήνη του ήταν τόση, που παρηγορούσε ε-
κείνος τους φίλους που είχαν πάει να του συμπαρασταθούν
αντί να τον παρηγορούν αυτοί. Τους ζήτησε να μην κλαίνε
και έδιωξε τις γυναίκες, για να μην υποστεί τις θρηνωδίες
τους. Ο Σωκράτης ωστόσο δεν είναι υπεράνθρωπος, είναι α-
πλώς ένας σοφός άνθρωπος που θεωρεί ότι ο θάνατος είναι
ένας κίνδυνος που αξίζει να διατρέξεις. Πραγματικά, γιατί
να φοβόμαστε κάτι για το οποίο αγνοούμε τα πάντα; Γιατί να

Μη φοβάσai αυτό που αγνοείς

*«Γιατί το να φοβάται κανείς το θάνατο, άνδρες, δεν είναι τίποτα άλλο από το
να νομίζει κανείς ότι είναι σοφός χωρίς να είναι. Να νομίζει ότι γνωρίζει αυτά
που δε γνωρίζει. Γιατί κανείς δε γνωρίζει το θάνατο, ούτε αν συμβαίνει να εί-
ναι το μεγαλύτερο αγαθό για τον άνθρωπο, κι όμως τον φοβούνται σαν να ξέ-
ρουν καλά ότι είναι το μεγαλύτερο κακό».**

---

* Πλάτωνας, *Απολογία Σωκράτους*, μτφ. Ηλέκτρας Ανδρεάδη, εκδ. «Κάκτος». (Σ.τ.Ε.)

NIKOΣ ΑΛΙΑΓΑΣ

Το κύκνειο άσμα

Οι Έλληνες της αρχαιότητας απέδιδαν στον ετοιμοθάνατο κύκνο ένα ιδιαίτερα μελωδικό τραγούδι.

Λόγω αυτής τους της πεποίθησης, α-ποκαλούμε σήμερα κύκνειο άσμα το τελευταίο έργο ενός καλλιτέχνη.

μην αντιμετωπίζουμε το θάνατο σαν μια απελευθέρωση; Ο Σωκράτης πίστευε ότι η ψυχή μας είναι αθάνατη. Φυλακισμένη όσο ζούμε μέσα στο σώμα μας, σαν σε ζουρλομανδύα, απελευθερώνεται με το θάνατο και κατακτά την αιωνιότητα.

Ο Σωκράτης, ο οποίος βρίσκεται ένα βήμα πριν από το θάνατο, δε δοκιμάζει καμιά θλίψη. Παρομοιάζει τον εαυτό του με τον κύκνο, αγαπημένο πτηνό του Απόλλωνα: «Όταν αισθάνονται ότι πλησιάζει η ώρα του θανάτου τους, οι κύκνοι τραγουδούν πιο συχνά και πιο μελωδικά από ποτέ, γιατί χαίρονται που θα πάνε κοντά στο θεό του οποίου είναι υπηρέτες. Οι άνθρωποι, αντίθετα, λόγω του φόβου που έχουν για το θάνατο, συκοφαντούν τους κύκνους, λέγοντας ότι θρηνούν το θάνατό τους με ένα θλιμμένο τραγούδι. Δε σκέφτονται ότι κανένα πουλί δεν τραγουδάει όταν πεινάει ή κρυώνει [...]. Για μένα ωστόσο το θέμα είναι ξεκάθαρο, δεν είναι ο πόνος που κάνει τους κύκνους να τραγουδούν. Σκέφτομαι, αντίθετα, ότι, όντας τα πουλιά του Απόλλωνα, είναι προφητικά και επειδή α-κριβώς προβλέπουν τα καλά που απολαμβάνουμε στον Άδη τραγουδούν και χαίρονται εκείνη την τελευταία μέρα όπως δεν έχουν κάνει ποτέ στη ζωή τους. Κι εγώ επίσης αισθάνο-

232

μαι σαν να μοιράζομαι την υποχρέωση των κύκνων και την αφοσίωση στον ίδιο θεό, σαν να μη μου αξίζει λιγότερο το χάρισμα της προφητείας που το οφείλουμε στον κύριό μας, σαν να μην είμαι, τέλος, πιο θλιμμένος από εκείνους που εγκαταλείπω τη ζωή!»

Ο ΧΡΥΣΟΣ ΑΙΩΝΑΣ ΤΟΥ ΠΕΡΙΚΛΗ

Ή

Πῶς η ελληνική κληρονομιά
αποτελεί θεμέλιο του πολιτισμού μας

 ΜΕΧΡΙ ΣΤΙΓΜΗΣ σας έχω μιλήσει βασικά για μύθους, θεούς, σύμβολα, πράγματα εκτός λογικής, που σχετίζονται περισσότερο με τη διαίσθηση και προέρχονται από την παράδοση και τις διάφορες εμπειρίες μου. Ωστόσο μεγάλο μέρος της κληρονομιάς που άφησε στο σύγχρονο κόσμο μας η αρχαία Ελλάδα ανήκει στη σφαίρα της λογικής. Χωρίς τον ελληνικό ορθό λόγο η ιστορία μας, η πολιτική μας, η φιλοσοφία μας, οι επιστήμες μας δε θα ήταν αυτό που είναι. Η ελληνική σκέψη βρίσκεται πραγματικά στα θεμέλια του πολιτισμού μας.

Ο 5ος π.Χ. αιώνας, ο επονομαζόμενος χρυσός αιώνας του Περικλή, μας κληροδότησε ένα άνευ προηγουμένου απόσταγμα γνώσεων αλλά και ερωτημάτων γύρω από τον άν-

237

θρωπο. Εντούτοις, η σημαντικότερη παρακαταθήκη που μας άφησαν οι Έλληνες εκείνης της εποχής είναι αυτό που σήμερα αποκαλούμε, όπως και τότε, δημοκρατία (démocratie και στα γαλλικά), καθώς είναι πράγματι ο «δήμος» που «κρατεί». Διότι ο Αθηναίος πολίτης βρίσκεται ακριβώς στον πυρήνα της ιστορίας. Οι αρχαίοι Έλληνες, που γνώριζαν ότι οι υποθέσεις που σχετίζονταν με τη ζωή της πόλης δεν επιδέχονταν αυτοσχεδιασμούς, οργάνωσαν την καθημερινότητά τους με βάση ένα σύστημα σύμφωνα με το οποίο όλοι οι πρωταγωνιστές ήταν ισότιμοι. Κάθε φορά που για τις ανάγκες κάποιου ρεπορτάζ παρακολουθώ τις εργασίες μιας γενικής συνέλευσης ή βουλευτές και υπουργούς που διασταυρώνουν τα ξίφη τους για θέματα λίγο πολύ καυτά, μου περνάει από το νου, κάτι σαν φλας μπακ, η πρώτη δημοκρατική αντιπαράθεση των προγόνων μας, εκείνων των αντρών με τους χιτώνες που συζητούσαν και ανέπτυσσαν τα επιχειρήματά τους στην Πνύκα, όπου συνεδρίαζε η Εκκλησία του Δήμου, κάπου δυόμισι χιλιάδες χρόνια πριν. Η Εκκλησία του Δήμου απαρτιζόταν από αρκετές χιλιάδες άντρες άνω των δεκαοχτώ χρονών, που συνέρχονταν

Ελληνικές λέξεις με...
διεθνή σταδιοδρομία

Είναι πάρα πολλές οι ελληνικές λέξεις που σχετίζονται με συστήματα πολιτικής διακυβέρνησης και οι οποίες έχουν υιοθετηθεί από όλους σχεδόν τους λαούς του κόσμου. Παράδειγμα: δημοκρατία, αριστοκρατία, πλουτοκρατία, γεροντοκρατία κ.λπ.

γύρω στις σαράντα φορές το χρόνο. Σ' εκείνη τη συνέλευση αποφασιζόταν η σκοπιμότητα ή μη ενός πολέμου, ψηφίζονταν οι νόμοι και ο προϋπολογισμός, εκλέγονταν οι άρχοντες κ.λπ. Η ψηφοφορία γινόταν με ανάταση του χεριού (προσοχή στο μέτρημα και στους πονηρούς που σηκώνουν συγχρόνως και τα δύο χέρια!).

Καθώς δεν είναι δυνατό η Εκκλησία του *Δήμου* να συνεδριάζει μόνιμα, προκειμένου να εξασφαλίσει τη συνέχεια της λαϊκής κυριαρχίας μεταβιβάζει μέρος των εξουσιών της στη Βουλή. Παρακολουθείτε τι σας λέω; Ωραία. Η Βουλή λοιπόν απαρτίζεται από πεντακόσια μέλη, που είναι πολίτες επιλεγμένοι στην τύχη (η αθηναϊκή δημοκρατία θυμίζει λίγο ρώσικη ρουλέτα: οποιαδήποτε στιγμή ο καθένας μπορεί να κληθεί να αναλάβει ευθύνες στους κόλπους της πόλης) και ορκίζονται να μην ανατρέψουν ποτέ τη δημοκρατία. Ο ρόλος τους είναι να φροντίζουν για την πιστή τήρηση του συντάγματος, να ελέγχουν τα δημόσια οικονομικά και την εξωτερική πολιτική, να εφαρμόζουν τους νόμους και να προετοιμάζουν τις συνελεύσεις της Εκκλησίας του *Δήμου*. Εν ολίγοις, χωρίς τη Βουλή η Εκκλησία του *Δήμου* δε θα μπορούσε να λειτουργήσει σωστά και χωρίς την Εκκλησία του *Δήμου* η νομιμότητα της Βουλής θα στερούνταν δημοκρατικής βάσης. Τελευταία διευκρίνιση: από τους πεντακόσιους πολίτες που επανδρώνουν τη Βουλή επιλέγονται πενήντα πρυτάνεις, για να προΐστανται των εργασιών και να εναλλάσσονται νυχθημερόν, έτσι ώστε να μην υπάρχει αδράνεια όσο αφορά την εξουσία. Ένας από τους πρυτάνεις αυτούς εκλέγεται κάθε μέρα με κλήρο για να προεδρεύσει της Βουλής ή της Εκκλησίας του Δήμου: έτσι γίνεται κατά κάποιο τρόπο αρχηγός κράτους, αλλά μόνο για είκοσι τέσσερις ώρες!!!

Αισθάνομαι ότι μερικοί από σας έχουν αρχίσει να κουράζονται... Δεν έχει σημασία αν σας ξέφυγαν ορισμένες λεπτομέρειες από τα όσα σας περιέγραψα. Το σημαντικό είναι να κρατήσουμε δύο πράγματα: πρώτον, ότι η δημοκρατία στην αρχαία Ελλάδα δεν είναι απλώς μια λέξη, αλλά ένα ολοκληρωμένο σύστημα διακυβέρνησης, μελετημένο και οργανωμένο, που διαθέτει όργανα τα οποία κάνουν εφικτή την εφαρμογή του· δεύτερον, ότι η εξουσία στην Αθήνα ανήκει σε όλους, ότι κάθε πολίτης κρατά ένα κομμάτι της στην άκρη του υψωμένου του χεριού. Η εξουσία είναι υποχρέωση, δικαίωμα και καθήκον για τον καθένα. Όλος ο κόσμος συμμετέχει στην πολιτική ζωή, ή σχεδόν όλος, αφού το να είσαι Αθηναίος δε σημαίνει ότι είσαι υποχρεωτικά και πολίτης της Αθήνας. Οι γυναίκες και τα παιδιά δεν είναι, όπως δεν είναι και οι δούλοι κι οι μέτοικοι, όπως αποκαλούνται οι ξένοι που ζουν στην Αθήνα. Θα πρέπει να πούμε ότι το περιβάλλον μέσα στο οποίο οι Έλληνες συνέλαβαν την ιδέα της δημοκρατίας δε συγκρίνεται με το δικό μας. Την εποχή εκείνη ήταν φυσικό να υπάρχουν δούλοι και υποταγμένες γυναίκες που δε συμμετείχαν στα κοινά, αλλά ήταν αδιανόητο να ακούγεται η φωνή του πολίτη κάθε τέσσερα χρόνια, πράγμα που στην εποχή μας θεωρείται απόλυτα φυσικό. Οι εκλογείς λοιπόν ψήφιζαν αδιάκοπα και έκαναν χρήση του δικαιώματός τους αυτού χωρίς κανένα περιορισμό. Ο Έλληνας ήταν «ζώο πολιτικό», για να χρησιμοποιήσουμε την έκφραση του Αριστοτέλη, ενώ ο Θουκυδίδης εκτιμούσε ότι «Ο άνθρωπος που δεν ενδιαφέρεται ενεργά για την πολιτική πρέπει να θεωρείται όχι φιλήσυχος πολίτης, αλλά άχρηστος πολίτης».

Ο άνθρωπος που συνέδεσε άρρηκτα το όνομά του με την αθηναϊκή δημοκρατία είναι ο Περικλής. Σ' αυτό τον πολιτικό οφείλουμε ορισμένες από τις βασικότερες μεταρρυθμίσεις για την αποτελεσματικότερη λειτουργία της δημοκρατίας, όπως την καθιέρωση του μισθού, ενός είδους χορηγίας που επέτρεπε ακόμα και στους πιο φτωχούς να αναλαμβάνουν δημόσια αξιώματα. Ο Περικλής διατήρησε επί σειρά ετών το αξίωμα του στρατηγού (κάτι σαν υπερυπουργός, με όρους της εποχής μας, ο οποίος συγκέντρωνε τις αρμοδιότητες του πρωθυπουργού, του υπουργού Εξωτερικών, του υπουργού Άμυνας κ.ά.). Κάθε χρόνο επανεκλεγόταν από τους συμπολίτες του επειδή ήταν ευφυής, ήξερε να ακούει τους άλλους, προφύλασσε την πόλη από εξωτερικές επιθέσεις και, κυρίως, επειδή είχε την ικανότητα να εκφράζει τις απόψεις του και να γίνεται κατανοητός από τους περισσότερους ακροατές του. Ο λόγος φέρνει κοντά τους ανθρώπους κι αυτό είναι κάτι που κανένας πολιτικός, του χτες ή του σήμερα, δεν μπορεί να παραβλέψει.

Στην αρχαία Ελλάδα η ευφράδεια θεωρούνταν σπουδαία τέχνη από τους Έλληνες. Όταν μιλάς καλά, πείθεις και, όταν πείθεις, επιβάλλεσαι. Κι ο Περικλής ήταν δεινός ρήτορας. Να

ένα δείγμα της τέχνης του, παρμένο από τον *Επιτάφιο*, τον ε-
πικήδειο λόγο που εκφώνησε προς τιμήν των πεσόντων στο
μέτωπο τον πρώτο χρόνο του πολέμου εναντίον των πόλεων της
Πελοποννήσου και ιδιαίτερα της Σπάρτης – προαιώνιου ε-
χθρού της πόλης της Αθήνας. Στο λόγο του αυτό ο στρατηγός
δράττεται της ευκαιρίας για να υπενθυμίσει, μεταξύ άλλων, τι
είναι αυτό που διαφοροποιεί την Αθήνα από τις άλλες πόλεις:

«Το πολίτευμα που έχουμε δε γυρεύει να πάρει τους νό-
μους του από τους ξένους· πιο πολύ είμαστε εμείς το παρά-
δειγμα σε μερικούς παρά που ξεσηκώνουμε ό,τι κάνουν οι
άλλοι. Το όνομά του, επειδή δε ζούμε στηριγμένοι πάνω
στους λίγους παρά στους περισσότερους, είναι κυριαρχία
του δήμου, δημοκρατία· ωστόσο οι νόμοι, όταν είναι για τις
ιδιωτικές τους διαφορές, δίνουν σε όλους τα ίδια δικαιώμα-
τα· όσο πάλι για την προσωπική επιβολή, κατά που βλέπουν
τον καθένα να προκόβει σε κάτι, όχι από τη σειρά, όσο για-
τί είναι ικανός, γι' αυτό τον προτιμούν να πάρει μέρος στα
δημόσια πράγματα· ούτε πάλι κανένας από φτώχεια, κι ό-
ταν ακόμα έχει να κάνει κάτι καλό στην πόλη μας, βρίσκε-
ται εμποδισμένος, επειδή του λείπει η κοινωνική επιβολή.
[...] Αγαπούμε το ωραίο και μένουμε απλοί· αγαπούμε τη
θεωρία και δεν καταντούμε νωθροί. Ο πλούτος στέκει για
μας πιο πολύ αφορμή για κάποιο έργο παρά για παινεψιές
και λόγια· και τη φτώχεια του να την παραδεχτεί κανείς, δεν
είναι ντροπή· πιο ντροπή είναι να μην κοιτάξει δουλεύοντας
να την ξεφύγει. [...] κι ακόμα [...] ή παίρνουμε οι ίδιοι την
απόφαση που ταιριάζει ή τουλάχιστον φτάνουμε σε μια σω-

Το δις εξαμαρτείν της ιστορίας

Χάρη στον ιστορικό Θουκυδίδη (περίπου 460-395 π.Χ.) πληροφορηθήκαμε κατά μέγα μέρος τα όσα διαδραματίστηκαν στην Ελλάδα κατά τον 5ο π.Χ. αιώνα.

Στο γιγαντιαίο έργο του Ιστορία των Πελοποννησιακών Πολέμων ο συγγραφέας δεν παραθέτει απλώς τα γεγονότα, αλλά φροντίζει και να τα αναλύει προκειμένου να αντλήσει χρήσιμα συμπεράσματα. Και τούτο γιατί «Όταν ακούει κανείς την ιστορία, ίσως δε φαίνεται τόσο ευχάριστο ότι δε μοιάζει με παραμύθι· όσοι όμως θελήσουν να εξετάσουν την καθαρή αλήθεια των όσων έγιναν, και εκείνων που μέλλουν κάποτε να ξαναγίνουν, όπως είναι η φύση των ανθρώπων, ή τα ίδια ή τα παρόμοια, θα μου φτάσει αν αυτοί τα κρίνουν ωφέλιμα. Γιατί το έργο μου έχει συγγραφεί περισσότερο για να το 'χουν οι άνθρωποι αιώνιο κτήμα τους παρά σαν αγώνισμα για να τ' ακούσει κανείς μια φορά».*

στή κρίση για τα πράγματα· γιατί δεν πιστεύουμε πως τα λόγια φέρνουν βλάβη στα έργα· να μη διδαχτούμε πρώτα με το λόγο, πριν φτάσουμε να ενεργήσουμε όσα πρέπει, αυτό είναι που θαρρούμε πιο βλαβερό».**

Την πρώτη φορά που διάβασα αυτό το κείμενο έμεινα άφωνος από την επικαιρότητά του, είχα την εντύπωση ότι ο Περικλής είχε εκφωνήσει τον *Επιτάφιο* μόλις λίγες ώρες νωρίτερα στο ραδιόφωνο. Διαβάζοντας σήμερα τις γραμμές αυ-

---

* Θουκυδίδης, *Ιστορίαι*, μτφ. Έλλης Λαμπρίδη, εκδ. Γκοβόστη. (Σ.τ.Ε.)
** Θουκυδίδης, *Περικλέους Επιτάφιος*, μτφ. Ι. Θ. Κακριδή, εκδ. «Εστία». (Σ.τ.Ε.)

243

τού του κειμένου, που από καιρό έχω στερεωμένο με πινέζες πάνω από το γραφείο μου, μου φαίνεται ότι ανακαλύπτω ένα κωδικοποιημένο μήνυμα που ο Περικλής απευθύνει σε μένα για να μου πει: «Εμπρός, κουνήσου! Σταμάτα να παραπονιέσαι και όρθωσε το ανάστημά σου, έχεις αυτό το δικαίωμα! Είσαι ένα μέλος της πόλης, όπως όλοι οι άλλοι. Σήκω και ψάξε για τα μέσα που θα σου προσφέρουν τη ζωή που επιθυμείς, τίμια. Το χρωστάς στον εαυτό σου!» Αντλώ επίσης και μια άλλη συμβουλή: να μη γίνω ποτέ δούλος του χρήματος. Να μην το χρησιμοποιώ σαν νεόπλουτος, για να κάνω φιγούρα στους γύρω μου, αλλά σε συνάρτηση με την πραγματική του αξία. Τα χρήματα τα χρησιμοποιείς όπως σε χρησιμοποιούν...

Διότι μπροστά στον αυτοσεβασμό το χρήμα δεν αξίζει τίποτα. Ο Περικλής μάς λέει ακόμα: «Γιατί τον άντρα που έχει φρόνημα τον πονεί πιο πολύ η ταπείνωση που κλείνει το δείλιασμα παρά ο θάνατος που έρχεται άνιωστος μέσα στη δύναμη και στην κοινή ελπίδα. Γιατί η αίσθηση της τιμής είναι το μόνο που δε γερνάει, και όταν έρθουν τ' ανωφέλευτα τα γερατιά, εκείνο που φέρνει πιο πολλή χαρά δεν είναι να κερδίζει κανείς χρήματα, όπως λένε μερικοί· είναι να τον τιμούν».* Για τους αρχαίους, τίποτα δεν έχει περισσότερη σημασία από μια στάλα αξιοπρέπεια που ένας άνθρωπος είναι ικανός να αφήσει πίσω του όταν δε θα υπάρχει πια. Προσοχή, δεν πρόκειται για φιλαυτία ούτε για ματαιοδοξία. Για καθαρή αξιοπρέπεια μιλά ο ηγέτης των Αθηναίων. Μπορεί να

---

* Θουκυδίδης, *Περικλέους Επιτάφιος*, ό.π. (Σ.τ.Ε.)

χάσουμε τα πάντα, χρήματα, δουλειά, τίτλους, οικογένεια, υ-γεία κι ένα σωρό άλλα, αλλά κανείς δεν μπορεί να μας στε-ρήσει την αξιοπρέπειά μας, στο βαθμό που εμείς οι ίδιοι εί-μαστε αποφασισμένοι να τη διαφυλάξουμε. Κατά τη γνώμη μου, σ' αυτή την υπέρτατη έννοια τιμής έγκειται ακριβώς το μυστικό της ελληνικής σοφίας. Έννοια τιμής τόσο ακριβή για τον παππού μου τον Σπύρο. Να ένας ελληνικός ηθικός νόμος που φροντίζω να διέπει κάθε μέρα της ζωής μου, σ' ό-ποια χώρα κι αν βρίσκομαι. Δεν είναι πάντα εύκολο.

Τα λόγια αυτά του Περικλή μάς τα μετέφερε ο ιστορικός Θουκυδίδης, κι αν σας μιλώ γι' αυτόν, είναι επειδή υπήρξε ένα από τα μεγαλύτερα πνεύματα που έχει να επιδείξει ο χρυσός αιώνας, πνεύμα χωρίς το οποίο η ιστορική επιστή-μη δε θα ήταν αυτή που είναι. Στην πραγματικότητα, ο Θου-κυδίδης δεν είναι ίσως ο πρώτος ιστορικός της αρχαιότητας (είναι ο Ηρόδοτος, που αποκαλείται πατέρας της ιστορίας), αλλά όπως απέδειξε η Ζακλίν ντε Ρομιλί, μια από τις μεγα-λύτερες Γαλλίδες ελληνίστριες και βαθιά γνώστρια του έρ-γου του, είναι ο πρώτος που προσέγγισε την ιστορία με επι-στημονικό τρόπο. Τέλος οι εκτιμήσεις και τα μη επιβεβαι-ωμένα γεγονότα. Ο Θουκυδίδης προσπαθεί να καταγράψει τα όσα συνέβησαν με ακρίβεια και αντικειμενικότητα, εξο-στρακίζοντας την υπέροχη μυθολογία. Το ιερό, το αόρατο και οι διαδόσεις παραβλέπονται, παραχωρώντας τη θέση τους στην ορθολογική ανάλυση των γεγονότων, που τοποθε-τεί τον άνθρωπο απέναντι στις ευθύνες του, τις πράξεις του και τον εαυτό του. Γιατί η ιστορία κατά τον Θουκυδίδη πρέπει να επιτρέπει στους ανθρώπους να καταλαβαίνουν καλύτερα από πού έρχονται, ώστε να ξέρουν πού πάνε. Ο Θουκυδίδης ερευνά τα «συμπτώματα μιας διαμάχης για να κατανοήσει τα αίτιά της κι έτσι να οδηγηθεί στη σωστή διάγνωση». Παρατήρηση, ανάλυση, διάγνωση: οι τρεις λέξεις-κλειδιά της ελληνικής σκέψης του χρυσού αιώνα.

Μπορούμε να συνοψίσουμε σε λίγα λόγια τον πνευματικό πλούτο του αιώνα του Περικλή. Η εποχή εκείνη βλέπει να γεννιέται η δημοκρατία, η ιστορία, αλλά και τα μαθηματικά και η γεωμετρία (με τον Πυθαγόρα και τον Θαλή), η αστρονομία (με τον Αναξαγόρα), καθώς και η ιατρική. Μέχρι τότε οι Έλληνες έκαναν επίκληση στους θεούς για να τους θεραπεύουν. Ο Απόλλωνας και ο γιος του ο Ασκληπιός ήταν οι θεραπευτές θεοί και οι ασθενείς κατέκλυζαν τα ιερά τους με την ελπίδα να ξαναβρούν την υγειά τους... πράγμα που κάποτε γινόταν. Ωστόσο η αποτελεσματικότητα της μεθόδου αυτής δεν είχε ποτέ αποδειχτεί, όχι περισσότερο από την επιστημονική της αξία. Ένας άντρας λοιπόν θα τα ανατρέψει όλα αυτά· ονομάζεται Ιπποκράτης και είναι ο πρώτος που εφαρμόζει μια επιστημονική ιατρική βασισμένη στην κλινική παρατήρηση.

Το πανόραμα αυτό των μεγάλων επιτευγμάτων του αιώνα του Περικλή θα ήταν ατελές αν δε γινόταν μνεία όλων των σπουδαίων ανθρώπων της τέχνης που συνέβαλαν στο μεγαλείο της Αθήνας, με τα έργα τους να διατηρούνται ανά τους αιώνες και να φτάνουν μέχρι εμάς. Γιατί δεν άκμασαν μόνο η λογοτεχνία και το θέατρο, χάρη στον Αισχύλο, τον Σοφοκλή, τον Ευριπίδη και τον Αριστοφάνη, αλλά και οι άλλες τέχνες, όπως η γλυπτική και η αρχιτεκτονική.

Πριν αρχίσω να γράφω αυτό το βιβλίο, διασκέδασα ρωτώντας τους εφήβους τι ήξεραν για τον ελληνικό πολιτισμό. Οι περισσότεροι μου μίλησαν για αγάλματα και κολόνες. Απ᾽ ό,τι θυμάμαι, τα ελληνικά αγάλματα του Λούβρου υπήρξαν και για μένα η πρώτη μου επαφή με τον ελληνικό πολιτισμό. Πρέπει να ήμουν πέντε χρονών όταν ο πατέρας, σηκώνοντάς με στους ώμους του, μου έλεγε να πω στα ελληνικά «Καλημέρα» στα λευκά αγάλματα, γιατί έρχονταν από την πατρίδα μας, τη χώρα που τον είχε δει να γεννιέται. Θυμάμαι ακόμα την ηχώ της τεράστιας αίθουσας, τον ήχο των βημά-

Ο όρκος του Ιπποκράτη

Ο Ιπποκράτης ο Κώος (460-377 π.Χ.) θεωρείται ο πατέρας της ιατρικής για περισσότερους από ένα λόγους.

Θεμελιωτής της κλινικής ιατρικής, διεκδικεί επίσης την πατρότητα της ιατρικής ηθικής, χάρη στον περίφημο όρκο του. Η δέσμευση αυτή του γιατρού, να ενεργεί προς το συμφέρον του ασθενούς του και μόνο, παραμένει επίκαιρη και απαράλλακτη μέχρι σήμερα. Αυτός είναι και ο λόγος που κάθε νέος γιατρός πριν αρχίσει να ασκεί το λειτούργημά του δίνει τον όρκο του Ιπποκράτη.

των των επισκεπτών και τη βεβαιότητα πως από εκείνα τα μαρμάρινα δημιουργήματα δεν έλειπε παρά ο λόγος για να είναι ζωντανά όσο κι εμείς. Και ομολογώ ότι εξακολουθώ να έχω την ίδια αίσθηση κάθε φορά που περνάω μπροστά από τη Νίκη της Σαμοθράκης, την οποία δεν πρέπει να συγχέουμε με τη «συνάδελφό» της, την Αφροδίτη της Μήλου, που ανήκει στην ίδια περίοδο. Το ταξίδι και των δύο διαμέσου των αιώνων δεν ήταν εύκολο: η Αφροδίτη έχασε τα χέρια της και η Νίκη το κεφάλι της. Αυτό ωστόσο δεν εμπόδισε τους κατασκευαστές των αθλητικών παπουτσιών Nike όχι μόνο να δανειστούν το όνομά της –έστω κι αν το διαβάζουν με το δικό τους τρόπο (Νάικ)–, αλλά και να εμπνευστούν το λογότυπο της διάσημης αμερικάνικης μάρκας, το οποίο αναπαριστά την κίνηση των φτερών της... Κάντε λοιπόν ένα πέρασμα από το Λούβρο και θαυμάστε το περίφημο άγαλμα. Στέκεται περήφανο στην κορυφή μιας τεράστιας σκάλας, σαν να θέλει να μας πει ότι αντιστέκεται στο χρόνο και την ανθρώπινη βλακεία. Λατρεύω κάθε πτυχή του ρούχου της, τόσο επιδέξια λαξευμένου, λατρεύω τα δυνατά, θεϊκά της φτερά, έτοιμα να την ταξιδέψουν στους αιθέρες. Χωρίς αμφιβολία, είναι η ψυχή που της επέτρεψε να πετάξει με αξιοπρέπεια στους αιώνες. Γιατί η μοναδικότητα της ελληνικής γλυπτικής έγκειται ακριβώς στην ικανότητά της να εκφράζει την κίνηση μέσα από την ακινησία, λες και κάποια εσωτερική φλόγα διαπερνά το μάρμαρο εμφυσώντας του ζωή.

Χιλιάδες μίλια μακριά από την πατρίδα τους, αιώνες μετά την αρχική τους σύλληψη και κατασκευή, οι ελληνικές αρχαιότητες που εκτίθενται στο Λούβρο είναι οι καλύτερες πρέσβειρες της καλλιτεχνικής ιδιοφυΐας των αρχαίων. Ωστόσο αναστατώνομαι και πνίγομαι από ένα αίσθημα οργής και πίκρας περιδιαβαίνοντας τις αίθουσες άλλων μουσείων. Του Βρετανικού, για παράδειγμα. Από το 19ο αιώνα οι Άγγλοι εκθέτουν εκεί με περηφάνια τις ζωφόρους που αφαίρεσαν από το διασημότερο ελληνικό μνημείο του κόσμου, τον Παρθενώνα. Ήταν το 1801. Ο λόρδος Έλγιν, Άγγλος πρεσβευτής στην Κωνσταντινούπολη, κατάφερε να πείσει τις Αρχές της Τουρκίας να του «πουλήσουν» εκείνη τη μοναδικής αξίας προπατορική κληρονομιά – κάτι αντίστοιχο για τους Γάλλους με το να είχαν πουλήσει οι ναζί επί γερμα-

Ο ναός των Μουσών

Το Μουσείο ήταν αρχικά ο ναός των Μουσών και βρισκόταν σε έναν από τους λόφους της Αθήνας.

Προς τιμήν εκείνων των προστάτιδων των τεχνών καθιερώθηκε να ονομάζουμε μουσεία τους τόπους που στεγάζουν συλλογές έργων τέχνης.

νικής κατοχής την κορυφή του Πύργου του Άιφελ στην Ιταλία... Εξοπλισμένοι με αξίνες, πριόνια και σκαλωσιές, οι «πράκτορες» του Έλγιν ξεκόλλησαν τα γλυπτά, τα φόρτωσαν σε πλοία και τα έστειλαν στο Λονδίνο. Πώληση, συναλλαγή, συμψηφισμός, όπως και να ονομάσει κανείς αυτή την επαίσχυντη πράξη, δεν παύει να είναι μια κλοπή, ένας πολιτιστικός ακρωτηριασμός. Κλεισμένες σε μια αίθουσα του μουσείου, όπου μερικές φορές χρησιμεύουν σαν ντεκόρ σε προσοδοφόρα κοκτέιλ, οι ζωφόροι του Παρθενώνα έχουν χάσει την ψυχή τους. Η βρετανική κοινή γνώμη, που κατ' επανάληψη έχει ερωτηθεί για το θέμα, έχει ταχθεί υπέρ της επιστροφής των Μαρμάρων. Πολλά μέλη του αγγλικού Κοινοβουλίου είναι της ίδιας άποψης. Αλλά μέχρι σήμερα οι Αρχές της Μεγάλης Βρετανίας κωφεύουν. Παρ' όλα αυτά, δίνοντας πίσω τα έργα αυτά, που αποτελούν αναπόσπαστο κομμάτι ενός ιστορικού μνημείου, δε θα τα επέστρεφαν μόνο στους Έλληνες, αλλά σε ο-λόκληρη την ανθρωπότητα, γιατί ο Παρθενώνας χωρίς τα Μάρμαρά του παραμένει ένα ακρωτηριασμένο οικοδόμημα.

Μου φαίνεται λοιπόν ότι το αίτημα των Ελλήνων είναι θεμιτό, πολύ περισσότερο όταν δε ζητούν να τους επιστραφούν τα χιλιάδες έργα τέχνης που εκτίθενται στα μουσεία ό-λου του κόσμου. Στο κάτω κάτω, η Αφροδίτη της Μήλου δείχνει ευτυχισμένη στο Μουσείο του Λούβρου. Έτσι αποκτά έναν παριζιάνικο αέρα, πολύ σικ θα έλεγα, που της ταιριάζει. Κι αν σε κάποιο προσεχές ταξίδι μου στην Ελλάδα τύχει και βρω τα χέρια της σκάβοντας σε κανένα χωράφι, τότε το υπόσχομαι... θα το συζητήσουμε!

ΕΝ ΕΙΔΕΙ ΑΝΑΚΕΦΑΛΑΙΩΣΗΣ

Για να αντέξει την προσωπική του ιστορία, ο καθένας προσθέτει και λίγο θρύλο.

ΜΑΡΣΕΛ ΖΟΥΑΝΤΟ

(Ο Βασίλης Βασιλικός μού υπέδειξε τη γνωστή αυτή φράση)

ΦΤΑΣΑΜΕ ΣΧΕΔΟΝ στο τέρμα. Σε λίγο οι επιβάτες θα αποβιβαστούν. Ελπίζω το ταξίδι να μην ήταν πολύ κουραστικό. Για μένα τουλάχιστον το ταξίδι αυτό υπήρξε σίγουρα ένα καθαρτήριο, για να χρησιμοποιήσω την έκφραση του Σωκράτη. Εξαγνιστικό. Μου δώσατε την ευκαιρία να σας παρουσιάσω (με τρόπο ευχάριστο, ελπίζω) τον πολιτισμό που αποτελεί μέρος τόσο της δικής μου κληρονομιάς όσο και της δικής σας. Και, κυρίως, μπόρεσα μιλώντας σας, ή μάλλον γράφοντάς σας, καθημερινά αυτούς τους τελευταίους μήνες να βρω το προσωπικό μου στίγμα. Και τώρα, που η περιπέτεια φτάνει στο τέλος, το συνειδητοποιώ.

251

Το τελευταίο CD της Τρέισι Τσάπμαν μού θυμίζει τον ο-γκόλιθο του Σισύφου (για όσους δεν μπόρεσαν να με παρα-κολουθήσουν, πρόκειται για εκείνο το βράχο που ο Σίσυφος ήταν καταδικασμένος να ανεβάζει σπρώχνοντάς τον στην κορυφή ενός βουνού, για να τον δει να κατρακυλάει και πά-λι κάτω). Πριν καλά καλά προλάβει να τελειώσει το τελευ-ταίο τραγούδι, αρχίζει και πάλι από την αρχή. Ακούραστα. Σίγουρα είμαι ο άνθρωπος που τον έχει ακούσει περισσότερο απ' όλους από τότε που κυκλοφόρησε. Είναι κι αυτό ένα εί-δος μονομανίας, τόσο ευχάριστης παρ' όλα αυτά. Repeat. Αυ-τό το περίφημο κουμπί, το Repeat, που μας κάνει να επα-ναλαμβάνουμε τις ίδιες βλακείες από καταβολής κόσμου. Ό,τι και να πεις, είναι συχνά πιο δυνατό από μας.

Με κάνατε λοιπόν να μιλήσω όπως μιλάει κανείς στον ψυ-χαναλυτή του. Εκείνον που του δείχνει το δρόμο που πρέπει να ακολουθήσει για να είναι η ψυχή του ανάλαφρη, σε αρ-μονία με το σώμα του. Μόνο που εγώ, αντί να σας εκθέσω τα ψυχοσωματικά μου ξαπλωμένος σε ένα ντιβάνι, προτίμησα να το κάνω ακουμπώντας τα δάχτυλα στα πλήκτρα του υπο-λογιστή μου, μέσα σε κάποιο αεροπλάνο, τρένο, δωμάτιο ξε-νοδοχείου, τηλεοπτικό καμαρίνι, σαλόνι, γραφείο, ακόμα και μέσα στο μπάνιο μου. Με πέρασαν συχνά για τρελό, αλλά δε βαριέσαι! Με σχεδόν σχιζοφρενικό τρόπο ο κύριος της τη-λεόρασης παραχωρούσε τη θέση του στον κύριο του γραψί-ματος, ο παρουσιαστής στο δημοσιογράφο, ο κοστουμαρι-σμένος άντρας στον γυμνό, ο Γάλλος στον Έλληνα, το φως των προβολέων στο μισοσκόταδο, ο θόρυβος στη σιωπή.

Μπορούμε να δοκιμάσουμε όλες τις μάσκες του κόσμου, μα ποτέ δε θα καταφέρουμε να ξεφύγουμε από το πεπρωμένο μας, από την αρχική μας ταυτότητα. Ντεμακιγιάζ, παλιό τζιν, αχνιστό τσάι με μέλι, λίγο ινδικό λιβάνι και τη συνείδησή μου για προσκεφάλι. Αντίστροφη μέτρηση, 5, 4, 3, 2, 1, 0, πάμε!... Συχνά βρέθηκα να κοιτάζω φοβισμένος μια λευκή σελίδα, αλαζονική και άσπιλη. Τι παραπάνω είχα να πω εγώ; Τα πάντα είχαν ήδη ειπωθεί εδώ και δύο χιλιάδες χρόνια, τουλάχιστον. Η μυθολογία είχε διαβαστεί, ξαναδιαβαστεί, απεικονιστεί, ερμηνευτεί, αναλυθεί. Δεν υπάρχει καλλιτέχνης που σε κάποια φάση της ζωής του να μην εμπνεύστηκε από αυτή. Όπως άλλωστε και ο πατέρας της ψυχανάλυσης Ζίγκμουντ Φρόιντ, που πολλές φορές άντλησε από τους μύθους για να συνθέσει την τοπογραφία της ψυχής – ο οποίος, αν είχε χρειαστεί να με κουράρει, θα μου είχε σίγουρα φορέσει εξαρχής ζουρλομανδύα και θα με είχε κλείσει στο λαβύρινθο.

Τη μεγαλύτερή του ανακάλυψη ο Φρόιντ τη χρωστάει στον Σοφοκλή και στο έργο του *Οιδίπους Τύραννος*. Πριν δανείσει το όνομά του σε ένα σύνδρομο (που αφορά τον καταπιεσμένο έρωτα του παιδιού για το γονιό του αντίθετου φύλου), ο Οιδίποδας υπήρξε ένας από τους πιο συμβολικούς χαρακτήρες της ελληνικής τραγωδίας. Ιδού, εν ολίγοις, η ιστορία του δύστυχου εκείνου ανθρώπου: ο Οιδίποδας είναι γιος του βασιλιά της Θήβας. Κατά τη γέννησή του, οι γονείς του πληροφορούνται από ένα χρησμό ότι το παιδί θα σκοτώσει μια μέρα τον πατέρα του και θα παντρευτεί τη μητέρα του. Προκειμένου να αποφευχθεί η διπλή αυτή τραγωδία, το βασιλοπαίδι εξορίζεται από την πόλη και υιοθετείται από το βασιλικό ζεύγος της Κορίνθου, το οποίο αγνοεί την αληθινή καταγωγή του παιδιού. Όταν ο Οιδίποδας μεγαλώνει, μαθαίνει κι ο ίδιος τον ολέθριο χρησμό. Κυριευμένος από πανικό, φεύγει μακριά από την Κόρινθο και από εκείνους που θεωρεί γονείς του. Ελπίζει να βρει τη λύτρωση στη φυγή. Καθ' οδόν προς τη Θήβα, έρχεται στα χέρια με έναν ταξιδιώτη που τον προκαλεί. Ο Οιδίποδας τον σκοτώνει και συνεχίζει το δρόμο του. Όταν φτάνει στην είσοδο της πόλης, έρχεται πρόσωπο με πρόσωπο με ένα φτερωτό τέρας, μισό γυναίκα και μισό λιοντάρι, τη Σφίγγα, που καταβροχθίζει όσους περαστικούς δεν καταφέρνουν να λύσουν τα αινίγματα που τους θέτει. Από την κορυφή του βράχου όπου κάθεται η Σφίγγα ρωτά τον Οιδίποδα, ήρεμα και αποφασιστικά: «Ποιο είναι το ζώο που το πρωί περπατά με τα τέσσερα, το μεσημέρι με τα δύο και το βράδυ με τα τρία;» Ο Οιδίποδας δε χρειάζεται να σκεφτεί πολύ για να απαντήσει: «Το ζώο αυτό είναι ο άνθρωπος. Σαν παιδί, περπατάει με τα τέσσερα, όταν μεγαλώνει στέκεται στα δυο του πόδια και, όταν γερνάει, χρειάζεται μπαστούνι για να προχωρήσει». Σωστό! Ταπεινωμένη η Σφίγγα αυτοκτονεί. Ο Οιδίποδας είναι δυνατός, έχει απαλλάξει τον τόπο από μια φοβερή μάστιγα και η πόλη, σε ανταμοιβή, του προσφέρει το θρόνο της Θήβας και το χέρι της βασίλισσας, της Ιοκάστης, της οποίας ο σύζυγος, ο Λάιος, έχει μόλις πεθάνει. Από την ένωσή του με τη

βασίλισσα θα γεννηθούν τέσσερα παιδιά, μεταξύ των ο-
ποίων και η ξακουσμένη Αντιγόνη. Αλλά μια μέρα τα πά-
ντα ανατρέπονται. Την πόλη χτυπάει λοιμός, δηλητηριώδες
«δώρο» των θεών. Ψάχνοντας για την αιτία της θεόσταλτης
μάστιγας, ο Οιδίποδας ανακαλύπτει με τρόμο ότι υπαίτιος
είναι ο ίδιος. Γιατί ο άνθρωπος που είχε σκοτώσει στο δρό-
μο δεν ήταν άλλος από τον Λάιο, βασιλιά της Θήβας και...
πατέρα του! Όσο για την Ιοκάστη που παντρεύτηκε, είναι
η μητέρα του! Ο Οιδίποδας δεν είχε καταφέρει τελικά να
ξεφύγει από το πεπρωμένο του. Μπροστά στον όλεθρο, η
Ιοκάστη δίνει τέλος στη ζωή της. Όσο για τον Οιδίποδα,
βγάζει μόνος του τα μάτια του και παίρνει το δρόμο της ε-
ξορίας μαζί με την Αντιγόνη. Ο άτυχος βασιλιάς τυφλώνε-
ται για να γλιτώσει από έναν κόσμο όπου το φως συνάδει
με το ψέμα και την ψευδαίσθηση.

Κατά τον Φρόιντ, η ιστορία του Οιδίποδα εκφράζει με
τον καλύτερο τρόπο τον έρωτα που κάθε αγόρι αισθάνεται
υποσυνείδητα για τη μητέρα του και το ανταγωνιστικό πνεύ-
μα απέναντι στον πατέρα του, τον οποίο θα ήθελε συμβολι-
κά να σκοτώσει για να πάρει τη θέση του. Σύμφωνα με τον
Σοφοκλή ωστόσο, απέχουμε πολύ από αυτή την ψυχαναλυ-
τική ανάγνωση. Γιατί ο Οιδίποδας ως χαρακτήρας δεν έχει
συνείδηση ότι διαπράττει αμάρτημα και παραμένει ως το τέ-
λος θύμα μιας τραγικής συνωμοσίας. Εκείνος που πίστευε ό-
τι τα ήξερε όλα, αφού είχε νικήσει ακόμα και τη Σφίγγα, ή-
ταν στην πραγματικότητα εκείνος που ήξερε τα λιγότερα.
Πρόθεσή του δεν ήταν να σκοτώσει τον πατέρα του ούτε τη

μητέρα του· είναι από άγνοια που ενήργησε έτσι, κατα-τρεγμένος απ' την κατάρα που βάραινε την οικογένειά του. Ο Οιδίποδας υπήρξε τελικά θύμα-όργανο των ανθρώπων, που του είχαν κρύψει την αλήθεια, αλλά και των θεών, που έπαιξαν μαζί του.

Συμφωνώ ότι δεν πρόκειται για ιδιαίτερα ευχάριστη οι-κογενειακή ιστορία. Νομίζω όμως ότι τα διδάγματα που μπορεί κανείς να αντλήσει απ' αυτή δεν είναι όλα αρνητι-κά. Σύμφωνοι, η ζωή δεν είναι απαραίτητα δίκαιη και κα-λό είναι να το θυμόμαστε, για να αποφεύγουμε τις δυσά-ρεστες εκπλήξεις. Δεν αντιμετωπίζουν όλοι οι άνθρωποι τις ίδιες δυσκολίες. Στην ελληνική μυθολογία κανείς δεν μπο-ρεί να ξεφύγει από τους νόμους που έχουν θέσει οι θεοί, κάτι που σε σημερινούς όρους θα μπορούσε να σημαίνει ό-τι κανείς δεν μπορεί να ξεφύγει από τη γενετική, την οικο-γενειακή και την κοινωνική κληρονομιά του. Ως προς αυ-τά, τίποτα δεν μπορούμε να αλλάξουμε. Αντίθετα, μπο-ρούμε να χτίσουμε το μέλλον μας στη βάση των όσων μας έχουν δοθεί, αξιοποιώντας τα και μετατρέποντάς τα σε δύ-ναμή μας.

Οι ελληνικοί μύθοι είναι πολύ παλιές ιστορίες που δεν πρέπει να τις παίρνουμε κατά γράμμα. Δε χρειάζεται ούτε τον πατέρα σας να σκοτώσετε ούτε τη μητέρα σας να ξελο-γιάσετε – ησυχάστε. Σε ό,τι με αφορά, η ιστορία του Οιδί-ποδα με έκανε να σκεφτώ περισσότερο την περιπλοκότητα των οικογενειακών δεσμών – κράμα, τις περισσότερες φο-ρές, αγάπης και αντιπαραθέσεων. Η οικογένεια αντιπροσωπεύει έναν πλούτο, μια κληρονομιά που μας κάνει αυτό που είμαστε, αλλά που μερικές φορές αποτελεί βαρύ φορτίο. Η δυσκολία συνίσταται στο να μπορεί κανείς να είναι ο εαυτός του χωρίς να αποκηρύσσει το στενό του περιβάλλον. Ενηλικιώνομαι σημαίνει βρίσκω τη σωστή απόσταση σε σχέση με τους δικούς μου. Με αυτό τον τρόπο κατάφερα να αποδεχτώ αυτό που ήμουν, αποδεχόμενος παράλληλα το παρελθόν και τους προγόνους μου. Έμαθα ακόμα να αγαπώ τους δικούς μου γι' αυτό που ήταν και να τους τιμώ για τους ίδιους λόγους, έστω κι αν μερικές φορές συνέβη να ακολουθήσω διαφορετικούς δρόμους από τους δικούς τους. Ξέροντας από πού έρχομαι, κατάλαβα καλύτερα πού θέλω να πάω. Αν και γεννημένος εκτός Ελλάδας, μου δόθηκε η δυνατότητα να αγκαλιάσω τις ρίζες μου.

«Γνώθι σαυτόν». Αν χρειαζόταν να κρατήσω ένα μόνο πράγμα ανάμεσα στα τόσα που μας κληροδότησε η αρχαία Ελλάδα, θα ήταν αυτή η μικρή φράση που συχνά αποδίδεται στον Σωκράτη και είναι χαραγμένη στο αέτωμα του ναού των Δελφών. Πρόκειται για μια πρόσκληση να αποκτήσουμε συνείδηση της πραγματικής μας ταυτότητας, πράγμα που αποτελεί το πρώτο βήμα προς την ελευθερία. Κάτι τέτοιο αξίζει όλες τις επιστημονικές και τεχνικές γνώσεις του κόσμου. Αν και ήξερε τη σωστή απάντηση στο αίνιγμα της Σφίγγας, ο άτυχος Οιδίποδας οδηγήθηκε στην καταστροφή, επειδή δεν ήξερε ποιος ήταν πραγματικά.

Ποιος είμαι; Τι ξέρω; Τα ερωτήματα αυτά με συνοδεύουν καθημερινά. Η συγγραφή αυτού του βιβλίου μού έδωσε κάποιες απαντήσεις. «Εν οίδα ότι ουδέν οίδα», έλεγε ακόμα ο Σωκράτης. Τείνω να του δώσω δίκιο. Είναι τόσα πολλά αυτά που μου απομένουν να μάθω, να ανακαλύψω, να επανεξετάσω, να επαναπροσδιορίσω όσο ζω. Στην αναζήτηση αυτή θα με συνοδεύουν πάντα οι ελληνικοί μύθοι, που τρέφουν την κάθε μου μέρα ό,τι κι αν κάνω, όπου κι αν βρίσκομαι. Ένας παλιός τόμος της *Οδύσσειας* θα σέρνεται πιθανότατα για καιρό ακόμα μέσα στη βαλίτσα μου. Κι ως την τελευταία μου στιγμή θα κουβαλάω στις εικονικές αποσκευές μου τα γονίδια του παππού μου του Σπύρου και όλων των άλλων προγόνων μου. Είναι εκείνοι που με κάνουν να εκτιμώ ένα καλό κρασί, τη μυρωδιά της γης, το χάδι της μουσικής στην ψυχή· είναι εκείνοι που με κάνουν να θέλω να σηκωθώ και να χορέψω έναν οποιονδήποτε προγονικό χορό, οπουδήποτε κι αν βρίσκομαι. Και είναι από εκείνους που αντλώ την ήρεμη και αγέρωχη περηφάνια που μου επιτρέπει ακόμα να παραμένω ελεύθερος και αξιοπρεπής.

Η ώρα της Ευρώπης έχει μετριάσει τα διλήμματα. Δύο διαβατήρια, αλλά μία ιστορία· δύο γλώσσες, αλλά μία καρδιά. Τα σκηνικά εναλλάσσονται ήρεμα: Παρίσι ή Αθήνα; Διάλεξα και τα δύο. Ζω άνετα ως Γάλλος στην πρωτεύουσα της Ελλάδας, που σήμερα μοιάζει με μια οποιαδήποτε άλλη σύγχρονη πόλη της Δύσης, με επιπλέον ατού τον ήλιο! Κατά τον ίδιο τρόπο, ζω χωρίς πρόβλημα ως Έλληνας στο Παρίσι, την Πόλη του Φωτός, όπου μπορώ να βρω το κρητικό λάδι που αγαπώ διακόσια μέτρα από το σπίτι μου. Οι μύθοι αγνοούν τα σύνορα και η Ευρώπη προσπαθεί να διευρύνει όλο και περισσότερο τα δικά της. Το μέλλον της περνάει αναγκαστικά από τις ρίζες της και τον πολιτισμό της. Για να είσαι καλά παντού, πρέπει να είσαι πρώτα καλά με τον εαυτό σου, κι εγώ γεννήθηκα Έλληνας...

Παρίσι - Αθήνα
Οκτώβριος 2003

ΕΥΧΑΡΙΣΤΙΕΣ

Νιώθω την υποχρέωση να ευχαριστήσω την Ντελφίν Μπου-
φαρτίγκ για την πολύτιμη βοήθειά της και τη Ρένα Λέκκου-
Δάντου για την εξαιρετική ελληνική μετάφραση.
Τα σκίτσα που συνοδεύουν το κείμενο είναι του Αλέκου
Φασιανού. Τον ευχαριστώ για τον κυριολεκτικά μυθικό αυ-
τοσχεδιασμό!
Μερικές φορές εν αγνοία τους και συχνά λόγω φιλίας
πολλοί άλλοι άνθρωποι έβαλαν το δικό τους πετραδάκι στο
οικοδόμημα. Οι άνθρωποι αυτοί, στους οποίους θα ήθελα
να εκφράσω την ευγνωμοσύνη μου, είναι οι:
Βασίλης Βασιλικός και Βάσω Παπαντωνίου, Ηλίας και
Γιώτα Λιβάνη, Άγγελος Πετρόπουλος, Λοράν Λαφόν, Γιώρ-
γος Παναγιώτης (ο Κρητικός εκ Παρισίων), Αλέκος Χολέ-
βας, Ετιέν Μουζότ, Δημήτρης Αβραμόπουλος, Άλκης Πιερ-
ράκος (για την άσβεστη φλόγα του), Λάκης Λαζόπουλος,
Παναγιώτης Λάμψιας, Κονστάν Τρανακίδης, Ζαν Πολ Βο-
τελέν, Δημήτρης Γώγος, Πιερ-Σαρλ Ρανούιγ, Φιλίπ Μπρινέλ,
Κριστίν Μπραβό, Ναταλί Λεμπρετόν και Στεφάν Κοσν-

φρουά, Εστέλ Γκουζί, Γιόχαν Περέζ (ο άνθρωπος με τα χί-
λια ταλέντα), Σιρίλ και Αριέλ Μπενσιμόλ, Ζαν-Πιερ Σεβι-
γιάρ, Γιάννης Μαυροϊδάκος (του ελληνικού βιβλιοπωλείου
Δεσμός), μητροπολίτης κ.κ. Ιερεμίας και αρχιμανδρίτης Διο-
νύσιος (που μου έδειξαν το δρόμο της πίστης), Δημήτρης
Βάρδας, Βαλάντω Μπαλαγιάννω (για το ξεμάτιασμα εξ α-
ποστάσεως), Γιάννης και Κώστας Βλαχογιάννης, Καλλιόπη
Κατηφόρη, Μάρω Πρεβελάκη, Δέσποινα Καρδίζη, Χρήστος
Κατσικάνας και Άσος Σταμούλης, ο οποίος δεν είναι πια μα-
ζί μας.

Στους γονείς και την αδερφή μου που αγαπώ και που μου ε-
πέτρεψαν να γίνω αυτό που είμαι. Στην Ειρήνη.